청소년을 위한
콰이어트 파워

Quiet

청소년을 위한 **콰이어트 파워**

내향형 아이들의 숨겨진 강점

Power

수전 케인·그레고리 몬·에리카 모로즈 지음

정미나 옮김

RHK
알에이치코리아

부드러운 방법으로도 세상을 뒤흔들 수 있습니다

—마하트마 간디

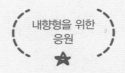

내향형을 위한
응원

1. 조용한 기질은 잠재된 슈퍼파워입니다.
2. '머릿속에 생각이 너무 많은 사람'을 다른 멋진 말로는 '사색가'
   라고도 한답니다.
3. 위대한 생각은 대부분 고독으로부터 탄생합니다.
4. 성격은 고무줄처럼 늘어날 수 있습니다. 외향형이 할 수 있는
   일이라면 내향형도 충분히 할 수 있어요. 주목을 받는 일도 가
   능해요. 나중에 혼자 조용한 시간을 가질 기회는 얼마든지 있
   을 테니 걱정하지 마세요.
5. 이따금 일부러 성격을 늘려야만 하더라도, 그럴 필요성이 사라
   지면 진정한 자신으로 돌아와야 합니다.

6. 친한 친구 두세 명이 그냥 아는 사람 백 명보다 가치 있습니다. (물론 '아는 사람'이 중요하지 않다는 얘기는 아니에요.)

7. 내향형과 외향형은 음과 양입니다. 상대에게 끌리며 서로를 필요로 합니다.

8. 잡담을 피하려고 복도에서 사람들을 피해 다른 쪽으로 걸어가도 괜찮습니다.

9. 리더가 되기 위해 치어리더가 될 필요는 없습니다. 인도의 위대한 영웅 마하트마 간디를 보세요.

10. 간디 얘기가 나온 김에 덧붙이자면, 간디가 이런 말을 했대요. "부드러운 방법으로도 세상을 뒤흔들 수 있습니다."

차례

PART 2. 친구들과 콰이어트 파워

PART 3. 위대한 재능과 콰이어트 파워

PART 4. 집에서의 콰이어트 파워

14 _ 안식을 주는 회복 공간 만들기

15 _ 가족 안에서의 콰이어트

"왜 그렇게 조용해요?"

친구와 선생님과 지인들, 심지어 딱히 아는 사이도 아닌 사람들까지 제게 흔히 던지는 질문입니다. 나쁜 의도로 묻는 건 아니에요. 어디 불편한지 걱정이 되거나, 왜 남들과 어울리지 않는지 궁금해서 그렇게들 묻지요. 하지만 꽤 오랜 시간 한마디도 하지 않고 있는 저를 좀 이상한 사람으로 취급하며 묻는 사람도 더러 있어요.

때로는 사람들이 그렇게 물어도 한창 생각에 빠져 있거나 뭔가를 관찰 중이라 미처 대답을 못 할 때도 있어요. 어떤 때는 말을 하는 것보다 듣는 데 집중하기도 하죠. 하지만 대체로 말없이 조용히 있는 이유는 그게 제 성격이기 때문이에요.

조용해서 더 빛나는 사람

학교에 다닐 때는 늘 '외향적인 성격'이 인생 최고의 칭찬처럼 느껴졌어요. 수업시간에는 선생님들에게 더 큰 소리로 말해보라는 말을 듣기 일쑤였죠. 학교 댄스파티가 열리면 친구들과 댄스 플로어로 나갔지만, 마음 같아선 누군가의 집에 틀어박혀 빈둥거리며 놀고 싶었어요. 대학 시절에도 시끌벅적한 파티를 따라다니는 일은 많았지만, 그때도 친구 한두 명과 저녁을 먹고 영화를 보러 가고 싶은 마음을 떨치지 못했죠. 하지만 드러내놓고 투덜댄 적은 한 번도 없었어요. 사람들에게 '정상'인 것처럼 보이려면 그렇게 행동해야 한다고 생각했기 때문이었어요.

지금까지 쭉, 저는 몇 명의 가까운 친구와 동료들하고만 깊은 관계를 맺어왔기에 인맥이 좁은 편이에요. 인기도를 따지는 편이 아니라서 '인기 짱'인 친구도 있고 인기와는 거리가 먼 친구도 있죠. 워낙 친밀한 대화를 좋아하다 보니, 친구들과 나는 서로를 믿고 기대며, 함께 있으면 기분이 좋아지는 돈독한 우정으로 맺어져 있어요. 친구들 사이에 편 가르기나 인기 경쟁 같은 건 전혀 없었죠.

언제부턴가 사람들은 제게서 통찰력 있는 질문, 독자적 사고력, 긴장된 상황에서도 침착함을 유지하는 태도 등을 발견하고 칭찬했어요. 깊이 있는 생각과 경청 능력을 높이 사기도 했지요. 그런가 하면 제가 하는 얘기에 귀를 기울이기 시작했어요. 제가 입을 열어 말할 때는 뭔가 중요하게 할 얘기가 있기 때문이라는 사실을 눈치챘던 거죠. 그뿐만이 아니에요. 직업전선에 뛰어들고 나니 한때 저를 주눅 들게 했던 대담하고 거침없는 유형의 사람들이 스카우트 제안을 해오기까지 했어요!

알고 보니 저의 조용한 태도는 시간이 지날수록 큰 저력이 되고 있었어요. 활용법을 제대로 익히기만 하면 살아가는 데 쓰임새가 많은 유용한 도구였던 거예요. 주위를 둘러보니 애플 컴퓨터에서부터 《모자 쓴 고양이Cat in the Hat》(그림책 작가로는 이례적으로 퓰리처상까지 수상한 닥터 수스Theodore Seuss Geisel의 대표작 중 하나로, 기발한 언어유희에 영어 특유의 음률과 음색을 자유자재로 구사해 읽는 재미까지 있어 미국에서 유아용 읽기 교재로 가장 널리 채택되는 책―옮긴이)까지, 내향형들이 조용한 기질에도 '불구하고'가 아니라 조용한 기질 '덕분에' 세계에 크나큰 기여를 해온 사례가 무척 많았어요.

누구나《콰이어트》처럼 조용히 세상을 바꿀 수 있어요

저는 그러한 사례를 모으고 생각을 정리해《콰이어트Quiet》라는 책을 냈어요. 이 책은 출간 직후 〈뉴욕타임스〉 베스트셀러에 오른 뒤 수년간 그 자리를 지키며 세계 40개 언어로 번역 출간되었죠. 세계 각지에서 그해 최고의 책으로 선정되기도 했어요. 셀 수 없이 많은 사람들이 이 책에 담긴 단순한 생각, 즉 '내향형의 조용한 태도를 제대로 활용하면 강력한 힘이 된다'는 메시지를 받아들이고 나서 인생이 달라졌다고 제게 직접 털어놓았어요. 사실, 사람들에게 그렇게까지 큰 감동을 주리라고는 저 자신도 전혀 상상하지 못했답니다.

게다가 예전의 저라면 꿈도 꾸지 못했을 일들을 하게 되었습니다. 중학생 때만 해도 저는 많은 사람 앞에서 말하는 것 자체가 공포였어요. 독서 발표 전날 밤에는 잠을 설칠 정도였죠. 한번은 너무 겁을 먹어 사람들 앞에서 완전히 얼어붙은 채 입조차 떼지 못했어요. 그랬던 제가 지금은 내향적인 사람들의 대변인이 되어 전 세계의 여러 방송에 출연하고 수천 명의 사람들 앞에서 강연을 하고 있으니 정말 깜짝 놀랄 일이지요.

내향적 기질을 주제로 삼은 저의 TED 강연은 시청 횟수가 단시간에 무려 수백만 건을 넘기면서 TED 강연 사상 최고의 시청 횟수를 기록하기도 했어요.('TED'는 '널리 퍼져야 할 아이디어'를 공유하는 강연이에요. 기술Technology, 엔터테인먼트Entertainment, 디자인Design의 약자로, 자신이 알고 있는 멋진 생각이나 지식을 다른 사람들에게 15분 동안 간결하게 전달한답니다.)

저는 이러한 경험들을 바탕으로 조용한 사람들의 변화를 돕고자 '콰이어트 레볼루션Quiet Revolution'을 공동 설립했어요. 콰이어트 레볼루션은 모든 연령대를 아울러 내향형 사람들의 사기를 북돋워주는 것을 목표로 하는 회사랍니다. 우리 같은 내향형들이 자신감을 갖고, 학교든 직장이든 사회든 어디서나 자신의 모습 그대로 당당히 살아갈 수 있도록 돕고 있지요.

방송에 나오거나 많은 사람들 앞에서 편안하게 말을 잘하는 제 모습을 보면서, 외향형으로 성격이 바뀐 게 아니냐고 묻는 사람들이 많아요. 하지만 본질적으로 따지면 저는 지난 몇 년 전이나 지금이나 그대로예요. 아직도 수줍음을 탈 때가 종종 있죠. 무엇보다 저는 조용하고 사색적인 제 자신이 좋아요. 조용함의 저력을 깨달았으니까요. 여러분도 그렇게 될 수 있어요.

제 책을 읽은 독자들 중에는 자신이 어렸을 때, 또는 부모로서 내향적인 자녀를 키우던 시절에 콰이어트 레볼루션을 알았더라면 얼마나 좋았겠느냐며 아쉬움을 토로하는 사람들이 많았어요. 자신에게 맞는 청소년 버전의 《콰이어트》가 나오면 좋겠다고 아쉬워하는 10대들도 많았고요. 이 책은 바로 그와 같은 요청에 호응하는 답변이에요.

그나저나 내향형이란 과연 무얼까요?

저 같은 유형의 사람들을 심리학 용어로 내향형introvert이라고 부르는데, 내향형을 한마디로 규정하기는 힘들어요. 내향형은 남들과 어울리기를 즐기지만 혼자만의 시간도 좋아해요. 개개인에 따라 사교성이 뛰어나기도 하고, 사교성이 부족해 사람들과 잘 어울리지 못하기도 해요. 또 우리 내향형은 관찰력이 뛰어나고, 말하기보다는 듣기에 열중하는 편이에요. 깊이 있는 내면적 삶을 추구하고 내면세계를 중시하는 성향을 띠기도 하지요.

시선의 초점이 내부를 향해 있는 사람이 내향형이라면, 외향형extrovert은 그 반대예요. 외향형은 사람들 속에서 즐거움을 느끼는 유형이라 다른 사람들과 어울리면서 에너지를 얻죠.

여러분 자신은 내향형이 아니라 해도 가족이나 친구들 중에는 내향형이 몇 명 있을 거예요. 내향형은 전체 인구의 3분의 1에서 절반 정도 되니, 주변에 아는 사람들 두세 명 가운데 한 명은 내향형인 셈이에요.

사람에 따라 다르지만 내향형은 비교적 쉽게 구별되는 편이에요. 가령 다른 사람들과 잘 어울리지 않고 소파에 웅크리고 앉아 무릎 위에 책이나 아이패드를 올려놓고 있다면, 그 사람은 아마 내향형일 거예요. 내향형은 사람들로 북적거리는 파티에서 몇몇 친구들과 수다를 떨긴 해도, 절대로 탁자 위에 올라가 춤을 추진 않아요. 수업 중에 선생님이 질문을 하거나 앞에 나와 발표할 사람을 찾으면 시선을 피하기도 해요. 주의력이 높은 편이라 말없이 듣기만 하다가 마음의 준비가 되면 그때 의견을 밝히는 방식을 좋아해요.

내향형 가운데는 자신의 진짜 기질을 숨기는 데 아주 능숙한 사람도 있어요. 말하자면 교실과 학생 식당에서 시끄럽게 떠들면서 자신의 진짜 기질을 들키지 않고 잘 넘어가고는 있지만, 마음 깊숙한 곳에서는 어서 빨리 많은 애들 사이에서 벗어나 혼자만의 시간을 갖고 싶어 하지요.

실제로 《콰이어트》의 출간 이후, 저는 겉으로 보기에 외향형 같은 사람들이 사실은 자기도 내향형이라고 털어놓는 '고백'을 수도 없이 들었어요. 그것도 배우, 정치인, 기업가, 운동선수 등등 아주 다양한 직업을 가진 사람들에게서요.

내향형이라고 해서 모두가 다 수줍음을 타는 건 아니에요. 이 점은 꼭 짚고 넘어가야 할 중요한 문제예요. 물론 내향형 중에 수줍음이 많은 사람도 있겠지만 수줍음을 타는 외향형도 있어요. 수줍음을 타는 행동은 내향형으로 비쳐지기 쉬워요. 조용하고 말이 없는 사람 같은 인상을 주니까요. 하지만 내향형이 그렇듯 수줍음이라는 감정은 복잡해요. 여러 겹의 면을 지니고 있죠. 수줍음은 다른 사람들에게 받아들여지지 못할까 봐 초조해하거나 불안해하는 상황에서 곧잘 일어나요. 잘못된 짓을 저지르는 게 아닐까 하는 두려움 때문에 생기기도 하죠.

수업 중에 수줍음을 느끼는 학생은 틀리게 대답해서 창피를 당할까 봐 손을 들지 않는 것일 수 있어요. 그렇지만 그 남학생 옆에 앉은 내향적인 여학생은 똑같이 손을 들지 않았어도 그 이유가 다를지도 몰라요. 자기가 나서서 대답할 필요성을 느끼지 못해서라거나, 다른 애들이 하는 말을 듣는 데 집중하느라 바로 손을 못 들었을 수도 있어요.

내향적인 성격과 마찬가지로 수줍음에도 나름의 장점이 있어요.

여러 조사 결과에 따르면, 수줍음 많은 아이들은 대체로 친구를 깊이 있게 사귀고 진지하고 공감력이 뛰어나며 창의적인 편이라고 해요. 또 수줍음이 많으면서 내향적이기도 한 사람들은 대신 경청 능력이 뛰어난데, 관찰력과 학습 능력을 발휘하고 키우려면 이 경청 능력이 매우 중요하답니다.

이 책에서는 내향성과 수줍음이라는 두 가지 면을 살펴보며 이들의 장점을 이야기해보려고 해요. 어쩌다 보니 저는 내향형이기도 하고 천성적으로 수줍음이 많기도 해요.(어울리는 시간이 늘어날수록 수줍음이 줄어들긴 하지만 어쨌든 그런 편이에요.) 여러분은 이 두 가지 자질 가운데 하나에만 해당될 수도 있어요. 그렇다 해도 자신에게 해당되는 부분만 골라 활용하면 되니 부담 없이 편히 읽으세요.

나는 내향형일까? 외향형일까?

심리학은 인간행동과 인간심리, 그리고 인간심리의 작동을 연구합니다. 물론 사람의 심리는 저마다 독특한 얼개로 짜여 있지만, 모든 이들이 다소 동일한 틀을 따르는 만큼 서로 공통되는 면이 많아요. 20세기의 뛰어난 심리학자 칼 융Carl Jung은 성격 유형을 구별하는 한 방법으로서 '내향형'과 '외향형'이라는 용어를 창안했어요. 그 자신도 내향형이었던 융은, 내향형이 사고와 감정이라는 내적 세계에 끌리는 반면 외향형은 사람들과 활동이라는 외적 세계를 갈망한다는 해석을 처음으로 제시했어요.

물론 융조차 인정했듯이, 전적으로 내향적이거나 전적으로 외향적인 사람은 없어요. 사람들의 내향형 및 외향형 성격 분포는 이른바 스펙트럼을 이루고 있어요. 스펙트럼을 쉽게 이해하려면 긴 자를 상상해보세요. 자의 한쪽 끝에 극단적인 외향형이 있다면, 그 반대편에는 극단적 내향형이 있어요. 그리고 자의 중간쯤에는 심리학 용어로 이른바 '양향 성격자ambivert'들이 자리 잡고 있는 거예요.

그런데 자의 한쪽 끝으로 쏠려 있는 이들도 조금은 양향성을 띠고 있어요. 내향형의 대다수가 친한 친구들과 있을 때나 관심 있는 주제를 토론할 때는 평소보다 더 외향적으로 행동한다고들 얘기해요. 외향형들 역시 아무리 사람들과 어울리길 좋아하는 성격이라고 해도, 열을 식힐 만한 휴식기는 필요하지요.

그러면 더 자세히 이야기하기 전에 여러분이 내향형-외향형 스펙트럼의 어디쯤 해당되는지 한번 확인해볼까요? 다음에 제시되는 질문에는 맞는 답도 없고, 틀린 답도 없어요. 그저 자신의 성향에 따라 '네' 또는 '아니오'로 답하면 됩니다.

문항	네	아니오
여러 사람이 아닌, 한두 명의 친구와 어울리길 좋아하는 편이다.		
생각을 글로 표현하는 편이 좋다.		
혼자 있는 시간을 즐긴다.		
잡담보다는 깊이 있는 대화를 좋아한다.		
친구들이 나에게 얘기를 잘 들어준다고들 말한다.		
학생 수가 많은 대그룹 수업보다 학생 수가 적은 소그룹의 수업이 좋다.		
충돌을 피하는 편이다.		
흡족한 수준이 되기 전에는 하고 있는 일을 사람들에게 보여주기 싫다.		
무슨 일을 할 때는 혼자 해야 제일 잘한다.		
수업 시간에 호명 받는 것이 싫다.		
친구들과 어울려 놀고 나면, 재미있게 놀고 나서도 진이 빠지는 기분이다.		
생일을 축하하기 위해서는 시끌벅적한 파티를 여는 것보다 친구 몇 명과 가족이 모여 단출하게 보내는 편이 더 좋다.		
학교에서 만만치 않은 개별 과제를 받아도 그다지 싫어하지 않는다.		
내 방에서 보내는 시간이 많다.		
그다지 위험 감수형은 아니다.		

어떤 과제나 연습, 운동이나 악기에 푹 빠져서, 몇 시간이 지나도록 지루한 줄도 모르고 창의적 활동에 몰입할 수 있다.		
말을 할 때는 먼저 생각을 하고 나서 말하는 편이다.		
그다지 친하지 않은 사람과는 전화로 얘기하기보다 문자나 이메일을 주고받는 편이 좋다.		
사람들에게 주목을 받으면 불편하다.		
질문에 대답하기보다는 질문을 하는 것이 더 좋다.		
사람들에게 말투가 조용조용하다거나 수줍음이 많아 보인다는 말을 자주 듣는다.		
둘 중 하나를 선택해야 한다면, 할 일이 빼곡한 주말보다는 아무것도 할 일이 없는 주말이 더 좋다.		

* 위의 지문은 과학적으로 공인된 성격 테스트가 아닌 비공식적 문답으로, 현시대의 연구가들이 대체로 인정하는 내향형의 특징을 바탕으로 구성되었습니다.

위의 질문들에 '네'라는 대답이 많을수록 내향형일 가능성이 높고, '아니오'라는 대답이 많을수록 외향형일 가능성이 높아요. '네'와 '아니오'의 답변이 비슷한 비율이라면 양향 성격자일 가능성이 다분하고요.

결론이 어느 쪽으로 나오든 문제될 것은 없어요. 그저 자신의 성향을 알고만 있어도 마음 편한 삶을 살 수 있어요. 세상에는 말 그대로 '타고난 내향형'이나 '타고난 외향형'의 사람들이 있으며, 내향성이나 외향성 같은 성격 특성은 대대로 유전되기도 해요. 하지만 유전자가 모든 것을 결정짓는 것은 아니에요. 스스로를 이런저런 사람으로 생각하더라도 여러분의 성격과 태도는 고정불변이 아니에요. 시간이 지나면서 서서히 틀이 잡히거나 변할 여지가 많아요.

수줍음을 심하게 타고 조용한 기질을 타고난 사람이 어른이 되어서 유명한 가수 테일러 스위프트처럼 이목이 쏠리는 큰 무대에 올라 공연할 가능성은 희박할지 몰라도, 우리들 대다수는 어느 정도 성격을 조정할 수 있어요. 고무줄이 (어느 정도까지는) 아주 유연하게 늘어날 수 있는 것처럼요.

자신이 어떤 상황에서 자신감을 느끼고 마음이 편해지는지 알고 있으면, 통제력과 확신이 생기고 언제나 나에게 잘 맞는 선택을 하게 됩니다. 자신의 마음이 편안한 활동을 펼치는 것은 물론, 관심 있는 프로젝트를 만나거나 사람들을 위해 가치 있는 일이라고 느끼면 안전지대를 벗어나 작은 모험을 해볼 수도 있어요.

이런 식으로 살아가면 얼마나 자신감이 북돋워지는지 알고 있나요? 한 번에 다 설명할 수 없을 정도에요. 그래서 이 자신감 상승에 대한 이야기는 책 중간중간에 기회가 날 때마다 얘기해주려고 해요. 그것이 온라인상이든, 직접 얼굴을 맞대는 상황이든 간에 다른 사람들에게 인정받는 것은 무척이나 기분 좋은 일이며, 뭐니 뭐니 해도 가장 의미 있는 것은 바로 나 자신에게 인정받는 것이랍니다.

외향성만 이상적인 걸까

사회는 사실, 우리 같은 내향형을 무시하는 편이에요. 세상은 말을 잘하는 사람들과 주목받기 좋아하는 사람들을 이상화하죠. 그런 이들이 모두가 귀감으로 삼아야 할 롤모델이라도 되는 것처럼요.

저는 그러한 경향을 '외향성의 이상화Extrovert Ideal'라고 표현해요. 무슨 말인가 하면, 매사 심사숙고하는 유형보다 행동을 우선시하면서 신속한 사고력과 카리스마를 갖춘 '위험 감수형'이 사람들에게 더 높이 평가받는다는 거예요. 이러한 '외향성의 이상화'에 영향을 받으면 집단 속에서 두각을 나타내지 않는다는 이유로 '내가 무슨 문제가 있는 사람은 아닐까?' 하는 불안감에 빠지기 쉬워요. 특히 학교에서 그 영향력이 막강하죠. 학교에서는 남들보다 목소리가 크고 말이 많은 아이들이 인기가 많은 데다, 선생님들도 수업 중에 적극적으로 손을 드는 학생을 칭찬해주는 경향이 있기 때문이에요.

이 책은 이처럼 '외향성을 이상화하는 것'에 의문을 제기합니다. 물론 외향성 자체에 의문을 제기하는 것은 아니에요. 제 단짝 친구인 주디스는 초등학교 이후로 쭉 인기가 식을 줄 모르는 마당발 친구예요. 나의 남편 켄 또한 언제나 흥미로운 이야기로 좌중을 주도하는 매력을 지닌 사람이죠. 제가 이런 주디스와 켄을 사랑하는 한가지 이유는, 우리가 서로 다르며 서로를 보완해주기 때문이에요.

두 사람은 제게서 자신들은 갖추지 못한 (혹은 바라는 만큼 흡족하게 갖추지 못한) 강점을 알아봐주고, 저 또한 두 사람의 강점을 인정하고 좋아하지요.

내향형과 외향형, 두 성격 유형이 만들어내는 음양조화론은 해도 해도 끝이 없을 만큼 할 얘기가 많아요. 우리는 함께일 때 훨씬 더 강한 시너지를 내요. 남편과 저는 이런 사실을 설명할 때 종종 멕시코식 표현 '훈또 소모스 마스juntos somos más'를 떠올리며 공감하는데, '뭉치면 더 강해진다'라는 뜻이죠.

수줍고 조용한 사람도 최고가 될 수 있어요

저는 외향형을 좋아하는 마음 못지않게, 조용한 유형에도 스포트라이트를 비춰주고 싶어요. 또 조용함이 얼마나 큰 힘을 발휘할 수 있는지도 알려주고 싶고요. 역사적으로 유명한 예술가, 발명가, 과학자, 운동선수, 재계 리더들 가운데 상당수가 내향형인 것은 그저 우연이 아니랍니다.

인도의 위대한 지도자 마하트마 간디는 어린 시절에 수줍음이 많고 겁이 많았어요. 특히 남들과 어울리길 거북해해서, 반 친구들과 어울리지 않으려고 종이 울리기가 무섭게 학교에서 집으로 달려오기 일쑤였죠. 하지만 어른이 되어서는 기본적인 본성을 그대로 지키면서 평화롭고 비폭력적인 저항으로 투쟁을 벌여 자신의 조국 인도를 자유의 길로 이끌었어요.

NBA 통산 최다 득점 기록 보유자인 카림 압둘 자바는 밤마다 수만 명의 시선을 받으며 스카이 훅sky hook(상대의 머리 위를 넘겨 던지는 슛-옮긴이)을 던지곤 했지만 환호도, 주목받기도 그다지 즐기지 않았다고 해요. 압둘 자바는 역사 책 읽기를 아주 좋아했고, 스스로도 어쩌다 보니 농구를 잘하게 된 '범생이'라고 털어놓았어요. 혼자 조용히 지내는 시간에는 글을 즐겨 써서, 소설과 회고록을 출간하기도 했죠.

이번에는 비욘세 얘기를 해볼까요? 모르는 사람이 없을 테지만, 팝의 아이콘 비욘세는 전 세계적으로 콘서트가 열리기만 하면 매진 기록을 세우기로 유명해요. 뮤직 비디오가 유튜브에서 10억 뷰를 달성한 걸로도 유명하고요.

아주 어린 나이부터 공연을 하며 성장한 스타지만 그녀 또한 스스로를 내향적인 아이였다고 고백했어요. 자신감 넘치는 모습으로 전 세계 팬들에게 깊은 인상을 주고 있다고 해서 조용한 기질을 바꾼 것은 아니랍니다. 실제로 그녀는 이런 말도 했어요.

"저는 남의 말을 잘 들어주고 관찰하길 좋아하는데, 때때로 사람들은 그런 제 모습을 보고 수줍음 타는 걸로 생각하죠."

영향력이 막강한 배우 엠마 왓슨도 수줍음이 많은 내향형으로, 이렇게 말한 적이 있어요.

"사실, 저는 진짜로 수줍음 많고 사교에 서툰 내향형이에요. 사람들이 북적이는 파티 자리는… 너무 부담스러워요. 잘 못 견디고 중간에 화장실을 찾곤 해요. 잠시라도 휴식이 필요해서요. 저는 잡담을 잘 못 해요. 새로운 사람들을 만나면 그들의 기대가 의식돼서 압박감을 느끼기도 해요. 하지만 제가 소수의 사람들이나 친구들과 어울린다고 해서 춤추는 걸 싫어한다거나 활발하지 않다는 건 아니에요. 그냥 많은 사람들 사이에 있을 때 남의 시선이 상당히 강하게 느껴질 뿐이에요."

미스티 코플랜드Misty Copeland는 '불가능을 넘어선 발레리나'라는 수식어가 따라붙는 무용수예요. 대다수 운동선수들이 그렇듯 그녀도 어린 나이 때부터 훈련을 시작했어요. 하지만 보통 네 살부터 시작하는 다른 발레리나들에 비하면 엄청 늦은 편이었죠! 수줍음 많던 열세 살에 중학부 발레단 선발 오디션에 응모한 게 첫 시작이었다고 하니까요.

스스로도 별로 자신이 없었다고 하는데, 조용한 모습에도 불구하고 코플랜드는 단번에 사람들의 주목을 받았다고 해요. 그녀의 능력과 재능은 확연히 두드러졌고, 복잡한 안무를 따라오는 관찰력과 집중력도 나이에 비해 매우 탁월했거든요. 결국 코플랜드는 오디션 당일 곧바로 60명의 소녀 발레단을 이끄는 주장으로 임명되면서 발레리나의 길로 들어섰어요. 그리고 그 후 2015년, 아메리칸 발레 시어터American Ballet Theatre 역사상 흑인 최초로 여성 수석 무용수가 되었어요.

알베르트 아인슈타인 역시 대표적인 내향형 위인이에요. 그는 어린 시절부터 혼자 공부하기를 좋아했고 학교에서는 말썽꾸러기로 찍히기도 했어요. 열여섯 살 때 학교 입학시험에서 떨어진 이유 중 하나가 전과목을 공부할 시간을 내지 못한 탓이었는데, 그만큼 관심이 끌리는 것에만 집중했다고 해요.

하지만 훗날에는 혼자만의 열정적 연구와 소규모의 사교 모임을 병행하는 방법을 찾아냈어요. 20대 때 가까운 친구들 몇 명이 모여 만든 올림피아 아카데미Olympia Academy가 답이었지요. 아인슈타인은 이 모임에서 그동안 혼자 많은 시간에 걸쳐 발전시켜온 아이디어들을 토론했어요. 결국 그는 26세 때 물리학 법칙을 완전히 새롭게 썼고, 42세 때는 노벨상을 수상했어요.

앞으로 이 책에서는 문학과 예술처럼 전통적으로 내향적인 활동 분야에서 뛰어난 능력을 펼치는 조용한 아이들의 사례를 소개하려 합니다. 뿐만 아니라 학생회장을 맡아 적극적으로 활동하는 내향형, 발표나 운동, 연기나 노래 등에서 뛰어난 실력을 발휘하는 내향형들의 이야기도 들려주려 해요. 보통 조용한 아이들에게는 잘 맞지 않는 것처럼 여겨지기 쉬운 분야에서 능력을 발휘하고 있는 내향형들의 이야기죠.

앞으로 소개하려는 친구들 대다수가 처음에는 사람들 앞에 나서야 하는 분야를 꺼렸지만 열정을 따라 스스로를 밀어붙였어요. 사실, 이런 흔들림 없는 열정이야말로 수많은 내향형들의 공통된 특징이기도 해요. 부디 여러분도 (지금 당장은 아니라 해도) 자신의 열정을 찾아가길 바랄게요!

저는 앞으로 여러분과 비슷한 청소년들의 사례와 경험담을 통해 내향형들이 흔히 고민하는 다음 문제들에 도움을 주려고 해요.

✓ 조용한 기질인 내게 잘 맞는 역할을 어떻게 찾을 수 있을까?

✓ 관심과 취미는 어떻게 발전시키면 좋을까?

✓ 무시당하지 않으려면 어떻게 해야 할까?

✓ 말을 잘할 자신이 없는데 새로운 친구를 사귀려면 어떻게 해야 할까?

✓ 친구, 가족, 선생님 등 주변 사람들과 어떻게 관계를 맺는 게 좋을까?

✓ 나 자신과는 어떻게 관계를 맺을까?

부디 이 책을 통해 누구나 자기 자신을 있는 그대로 인정하고 존중하는 법을 깨닫기 바랍니다. 세상은 우리를 필요로 하며 조용한 스타일로도 중요한 메시지를 전하는 방법은 수두룩하답니다.

이 책을 길잡이로 삼아 따라가 보세요. 이 책은 나를 바꿔 다른 어떤 사람으로 거듭나게 하는 요령을 가르쳐주는 책은 아니지만, 우리가 이미 지니고 있는 놀라운 자질과 재능을 활용하도록 도와주지요. 그러니… 세상 사람들이여, 긴장 좀 하시길!

PART
1

학교에서 빛나는
콰이어트 파워

POWER

시끄러운 학교 환경에
적응하기

QUIET 1 POWER

시끄럽고 곤란한 새 학기 첫날

"아홉 살 때 저는 8주간 열리는 여름캠프에 가게 됐어요. 부모님은 허락을 해주면서도 마음이 놓이지 않는 눈치였지만 저는 기대감에 들떠 있었어요. 숲으로 에워싸인 호숫가에서 펼쳐지는 낭만적인 여름캠프를 배경으로 한 소설들을 많이 읽었던 터라 정말 재미있겠다 싶었거든요.

떠나기 전에 어머니의 도움으로 가방에 반바지, 샌들, 수영복, 수건과 같은 캠프에 필요한 물건과 책을 꽉꽉 채워 넣었어요. 특히 책을 많이도 담았는데, 어머니나 저에겐 자연스러운 일이었어요. 독서는 우리 가족 모두에게 최고의 취미활동이었으니까요. 밤마다 또는 주말마다 온 가족이 거실에 둘러앉아 소설 속으로 빠져들곤 했어요. 서로 별 이야기도 나누지 않고 저마다 다른 공상 속에서 모험을 펼치며 우리 방식대로 그 시간을 함께했어요.

어머니가 여러 종류의 소설책을 가방에 챙겨주실 때 저는 캠프에서도 당연히 그런 시간을 누릴 수 있을 거라 생각했어요. 통나무집에서 새 친구들과 함께 책을 읽는 제 모습을 그려보기도 했죠. 파자마 차림의 소녀 열 명이 올망졸망 한데 모여 마음껏 독서하는 그런 장면을요. 집에서보다 훨씬 신날 것 같았어요.

하지만 그러한 기대는 큰 충격으로 바뀌었어요. 막상 가서 보니 여름캠프는 우리 가족이 즐기던 오붓한 시간과는 정반대의 분위기였거든요. 시끌벅적하기만 하고 지루한 생일파티에 와 있는 기분이었죠.

캠프 첫날, 캠프 지도사가 우리를 한자리에 불러 모았어요. 그 여자 지도사는 캠프 정신이니 뭐니 하면서 그 남은 여름의 며칠 동안 우리가 날마다 외쳐야 할 구호를 시범으로 들려주겠다고 했어요. 그녀는 조깅하듯 두 팔을 앞뒤로 휘두르며 이렇게 외치더군요.

R. O. W. D. I. E.
우리끼리 rowdy(소동을 벌이는)를 쓰는 철자야!
rowdie! rowdie! 다 같이 신나게 소동을 벌이자!

그녀는 함박웃음을 지으며 손바닥이 보이도록 두 손을 들어 올려 시범을 마쳤어요. 정말 제 기대와는 딴판이었어요. 저는 캠프에 온 것만으로도 이미 충분히 흥분해 있었어요. 굳이 겉으로까지 소동을 떨어야 할 필요를 느끼지 못했어요.(게다가 뭐하러 철자까지 틀리게 말해야 하는지도 이해할 수 없었죠.) 저는 어찌해야 할지 갈피를 잡지 못했지만 그래도 어쨌든 씩씩하게 구호를 외치긴 했어요. 그런 후에 잠깐 시간을 내서 책 한 권을 꺼내 읽기 시작했죠.

그 주가 끝날 즈음에 우리 숙소에서 제일 성격이 쿨한 여자애가 저에게 물었어요. 왜 항상 책만 들여다보고, 왜 그렇게 '얌전'하냐고요. 한마디로 왜 'R. O. W. D. I. E' 하지 않느냐는 의미였죠. 책을 내려놓고 숙소를 빙 둘러보니 혼자 앉아 책을 읽는 애는 나밖에 없었어요. 다들 깔깔 웃으며 쎄쎄쎄를 하거나, 풀밭에 나가 뛰어다니고 있었어요. 저는 슬며시 책을 덮어 여행가방 안에 집어 넣었어요. 책을 넣은 가방을 침대 밑으로 치울 땐 죄책감이 밀려왔어요. 책들이 나를 원하는데 그 바람을 저버리는 것만 같았죠.

그 뒤로 여름 내내 저는 있는 힘껏 죽어라 ROWDIE 구호를 외쳐댔어요. 날마다 두 팔을 앞뒤로 휘젓고 활짝 미소를 지으며 활달하고 사교적인 캠프 참가생의 모습을 최대한 꾸며 보였지요. 캠프가 끝나고 마침내 책들과 재회하게 되었을 때는 어쩐지 기분이 예전 같지 않았어요. 학교에서는 물론, 심지어 친구들과 어울릴 때도 활달해야 할 것 같은 압박에 시달렸죠.

새로운 학교는 어려워요

초등학교 시절에 저는 유치원 때부터 알던 아이들과 함께 공부했어요. 수줍음이 많은 편이었지만 친구들과 원만히 생활할 수 있었고, 한번은 학교 연극에서 주연을 맡기도 했어요.

하지만 중학교에 입학해 아는 사람이 아무도 없는 학교 환경으로 갈아타면서 모든 것이 달라졌어요. 재잘재잘 수다를 떠는 새로운 아이들 무리 속에서 적응해나가야 했죠. 낯선 애들 수십 명과 한 버스를 타는 것에도 잔뜩 주눅이 들어 있으니, 보다 못한 엄마가 차로 학교에 태워다줄 정도였어요. 그런데 첫 종이 울려야 교문이 열리기 때문에 일찍 등교하면 친구들이 끼리끼리 모여 있는 주차장에서 기다려야 했어요. 그 애들은 서로 친해 보이고 조금도 불편해하지 않는 것 같았지만 나로선 그 주차장이 악몽 같았어요.

마침내 기다리던 종이 울리면 아이들은 우르르 학교 안으로 들어갔어요. 복도로 들어서면 그곳은 주차장보다 훨씬 더 시끌벅적했어요. 아이들은 이리 뛰고 저리 뛰며 제집처럼 복도를 누비고 다녔지요. 여자들은 여자끼리 남자들은 남자끼리 모여서 자기들만 아는 이야기를 나누며 깔깔대기도 했어요. 저는 어중간하게 아는 아이와 눈이 마주치면 아는 체를 할지 말지 갈등하다 끝내 아무 말도 못하고 지나가기 일쑤였죠.

하지만 점심시간의 학생 식당 광경에 비하면 그러한 복도 풍경은 약과였어요! 식당에 들어가면 수백 명이나 되는 아이들의 목소리가 콘크리트 블록 벽에 부딪혀 쩌렁쩌렁하게 울렸어요. 아이들은 줄줄이 놓인 길쭉하고 폭 좁은 탁자들에 붙어 앉아 깔깔대고 수다를 떨었어요. 마치 편을 갈라 앉은 듯 이쪽을 보면 자체 발광 외모로 인기가 높은 여자애들끼리, 저쪽을 보면 운동을 하는 남자애들끼리, 또 저 건너편에는 범생이들끼리 모여 있는 식이었죠. 저는 다른 애들처럼 별 어려움 없이 편하게 웃으며 수다 떠는 것은 고사하고, 정신을 차리기조차 힘들었어요. 남 얘기 같지 않다고요? 사실, 이런 경험담은 아주 허다하답니다.

생각이 많고 수줍음 많은 남자아이 데이비스도 6학년이 된 첫날, 비슷한 상황에 놓였어요. 데이비스는 학생 대부분이 백인인 학교에서 몇 안 되는 아시아계 미국인 아이였던 터라 다른 학생들이 자신을 '다르게' 생각할까 봐 마음이 불편하기까지 했어요. 너무 긴장을 한 나머지 배정 받은 반의 교실로 들어가기 전까지 숨조차 제대로 내쉬지 못했을 지경이었죠. 교실은 시간이 지나면서 차츰 조용해졌고, 그제야 데이비스는 자리에 앉아 생각에 잠길 수 있었어요.

그날의 나머지 시간도 비슷하게 흘러갔지요. 북적대는 학생 식당에서는 주눅이 든 채 아이들 사이를 겨우겨우 헤치고 다녔고 교실에서는 조용한 순간이 되어야만 마음이 놓였어요. 하교 종이 울릴 무렵에는 온몸에 진이 다 빠져 있었어요. 아무튼 6학년의 첫날을 무사히 마치는가 싶었으나, 집으로 오는 버스에서 어떤 애가 던진 껌에 맞아 데이비스의 머리는 끈적끈적 엉망이 되고 말았어요.

적어도 데이비스가 느끼기엔, 모든 아이들이 다음 날 아침 다시 학교 나올 생각에 신나 하는 것처럼 보였죠. 자기만 빼고 모두 다요.

맛, 소리, 자극에 좀 더 민감한 내향형

그런데 시간이 흐르면서 많은 것이 달라졌어요. 데이비스가 그토록 스트레스에 짓눌렸던 첫날에는 미처 상상도 못했던 방식으로 상황이 풀려 나갔죠. 그 자세한 뒷얘기는 잠시 후 마저 들려주기로 하고, 지금은 먼저 살펴볼 부분이 있어요.

사실 겉보기에 아무리 명랑해 보인다 해도, 제가 다녔던 학교의 아이들이나 데이비스의 학교의 아이들 모두가 등교 첫날에 마냥 신나는 기분만은 아니었을 거예요. 새로운 학교, 아니 몇 년째 다닌 학교에서조차 새 학기 첫날은 누구나 조금은 벅찬 하루잖아요. 그런데다 내향형 특유의 '자극 반응'으로 인해, 데이비스와 저 같은 사람들은 남들보다 훨씬 더 적응에 애를 먹기 마련이에요.

'자극 반응'이 뭐냐고요? 심리학자들의 연구에 따르면 내향성과 외향성은 인간의 가장 중요한 성격 특성이고, 문화나 사용 언어를 막론하고 전 세계 모든 사람들에게 해당돼요. 내향성은 가장 많이 연구된 성격 특성에 들기도 하는데, 학자들의 폭넓은 연구를 통해 흥미로운 사실들이 하나둘씩 밝혀지고 있어요.

그중 하나를 보자면, 내향형과 외향형은 신경계가 서로 다르게 형성돼 있어요. 내향형의 신경계는 감각 경험뿐만 아니라 사회적 상황에 대해 외향형에 비해 더 민감하게 반응해요. 외향형의 신경계는 내향형보다 덜 민감하게 반응하기 때문에 더 밝은 빛이나 더 큰 소리처럼 강한 자극에 끌려 활기를 느껴요. 충분한 자극이 없으면 슬슬 지루함이나 불안함을 느끼기도 하죠.

또한 외향형은 천성적으로 말이 많은 사교 스타일을 선호해요. 사람들과 어울리려는 욕구를 가져서 군중 에너지를 활력으로 삼고요. 또 스피커 볼륨을 높이거나, 아드레날린을 분출시켜주는 모험에 뛰어들거나, 손을 번쩍 들고 나서는 경향이 더 강해요. 반면에 내향형은 시끌벅적한 학생 식당 같은 자극적인 환경에 보다 민감하게 (때로는 훨씬, 훨씬 민감하게) 반응해요. 즉, 조용한 환경에 있을 때나, 혼자이거나 대체로 잘 아는 친구나 가족 몇 명하고만 함께할 때 가장 편안함과 활기를 느껴요.

유명한 심리학자 한스 아이젱크Hans Eysenck는 내향형과 외향형 성인들을 대상으로 혀에 (자극제로서) 레몬즙을 떨어뜨리는 실험을 해보았어요. 인간의 입은 레몬즙의 톡 쏘는 맛에 본능적으로 반응하여 침을 분비해요. 아이젱크는 이 연구를 통해 사람마다 어느 정도의 침을 분비하는지 살펴봄으로써 자극제(이 경우엔 레몬즙 한 방울)에 대한 민감도를 측정할 수 있다고 생각했어요. 그는 내향형이 레몬즙에 더 민감하게 반응해 더 많은 침을 분비하리라고 가정했는데, 결과는 역시나 예상대로였어요.

다른 과학자들도 여러 가지 비슷한 연구를 했는데, 설탕의 단맛에 더 민감한 유아들이 시끄러운 파티의 소음에 민감한 십대로 성장할 가능성이 높은 것으로 나타나기도 했어요. 말하자면 우리 내향형은 맛, 소리, 사회생활 등에서 외향형보다 좀 더 민감하게 느끼며 반응하는 거예요.

또 심리학자 러셀 진Russell Geen은 내향형과 외향형의 사람들에게 다양한 강도의 소음 속에서 수학 문제를 풀어보게 했어요. 그 결과 내향형은 조용할수록 문제를 더 잘 풀었던 반면, 외향형은 시끄러운 와중에도 문제를 잘 풀었다고 해요.

데이비스 같은 내향형이 소수의 몇 사람하고만 어울리기 좋아하는 것은 이러한 이유들 때문이에요. 한꺼번에 많은 타인들과 어울리는 것보다 위압감을 덜 느끼는 거죠. 한 예로, 내향형은 파티에서 아주 즐거운 시간을 보내기도 하지만 때로는 금세 에너지가 바닥나서 일찍 자리를 뜨고 싶어 하기도 합니다.

조용한 분위기에서 혼자 시간을 보내는 활동은 내향형에게는 배터리 재충전의 기회라 할 수 있지요. 내향형이 독서에서부터 달리기와 등산 등등 혼자 하는 취미활동을 자주 즐기는 이유도 여기 있어요. 내향형이 비사교적이라고 말하는 사람들이 있지만 절대 그렇지 않아요. 우리 내향형은 사교 스타일이 **다를** 뿐이에요.

균형감을 주는 공간 찾기

누구든지 신경계가 최대한의 기능을 펼칠 만한 환경에 놓여 있을 때 더 자연스럽게 역량이 발휘됩니다. 그런데 사실 학교는 내향형의 신경계에 잘 맞는 환경이 아니에요. 하지만 불안감이나 위압감 같은, 몸이 보내오는 신호에 주의를 기울이면 통제력이 생기지요.

그런 신호가 느껴지면 변화가 필요하다는 걸 알아야 해요. 그리고 균형을 잡기 위한 행동을 취하면 돼요. 아직 학교라 해도, 몸이 보내오는 신호에 귀를 기울이면서 마음을 가다듬을 필요가 생기면 도서관이나 컴퓨터실 또는 친한 선생님의 빈 교실 같은 조용한 곳들을 찾아보세요. 화장실로 피해 자신에게 잠깐의 휴식 시간을 주는 것도 괜찮은 방법이에요.

데이비스는 이런 대처법을 직관적으로 깨달은 듯해요. 껌 사건을 겪은 뒤부터는 항상 버스 앞자리에 앉기 시작했으니 말이에요. 누구에게든 괴롭힘 당할 걱정이 없는 자리에 앉은 데이비스는 여기저기서 게임을 해대고 스마트폰 벨소리가 울리고 아이들끼리 소리치고 웃느라 시끌시끌한 버스 안의 귀 따가운 소리에 신경 쓰지 않으려고 애썼어요.

얼마 뒤에는 묘안으로 이어폰을 찾아내어 버스 등하교 시간을 독서 시간으로 활용했어요. 덕분에 어느새 '해리 포터 시리즈'를 완독하고 이제는《성공하는 십대들의 7가지 습관》과《카네기 인간관계론》같은 자기계발서로 관심을 돌리게 되었어요. 소음의 차단은 자극을 줄이고 맑은 정신을 지키는 데이비스 나름의 방법이었던 셈이지요.

QUIET **2** POWER

모두가 조금은
불안하고 어렵다

❝   청소년기에 들어서면 헤쳐 나가야 할 일들이 수두룩합니다.
신체적·정서적·사회적인 요구들이 전부 달라지면서, 이 모든 것
들이 믹서기에 던져 넣어져 다른 뭔가로 뒤섞이는 듯 정신 없게 되
죠. 이는 겁나는 동시에 흥분되는 일이기도 해요.

그런데 이 시기 동안 사회라는 바다를 지나며 꼭 기억할 게 있어
요. 바로 외향적인 친구들조차 나름의 사회적 불안을 헤쳐 나가고
있다는 점이에요. 청소년기의 불안은 누구나 거쳐야 하는 통과의
례 같은 거예요. 요령을 귀띔해줄 손위 형제가 있든, 고등학교 얘기

를 다룬 영화를 아무리 많이 보았든, 유치원 이후로 쭉 또래들 사이에서 인기가 있었든 어찌됐든 간에 누구도 피해 갈 수는 없어요.

뉴욕주 브루클린 소재 고등학교의 상급생으로, 카리스마 있고 사진 찍기를 좋아하는 남학생인 줄리안의 이야기를 들어볼까요? 그는 조용히 있으면 친구들에게 관심을 얻지 못할 거라는 불안감에 시달렸던 시절을 떠올리며 풋, 웃음을 터뜨리더니 이렇게 털어놓았어요.

"예전에 저는 아주 이상한 애였어요. 초등학교와 중학교 초반까지만 해도 너무 조용히 지냈는데, 엉뚱한 방식으로 관심을 끌려고 굴었어요. 부끄럽지만, 사람들의 셔츠 안으로 물건을 쓱 집어넣거나 펜을 슬쩍하는 식이었죠. 그러고 나서 집에 오면 기분이 안 좋고 혼자 시무룩해지곤 했어요. 하지만 이젠 달라졌어요. 사람들을 괴롭히는 게 아니라 유대를 맺으려고 애써요. 예전의 그런 버릇은 이제 버렸어요."

역시 브루클린에 사는 내성적인 열다섯 살의 소녀 카리나는 아이들과 어울리는 상황에 놓이게 되면 불안한 마음에 쩔쩔매기 일쑤였어요. 줄리안이 어이없게 큰 소리를 내거나 사람들을 괴롭히는 식으로 자신의 내향성을 만회하려 했다면, 카리나는 아주 어릴 때부터 머릿속 생각을 말로 잘 꺼내지 못해 답답해했어요.

"사람들과 어울리게 되면 마음속 바람과는 달리 이상한 아이가 되어버리는 것 같아요. 아는 애들이랑 있을 때도요. 제대로 말을 하고 싶은데 머릿속에만 맴돌고 입 밖으로 잘 나오지 않아요. 어떻게 말을 해야 좋을지 정말 모르겠어요."

특별한 나를 인식하는 게 시작

이쯤에서 뉴욕에서 활동하는 심리학자로서, 카리나 같은 어려움을 겪는 사람들에게 해결책을 제시해줄 만한 첼시 그레페Chelsea Grefe 박사의 얘기를 들어볼까요? 그레페 박사는 총명하고 예술적 재능이 뛰어나지만 다른 아이들과 이야기하는 것에 불안감을 가졌던 5학년 여학생의 사례를 떠올리며 이야기했어요.

이 여학생은 더 많은 친구를 사귀고 싶어 했어요. 학교에서 정말 친한 친구 두 명이 있었지만 두 친구와 떨어지게 되면서 상실감에 빠진 상태였죠. 그레페 박사는 여학생에게 불편할 것 같은 상황에 들어서기 전에 브레인스토밍을 해보라고 조언했대요.

"말하자면 어떻게 얘기를 꺼낼지 미리 계획을 짜두고 역할놀이를 해보는 거죠."

카리나는 박사의 말에 따라 주변 여학생들 가운데 다가가기 편해 보이는 아이들을 가려내고 작은 목표를 세웠어요. 한 명씩 직접 다가가서 같이 앉아도 괜찮겠느냐고 묻거나 나중에 같이 놀러 가자는 말을 걸어보기로요. 이렇게 미리 계획을 짜둔 덕분에 카리나는 아이들로 북적이는 학생 식당 테이블에 앉으면서 무슨 말을 해야 하나 쩔쩔매지 않아도 되었어요.

그레페 박사는 사람들에게 말 걸기 좋은 이야깃거리 몇 가지를 생각해놓길 제안하면서, 아주 간단하고 싱거운 말도 상관없다고 조언합니다. 이를테면 '주말에 뭐했어?' '이번 학교 축제 말인데, 재미있을 것 같아?' 하는 것들 말이에요.

펜실베이니아의 여대생 매기는 한때 같은 반 아이들, 특히 명랑하고 쾌활하거나 '타고난 리더형'의 아이들과 스스로를 비교해보곤 했어요. 그러다 보면 인기 많은 애들은 왜 그렇게 인기가 많은지 궁금할 때가 많았어요. 어찌 된 게 인기 있는 애들 중엔 그다지 호감형이 아닌 애들도 있었거든요!

아무튼 가만 보면 외모가 아주 매력적이거나 운동을 잘하거나 똑똑해서 인기 있는 애들도 있었지만, 대부분은 외향적이라 인기가 많은 것 같았어요. 누구에게든 스스럼없이 말을 잘 걸거나, 교실에서 큰 소리로 말하거나, 파티를 잘 여는 애들을 보면 말이에요. 매기는 그런 쪽으로는 재주가 없었고 때때로 자신이 그런 걸 못해서 무시를 당하는 것 같기도 했어요. 심할 때는 자신이 이상한 애가 된 기분이 들기도 했지요.

"큰 소리로 떠드는 애들이나 인기 많은 애들은 하나같이 이야기도 잘하고 웃기도 잘했어요. 저는 이런 생각이 들었어요. '휴, 나는 왜 저 애들과의 대화에 끼지 못할까? 그게 뭐 어려운 일이라고! 도 대체 뭐가 문제일까?'"

알고 보면 매기는 재미있고 다정한 학생이었어요. 말주변이 없지도 않았어요. 다만 학교에서는 이런 자질을 제대로 보여주지 않았던 탓에, 친구들에게 주목도 못 받고 인기도 얻지 못하는 것처럼 느낀 거예요.

정말 다행히도 매기의 관점은 시간이 지나면서 달라졌어요. 매기는 내향형인 사람이 '전 세계에서' 자기 혼자만이 아니라는 사실을 깨닫고 나서부터 크게 안심이 되었다며 이렇게 털어놓았어요.

"7학년 때 S. E. 힌튼 S. E. Hinton의 소설 《아웃사이더》를 읽으면서 마음을 다잡을 수 있었어요. 그 책의 첫 페이지에서 깊은 인상을 받았거든요. 주인공인 포니보이가 혼자 영화를 보고 집으로 걸어가면서 '가끔은 혼자가 좋다'고 얘기하는 부분 말이에요. 그 대목을 읽는 순간 굉장히 충격을 받은 동시에 뛸 듯이 기뻤어요. 그때 비로소 깨달았거든요! 나처럼 느끼는 사람이 세상에 또 있다는 걸요!"

앞에서도 말했다시피 세계 인구의 3분의 1 내지 절반은 내향형입니다. 내향적 성향은 벗어나야 하는 어떤 것이 아니에요. 자연스레 받아들이고 그에 걸맞게 성숙해져야 하는 것이며, 어쩌면 매우 소중히 여겨야 할 부분이에요. 내향성이 얼마나 특별한 성향인지 인식할수록, 그리고 자기 자신에 대해 가장 좋아하는 몇 가지 면들이 그런 내향적 성향과 면밀히 이어져 있을지도 모른다는 점을 인식할수록, 삶의 여러 다른 영역들에까지 자신감이 확장될 거예요.

취미생활을 고르거나 친구를 사귈 때 다른 사람의 기준에 나를 맞출 필요는 없어요. 그보다는 내가 즐거운 일을 하고, 나에게 정말로 잘 어울릴 만한 친구들을 고르면 된답니다.

있는 그대로의 나로 충분해요

이번에는 루비라는 여학생이 털어놓은 사연이에요. 루비는 고등학교에 다닐 때 사교적인 '신입생 멘토'가 되려고 자신을 외향적인 역할에 억지로 끼워 맞춰보았어요. 그 학교에서는 신입생 멘토가 되면 주변에서 우러러 봐주는 분위기가 있었기 때문에 루비가 그렇게까지 무리를 하게 되었대요.

하지만 충분히 외향적이지 못한 탓에 멘토링 프로그램에서 퇴짜를 맞았고, 그러고 나서야 비로소 과학으로 쏠리는 흥미에 눈뜨게 되었다고 해요. 그 뒤로 루비는 방과 후에 생물 선생님의 지도를 받으며 그 분야에 몰입하기 시작했고, 열일곱이라는 어린 나이에 과학 논문을 발표하게 되었어요. 뿐만 아니라 한 대학의 생물의학공학과에 장학생으로 입학하는 자격을 얻기까지 했죠.

루비의 사연에서 보듯, 세상에는 수많은 자아의 이상형이 존재합니다. 가령 친구와 가족들에게 다정하거나 도움이 되는 사람을 이상화시키는 등 자아의 이상형은 사람에 따라 다를 수 있어요.

저는 중학교 1학년 때, 아무리 생각해도 그래야만 할 것 같아서 외향적인 사람이 되려고 무진 애를 쓴 적이 있어요. 활달하고 성격 쿨하고 잘 떠드는 그런 사람 말이에요. 그러다가 시간이 좀 지나고 나서 깨달았어요. 그게 어떤 모습이든 '내가 되고 싶은' 내가 아니라 '있는 그대로의' 내가 될 수밖에 없다는 걸 말이죠.

어쨌든, 그 당시 제가 존경하던 사람들(영웅과 롤모델들)은 작가였어요. 제 눈에는 작가들이 정말로 멋져 보였는데, 우연히도 대대수가 내향형들이었어요. 그때는 아직 제 신경계를 이해하는 축복을 누리지 못하고 있었고, 심지어 제 성격을 제대로 확신하지도 못했지만, 결국 타고난 신경계의 요구에 사교성을 차츰 적응시키게 되었죠.

그러는 사이에 정말 좋은 친구 몇 명을 사귀었어요. 또한 여러 명이 우르르 떼 지어 어울리기보다는 그 친구들 중 한두 명과 어울리길 바라는 제 속마음도 깨달았지요. 그때 마음먹었어요. 최대한 많은 수의 친구들과 우정을 쌓기보다는 소수의 친구들과 깊고 돈독한 우정을 많이 쌓기로요. 그 뒤로도 저는 평생토록 그 다짐을 지켜왔답니다.

QUIET **2** POWER

내향형에 대한
대화 나누기

66 　자신의 본능과 관심을 따르는 일뿐만 아니라 다른 사람들에게 자신의 감정을 표현하고 자신의 행동을 설명하는 일도 아주 중요합니다. 친숙하게 느껴질 만한 예를 하나 들어볼까요? 지금 다른 교실로 이동하느라 복도를 지나는 중인데 생각에 깊이 빠져 있거나, 아니면 소음과 여기저기 모여 있는 아이들 때문에 정신을 못 차릴 지경이라고 가정해보는 거예요. 그때 어떤 친구를 흘끗 보긴 했지만 다른 데 정신이 팔려 있는 바람에 본의 아니게 인사나 가벼운 말을 건네지 못한 채 지나가고 말았어요. 친구를 기분 나쁘게 하거

나 상처를 줄 의도가 없었지만, 그 친구는 여러분이 뭔가의 일로 화가 나 있다고 오해하는 거예요.

이런 식으로 오해를 사기 쉬운 순간이 없는지 주의를 기울여보세요. 그리고 그런 순간이 감지되면 그때의 생각이나 감정을 성심껏 설명해주세요. 외향적인 친구는 (그리고 어쩌면 내향적인 친구조차도) 여러분이 어떤 생각에 빠져 있거나 감각적 자극 때문에 정신이 딴 데 가 있다는 사실을 눈치 채지 못하기 십상이므로, 여러분이 사정을 설명해주느냐 마느냐에 따라 결과가 달라지기 마련이에요.

물론, 여러분이 애써 설명한다 해도 모든 사람이 여러분의 성향을 이해해주는 것은 아니에요. 뉴햄프셔주의 십대 소년 로비는 자기가 내향적 성향임을 처음 알게 되었을 때 자기가 이상한 게 아니었다는 걸 깨닫고 크게 안심이 되었다고 해요. 로비는 많은 사람들 속에 있으면 조용해지는 경향이 있는 데다, 제일 친한 친구들과 얘기하고 농담하며 놀 때도 마음이 마냥 편안하지만은 않았어요.

"두 시간쯤 지나면 뭐랄까 '애고, 이제 힘들어서 못 하겠다'라는 식의 기분이 들어요. 진이 빠지는 거죠. 그러면 벽이 세워지면서 누구하고도 말하기가 싫어져요. 몸이 피곤해서가 아니라 정신이 피곤해져서요."

로비는 외향적인 여자친구에게 내향형과 외향형의 차이를 설명하려 애썼지만 로비를 잘 이해하지 못했다고 해요. 시끄럽고 북적이는 곳에서도 사람들과 잘 어울리는 그 친구로서는 혼자 있고 싶어질 때가 많은 로비의 심정에 공감하지 못했던 거예요.

그러나 다른 친구 드류는 로비의 마음을 단박에 이해했어요. 드류는 양향 성격자에 가까워서, 여동생에 비해서는 덜 외향적이었지만 부모님처럼 내성적이진 않은 편이었어요. 드류는 로비와 내향성의 성향에 관해 이야기를 나누면 나눌수록 양면성을 띠는 자신의 성격을 사람들에게 이해받고 싶은 마음이 커졌다고 해요.

아마추어 영화감독인 드류는 새로운 애니메이션 스타일을 실험하던 참에, 내향성에 대한 조사를 벌인 뒤 조용한 성향을 주제로 공익 애니메이션을 제작했어요. 그리고 이 영상을 유튜브에 올렸지요. 이것은 시작에 불과했어요. 드류는 자기가 다니던 고등학교의 교내 TV 뉴스 PD로서 일주일에 한 번씩 전교생이 시청하는 뉴스를 제작했어요. 그는 자기가 만드는 뉴스에 내향성을 다루는 코너를 집어넣기도 했는데, 방송이 나간 후 반응이 폭발적이었다고 해요. 내향형 성향을 감추고 있던 한 선생님은 고맙다는 말을 전하기까지 했대요. 당시 반응에 대해 드류는 이렇게 소감을 밝혔어요.

"덕분에 교내 전체에 이해의 분위기를 조성할 수 있었어요. 그 뒤로 몇 주가 지날 때까지도 저에게 다가와서 '그 방송 대박이었어!'라고 말해주고 가는 사람들이 있었을 정도라니까요!"

드류의 친구인 로비는 누구보다 특히 더 고마워했다고 해요.

내향형 학생과 외향형 학생들이 서로 다른 장점과 욕구를 더 깊게 이해하는 것은 매우 유익한 일이에요. 중학교와 고등학교 생활

몇 년은 내향형들이 지내기 가장 힘든 시기니까요. 한 건물에 수백 명의 아이들이 빼곡히 모여 있는 환경에서는 쾌활하게 행동하며 눈길을 끌지 않고서는 존중받고 우정을 키울 방법이 없는 것처럼 느끼기 쉽죠. 하지만 해당 주제나 활동에 대한 탁월한 집중력, 공감과 끈기로 말을 잘 들어주는 경청 능력 등 또 다른 뛰어난 자질들을 통해서도 존중과 우정을 얻을 방법은 아주 많답니다. 집중력과 경청 능력은 내향형이 지닌 '슈퍼파워'의 두 가지 예에 불과합니다. 내향형의 슈퍼파워로 관심을 돌리세요. 여러분의 열정을 찾아 그 열정을 전심전력으로 좇으세요. 그러면 단순히 버텨내는 차원을 넘어 활약을 펼치게 될 거예요.

학교생활을 하다 보면 종종 스트레스가 생기거나 괴로운 일이 닥치게 돼요. 그럴 때 내면의 자아를 온전히 지키면서 힘든 상황을 잘 극복해낼 방법은 없을까요? 자, 지금부터 언제든 참고할 만한 팁 몇 가지를 간략히 소개할게요.

나의 욕구 이해하기

학교는 시끌벅적하기 마련이고 이는 내향형에게 대체로 부담스럽게 다가옵니다. 때로는 잘 맞지 않는 환경이 있기 마련임을 인정하되, 그로 인해 본연의 자신을 포기하진 마세요. 방전된 배터리를 재충전할 조용한 시간과 장소를 찾아보세요. 그리고 한 번에 많은 사람들과 어울리기보다 한두 사람과 어울리길 좋아하는 편이더라도 걱정하지 마세요! 여러분의 성향을 이해해주는 사람들을 만나면 안정을 찾을 수도 있으니까요.

나와 잘 맞는 친구 찾기

나와 가장 잘 맞는 상대는, 운동이나 컴퓨터 프로그래밍 등을 좋아하는 친구가 될 수도 있고 관심사가 일치하든 안 하든 그냥 대화하면 기분 좋은 사람들이 될 수도 있어요. 필요하다면, 순조롭게 우정을 맺을 만한지 점검해보기 위한 대화 주제를 리스트로 짜두어도 괜찮아요.

친구와 소통하기

친한 친구들에게, 여러분이 가끔씩 슬슬 피하는 듯한 모습을 보이거나 조용해지는 이유를 확실히 알려주세요. 내향성과 외향성에 대해 이야기해주세요. 친구들이 외향형이라면 여러분에게 원하는 바가 무엇인지 물어보세요.

나의 열정 찾기

누구에게나 중요하지만 내향형에게는 특히 더 중요해요. 내향형의 대다수는 정말로 관심이 가는 한두 가지 일에 에너지를 쏟길 좋아하기 때문이에요. 주눅이 들 때에도 진정한 열정은 두려움을 뚫고 나아가도록 기운을 북돋워주지요.

안전지대 확장하기

누구나 어느 정도까지는 확장이 가능해요. 어떤 신조나 열혈 프로젝트를 위해 한계를 깨트릴 수도 있어요. 겁나는 영역으로 도전(예를 들자면 많은 사람들 앞에서 말하기)해 한계를 넘으려 할 때는, 적은 인원 앞에서 연습을 해보세요. 이런 연습에 관해서는 13장에서 더 자세히 이야기해줄게요.

내 보디랭귀지 이해하기

미소는 주위 사람들을 편안하게 만들어줄 뿐 아니라 행복감과 자신감을 북돋워줍니다. 이것은 생물학적 현상으로, 신체 여러 부분에 긍정적인 신호를 보냅니다. 꼭 미소만 이런 신호를 보내는 게 아니기에, 내 몸이 언제 자신감이 생기고 긍정적으로 느끼는지 주의를 기울여야 합니다. 예를 들어 팔짱은 초조함의 표현입니다. 또한 경계하고 있다는 인상을 줍니다. 몸이 긴장 반응을 보일 때 기분이 좋아지도록 자세나 표정을 바꿔보세요. 몸의 신호를 알고 대처하면 마음이 훨씬 편안해질 거예요.

CHAPTER 2

당당하게
발표하고 싶어요

발표를 안 해서
평가를 못 받는 아이들

그레이스는 4주에 한 번씩 말도 못하게 화가 난 채로 집 문을 벌컥 열고 들어와 엄마에게 짜증을 냈어요.

"또 안 됐어!"

8학년 '이달의 학생상' 수상자가 발표될 때마다 이런 일은 반복되었죠. 이달의 학생상은 학업 태도가 근면하고, 행실이 바르며, 학급 활동에 적극 참여한 학생에게 주는 표창이었지만, 그레이스의 눈엔 외향적인 아이들만 선정되는 것처럼 보였어요. 수상자들은 하나같이 수업 중에 손을 잘 드는 애들이었거든요.

하지만 그레이스는 그런 스타일과는 거리가 멀었어요. 수업 중에는 뒷자리에 앉아서 잘 듣고 필기를 하며 토론을 따라가는 스타일이었지요. 다른 애들은 기회만 났다 하면 말을 줄줄이 잘도 늘어놓았는데, 그레이스가 느끼기엔 다들 생각도 안 하고 손부터 드는 것 같았어요. 그냥 자신을 봐줄 관중이 필요한 것처럼 말이에요.

선생님들은 그레이스에게 더 적극적으로 의견을 밝히라고 권했어요. 특히 다정한 성격의 영어 선생님은 그레이스가 써낸 과제물을 보고 그레이스에게 수업 시간의 토론에서 덧붙이고픈 얘기들이 있다는 걸 알아채고는 자주 기회를 주며 격려해주셨어요.

"선생님은 종종 이렇게 말씀하셨죠. '너는 수업 중에 정말 조용하구나. 교과서의 그 다음 세 단락을 소리 내 읽어보지 않을래?'"

그때마다 그레이스는 마지못해 읽었다고 했어요. 아무튼 그레이스는 자신이 상을 받을 자격이 충분한데도 제대로 인정받지 못하고 있다며 속상해하다가, 드디어 몇 달 후에 이달의 학생상을 받게 되었어요.

사실, 그레이스는 성적이 꽤 좋은 데다 말썽을 일으킨 적도 없는 학생이었어요. 스포트라이트를 받는 게 부끄러워 주저했지만 한편으론 주목받고픈 마음도 없지 않았죠. 그래서 두 마음을 조율하기로 마음먹었고, 선생님들이 큰 소리로 책을 읽어볼 사람 없느냐고 물을 때마다 바로바로 손을 들기 시작했어요. 목소리가 너무 떨리는 것 같으면 한 단락만 읽고 그만 읽었어요. 막힘없이 편하게 읽히면 계속 읽었고요. 그러다 이젠 수업 시간의 토론에서도 더 적극적으로 나서기로 다짐했어요.

어느 틈엔가 그레이스는 자신이 조바심을 내는 패턴을 차츰 파악하게 되었어요. 예를 들어, 반 아이들 몇 명이 이미 의견을 말한 뒤인 수업 중반쯤 호명을 받으면 덜 초조해하는 경향이 있었어요. 그걸 알고 나자 자신의 의견을 명확히 밝힐 만한 타이밍을 잡을 수 있게 되었어요. 덕분에 이제는 다른 학생들의 생각을 부연하거나, 다른 학생들의 생각에 반대하며 새로운 안을 제시할 수 있답니다. 또한 질문에 가장 먼저 지목받으면 답변을 정리할 시간을 벌기 위해 두 번째나 세 번째로 대답하겠다는 의사를 밝힌 뒤, 어서 빨리 말을 하고 싶어 입이 근질거리는 다른 학생에게 발언권을 넘기기도 해요.

이런 전략은 신경이 곤두서는 일이긴 했지만 분명 효과가 있었답니다. 그레이스는 점점 더 자주 손을 들게 되었고, 더디지만 확실히 달라졌어요. 자진해서 책을 읽고 확인이 필요할 때 질문을 던지는가 하면, 수업 시간의 토론에서 의견도 내놓았어요. 엄밀히 말해 이런 변화는 그레이스가 자신의 방식을 바꾸었다기보다, 타고난 기질을 발전시킨 것에 가까웠어요. 결국 그 뒤로 얼마 지나지 않아, 이달의 학생상을 받게 되었죠.

내 성향에 대해 선생님과 미리 대화하기

에밀리는 많은 아이들 속에 섞여 있으면 조용했지만 친한 친구들과 함께 있을 때는 잘 떠들었어요. 그런데 에밀리가 열두 살 때, 수업에 잘 참여하지 않는다는 이유로 선생님이 에밀리를 호출했어요.

에밀리는 선생님과 얼굴을 맞대고 앉아 사정을 설명해야 한다고 생각하니 덜컥 겁이 났어요. 그래서 선생님께 편지로 미리 설명했어요. 자신이 내향적인 편이라 그렇게 많은 애들 앞에서는 말을 잘 못 한다고요. 저에 대한 이야기와 기사를 통해 이 책에 담긴 개념을 이미 어느 정도 터득한 상태였거든요.

선생님이 어느 날 에밀리에게 이야기를 좀 하자며 수업 후에 남으라고 했어요. 이야기를 나눠보니 선생님도 내향형이었어요. 선생님은 에밀리가 반 아이들 앞에서 말하는 것을 왜 그렇게 꺼려하는지 이해한다며 앞으로 소모임으로 공부할 기회를 더 많이 만들어주기로 약속했어요.

에밀리가 선생님에게 글로 자신의 사정을 밝혔던 것처럼, 다른 사람들에게 자신의 성향을 알리고 필요한 것들에 대해 도움을 청해보세요. 그 선생님도 에밀리가 글로 알려준 덕분에 에밀리가 수업에 관심이 없거나 지루해하는 게 아니라, 단지 많은 사람들 앞에서 말하는 걸 힘들어하는 성향이라는 사실을 이해할 수 있었어요.

여러분이 수줍음이 많거나 내향적이라고 말하면 상대의 말에 대드는 것처럼 들릴 소지도 있을 테지만, 에밀리의 사례에서 보듯 더는 혼자 괴로워하지 않아도 됩니다. 상대방 쪽에서 배려해줄 수도 있고요. 자신들의 경험을 돌아보며 그런 심정을 이해해줄 수도 있어요.

QUIET **2** POWER

수업 중에
발표하기

" 자신의 생각을 꽁꽁 숨기지 않고 자신감을 키워 말로 전달한 다면 장기적 관점에서 만족감이 훨씬 높아지리라고 확신합니다. 여러분의 생각은 경청할 가치가 있고 인정받을 만해요. 실제로 한 조사에 따르면, 전형적인 집단 환경에서 내향형의 발언은 시간이 지나면서 점점 높이 인정받게 된다고 해요. 내향형이 말을 하려고 손을 들 때는 뭔가 말할 만한 가치가 있어서라는 사실을 다른 이들이 차츰 깨닫기 때문이지요.

수업에 참여하기 꺼려진다면, 자신이 수업 중에 말하는 것을 왜 그토록 불편해하는지 파악해보세요. 이유를 정확히 알게 되면 그레이스가 그랬듯, 자신에게 잘 맞는 조건에 따라 의견을 밝히기 위한 전략을 세우기가 더 쉬워질 거예요.

발표가 어려운 이유 생각해보기

의견을 말하기 거북하게 느끼는 이유가 뭔가요? 각양각색의 이유가 있겠지만 흔히 다음의 내용으로 압축됩니다.

- ✓ 괜히 말했다가 틀릴까 봐
- ✓ 별 의미 없는 얘기는 하고 싶지 않아서
- ✓ 듣는 데 집중하느라 말할 틈이 없어서
- ✓ 대답을 생각할 만한 시간이 충분치 않아서
- ✓ 입을 열면 말을 버벅거릴까 봐 걱정돼서
- ✓ 시선이 쏠리는 게 싫고 주목받고 싶지 않아서

이 이유들은 사회적 불안과 연관되어 있어요. 실수해서 창피당할까 봐 두려워하는 거죠. 그러나 사회적 불안은 절대 창피한 일이 아닙니다. 그런 불안은 사람들 대다수가 느끼는 것이며, 일부 사람들이 남들보다 유난히 민감하게 느끼는 차이가 있을 뿐이에요.

사회적 불안에 휩싸일 때는 '나 혼자만 그런 것이 아니다'라고 생각하면서 스스로를 살짝 밀어붙여 두려움을 떨쳐내세요. 이를테면 확실히 답을 알고 있는 질문에 답해보는 식으로요. 그렇게 계속해서 작은 '승리'를 쌓아가다 보면, 손을 들고 발표하는 일이 점점 더 쉬워질 거예요. 지금 당장은 불가능하게 여겨질지라도 말이에요.(하지만 이런 사회적 불안의 문제로 매일같이 괴로움을 겪고 있다거나, 하고 싶은 일을 제대로 못 할 정도라면 상담사나 의사에게 도움을 구해보는 것도 괜찮아요.)

나아가, 소리 높여 말하기가 편안해질수록 다른 사람들의 관심을 받기 위해서는 반드시 옳거나 '완벽'해야 하는 것은 아님을 깨닫게 됩니다.

위에서 예로 든 이유 중 몇 가지도 완벽주의와 결부되어 있는데, 대다수 내향형이 시달리고 있는 이런 완벽주의는 양날의 검과 같아요. 결과의 질을 높여주긴 하겠지만, 행동이든 말이든 어지간해선 완벽해지기 힘든 만큼 아예 아이디어를 입 밖에 내지도 못하기 십상이죠.

물론, 조용히 있는 이유가 꼭 두려움이나 불안, 완벽주의 때문만은 아니에요. 단지 입 밖으로 꺼낼 만한 의미 있는 이야깃거리가 생길 때까지 기다리는 내향형들도 많아요.(제가 이야기를 나눠본 내향형 가운데 많은 이들이 다른 사람들도 그런 정도의 예의를 지키면 좋겠다고 밝히기도 했어요!) 어쨌거나 입 밖으로 말하며 생각하는 외향형과 달리 내향형은 말하기 전에 생각하길 좋아해요.

사실, 한 주제에 깊이 있게 집중하는 능력은 내향형이 지닌 특별한 재능 중 하나랍니다. 선생님에게 예상치 못한 질문을 받으면 어떻게 대답할지 찬찬이 생각해볼 시간을 못 얻어서 얼어버리기 쉬워요. 대체로 내향형은 대답의 내용과 명확성을 아주 중요하게 생각해서 그냥 불쑥 말을 내뱉고 보기보다는 말없이 가만히 있기를 좋아해요. 그래서 때로는 정말로 말하고 싶은 것이 생각날 때쯤에 이미 토론이 끝나 있기도 하죠.

나에게 맞는
발표 방법 찾기

이 책을 쓰기 위해 만났던 학생들이 실제로 자신의 사례를 들려주었다시피, 사람들 앞에서 소리 높여 말하기 위한 전략은 제법 많이 있어요. 사실, 수업에 많이 참여할수록 말하기도 더 쉬워진다고 털어놓은 학생도 많았답니다.

우리가 해볼 만한 첫 번째 전략은 마음이 편안한 발표 상황을 찾는 거예요. 경우에 따라서는 앉을 자리를 고르는 것처럼 쉬운 방법을 택하는 것도 괜찮아요. 예를 들어, 우리가 이야기를 나눴던 어떤 학생은 항상 앞줄에 앉으려고 노력했다고 해요. 그렇게 하면 말을 할 때 다른 학생들이 고개를 돌려 자신을 쳐다볼 일도 없고, 그 덕분에 부담감이 줄어든다는 얘기였죠. 또 다른 학생은 친한 친구들 가까이에 앉길 좋아한다면서, 그러면 좀 더 긍정적인 기분이 든다고 했어요. 그런가 하면 반 아이들 중에 너무 냉정하고 오만해 보이는 애들보다는 마음이 따뜻하고 호의적으로 보이는 애들을 발언 상대로 삼아 의견을 밝히는 요령을 터득한 학생도 있었어요.

또 어떤 학생들은 다른 아이들이 얼마나 초조해하는지에 주목하기도 해요. 뉴욕주 퀸스에 사는 열여섯 살의 여학생 롤라가 그런 경우였죠. 롤라가 말하길, 같은 반 아이들을 찬찬히 살펴보면 각자 자기의 사회적 이미지에 신경 쓰느라 바빠서 롤라 자신의 목소리에서 초조함을 눈치 채지 못한다고 했어요. 사실, 생각과 아이디어를 발표하는 일은 자신의 약점을 노출시키는 듯한 기분에 휩싸이게 할 수 있어요. 자신감 넘쳐 보이는 사람들조차 자신이 바르게 대답한 건가 싶어 불안해하지요. 어찌 보면, 그런 측면에서 사람은 누구나 다 똑같아요.

한편 발표가 일상적인 잡담보다 더 편하다고 말하는 내향적인 학생들도 있어요. 온타리오주 토론토에 사는 6학년 리엄은 수업 중에는 말을 계속 주고받을 필요 없이 생각만 말하면 되니 오히려 더 편하다고 털어놓았어요. 자신이 말을 마치면 선생님이 또 다음 사람을 지명하니까, 친구들과 대화할 때처럼 이야기 흐름을 놓칠까봐 걱정할 필요가 없어서 좋다는 얘기였죠.

늘 먼저 손 들고 발표하는 학생

이번 장의 앞부분에서 소개했던 소녀, 그레이스는 '워밍업'이 될 때까지 시간을 가졌다가 의견을 말하는 방법이 효과가 있었어요. 하지만 사람에 따라 그 반대의 전략, 그러니까 미리 준비해서 가장 먼저 발표하는 방법이 더 잘 맞을 수도 있어요. 제 경우에도 예전 법대생 시절에 이 방법을 효과적으로 활용했어요.

2013년 1월, 워싱턴에서 열린 한 행사에서 제 책 《콰이어트》를 주제로 강연한 적이 있어요. 그때 질의응답 시간에는 오랜 친구인 앤지가 저와 함께 무대에 올랐죠. 앤지는 하버드 법대 시절에 만난 친구인데 그즈음 다시 연락이 되었던 터였습니다. 앤지는 청중들에게 우리의 학창 시절 얘기를 들려주며 제가 그렇게 내향적인 사람인지 전혀 몰랐다고 말했어요.

저를 비롯해 모든 사람이 그 말에 놀라워했죠. 그러자 앤지는 제가 수업 중에 가장 먼저 손을 들던 학생 중 한 명이었다며, 어떻게 그런 사람이 내향형으로 보였겠느냐고 되물었어요.

앤지가 그렇게 생각했을 만도 합니다. 하버드 법대에서는 널찍한 계단식 대강의실에서 이른바 '소크라테스식 문답법'이라는 형식으로 수업이 진행됩니다. 교수님이 무작위로 학생을 지명하면 그 학생은 무조건 대답해야 하죠. 위압적인 방식이지만 그 수업에 수강 신청을 한 이상 무슨 말로든 대답을 해야 했어요.

수업의 규칙은 이미 알고 있었지만, 그렇다고 해도 예상치 못한 상태에서 지명을 받기는 싫었어요. 그래서 저는 항상 전에 배웠던 내용을 토대로 몇 가지 생각을 준비해서 수업에 들어갔어요. 그런 다음 용기를 쥐어짜 손을 들어, 토론의 내용이 알 수 없는 영역으로 흘러가기 전에 가능한 한 빨리 의견을 말했지요. 이 방법은 대답을 준비하지 못한 상태일 게 뻔한 수업 후반부에 교수님들이 저를 지명할 가능성을 줄여주었어요. 수업 후반부에는 교수님들이 아직 의견을 밝히지 않은 학생을 찾기 마련이니까요.

알고 보니 이런 전략에는 의외의 이점이 한 가지 더 있었어요. 이는 사회심리학자들을 통해 입증된 사실이기도 한데, 그룹에서 가장 먼저 이야기하는 사람들의 생각에 더 많은 무게감이 실리는 경향이 있다는 거예요. 실제로 교수님들은 수업 중에 제가 낸 의견을 다시 언급할 때가 많았고, 그때마다 저는 뜻하지 않게 강의실에서 존재감이 부각되는 기분을 느끼곤 했어요.

알고 보니 저 말고도 이런 잔꾀를 활용했던 사례가 많았답니다. 한 예로 데이비스는 중학생 때만 해도 학생들로 가득 찬 교실에서 소리 내어 말하는 것은 생각도 못 할 일이었어요. 그러다가 생애 처음으로 성적표에서 B를 받았어요. 수업 참여도가 성적에 반영된 것이라고, 영어 선생님이 이유를 설명해주었어요. 필기시험 성적이 아무리 좋아도 수업 시간에 한 번도 손을 든 적이 없어서 A를 받을 수 없었던 거예요.

데이비스는 당시를 떠올리며 이렇게 말했어요.

"선택의 문제였어요. B를 받든지 손을 들든지, 선택해야 했죠."

데이비스는 공부에 대한 자부심이 너무 커서 낮은 성적을 받는다는 게 용납이 안 됐어요. 그래서 내키진 않았지만 억지로 손을 들고 큰 소리로 책을 읽었습니다.

"처음엔 너무 겁이 났어요. 말을 더듬거리거나 버벅거리면 어쩌나 싶어서요. 이마에서 땀이 다 났어요. 하지만 마음을 굳게 먹고 계속 손을 들었어요."

이번 장의 뒷부분에서 곧 확인하게 될 테지만, 데이비스는 이런 식의 대담한 행동을 취한 덕분에 두려움을 멀찌감치 밀어냈어요.

혹시 수업 중에 소리 내어 말하는 것에 대한 거북함을 넘을 수 없는 산처럼 느끼고 있나요? 그렇다면 이 얘기를 꼭 해주고 싶어요. 여러분은 그 산을 넘을 수 있다고요. 그리고 실제로 해보면 그 일은 생각보다 훨씬 쉬울 거예요. 토론토의 6학년생 리엄은 이런 말도 했어요.

"수업 중에 소리 내어 말하기가 점점 편안해져서 이제는 그 순간이 조금씩 기대되기까지 해요."

여러분도 그렇게 될 수 있답니다!

수업 시간에
활약하기!
QUIET POWER

손을 들면 심장이 마구 뛰더라도 걱정하지 마세요. 그것은 많은 사람들이 느끼는 기분이며, 소리 내어 말하기는 심장이 뛸 만한 일이니까요. 이번 장의 내용을 빠짐없이 꼼꼼히 읽어볼 만한 여유가 없다면, 다음의 전략이 뛰는 심장을 달래는 데 도움이 될 거예요.

선수 치기

토론 주제를 미리 알고 있다면 할 말을 준비해놓으세요. 아이디어나 의견을 준비해서 토론이 예상 못한 방향으로 흘러가기 전에 의견을 밝히세요.

최적의 발언 타이밍 찾기

말을 꺼내는 데 어떤 타이밍이 가장 편한가요? 가장 편하게 토론에 끼어들 전략을 세우세요. 사람에 따라 가장 먼저 말하는 것보다 다른 학생의 발언을 토대로 삼거나 그 발언을 부연하는 식으로 토론에 끼어드는 것이 더 편할 수 있어요. 아니면 예리한 질문을 던지거나 이의 제기를 좋아하는 스타일일지도 모르죠. 내게 가장 편한 타이밍, 잘 맞는 스타일을 찾아보세요.

메모 활용하기

말을 하다가 갑자기 할 말을 잊고 얼어붙을까 봐 걱정이라면 필요한 순간에 참고할 수 있도록 종이에 생각을 메모해놓으세요.

수업 후에 의견 전하기

발표하고 싶은 내용이 있었지만 용기가 없어서 손을 못 들었다면 수업 종료 후에 이메일을 보내도 좋아요. 메일을 통해 여러분이 수업에 호기심을 가지고 집중하고 있었던 사실을 선생님에게 알려보세요.

반 아이들 관찰하기

다른 아이들이 터무니없는 발언을 하거나 명백히 틀린 말을 해도 아무도 신경 쓰는 사람이 없는 순간에 주목해보세요. 다른 사람의 실수에 따뜻하고 너그러운 태도를 갖도록 힘쓰면서 자신의 실수에도 그런 마음을 가져보세요. 그러다 보면 어느새 알게 될 거예요. 여러분이 틀린 대답을 하거나 목소리를 살짝 떨며 말한다고 해서 무슨 큰일이 일어나지 않는다는 것을요. 애니라는 이름을 가진 슬기로운 십대는 이런 말을 했답니다. "틀린 대답을 해도 선생님이 그냥 다음 사람으로 넘어가니까 괜찮아요."

열정의 동기를 찾기

학교생활을 잘하기 위한 최선의 방법은 자신만의 열정의 동기를 찾는 일입니다. 여러분에게 중요한 목표가 무엇인지 생각해보세요. 어떤 주제에 관심이 많이 갈수록 그 주제에 대해서는 소리 내어 말하기가 좀 더 편하게 느껴지기 마련이에요.

수업시간에 우리가 할 수 있는 것

스포트라이트 켜기

걱정하기

사라지기

숨어버리기

변신술

선수치기

조별 과제를
이끄는 힘

내향형이 의견을
내세우지 않는 이유

내향형에게 조별 활동은 좋기도 하고 나쁘기도 한 상황입니다. 조원 모두에게 스포트라이트가 비춰지기 때문에 그만큼 부담감을 덜 수 있지만, 한편으론 여러 사람이 모인 만큼 사교성이 필요한 탓에 독자적인 활동을 선호하는 우리 같은 내향형에게는 진을 빼는 일이 되기도 해요.

브루클린에 사는 고등학교 2학년생 카리나는 선생님이 조별 과제를 내주면 남몰래 속으로 투덜거렸어요. 가족이 많아 언니와 방을 함께 쓰는 카리나는 아무 간섭 없는 혼자만의 시간에 대한 갈망

이 컸어요. 수업 시간의 좋은 점 한 가지가 학교에서 사교적인 공간
인 복도나 학생 식당 같은 곳에서 벗어나 있을 수 있는 점이라고
털어놓았을 정도였죠. 교실은 조용히 남의 말을 듣고 있어야 하는
곳이니 그렇게 마음이 놓일 만도 하죠.

나만의 장점을 부각시킬 역할이 있어요

그렇다고 해서 내향형들이 조별 활동에서 말할 아이디어가 없는 건
아니에요. 우리 내향형은 대체로 아이디어를 가지고 있으니까요. 아
무 때나, 또는 여러 사람 앞에서 말하고 싶은 기분이 들지 않는 것
뿐이에요. 때로 거리낌 없이 말하는 아이들이 잔뜩 거드름을 피우면,
조심조심 말하는 학생들도 대화에 끼어들고 싶어지긴 하지만요.

한편 중학생인 올리비아는 반에서 별 의욕이 없는 학생들과 한
조가 되는 것을 좋아하는 편이라며 이렇게 말했어요.

"뭐든 할 생각이 별로 없는 애들이 많아서 제가 혼자서 다 할 수
있는 조에 들어가는 게 좋아요."

여러모로 의지하기 편한 방법일지는 몰라도, 도전의식을 자극하
지 않는 사람들과 어울리며 스스로의 수준을 떨어뜨리는 이런 방
식이 과연 바람직할까요? 사실, 최상의 조 구성은 내향형과 외향형
이 함께 어우러지는 형태예요. 다른 유형의 사람들이 만나면 문제

나 도전 과제에 대해 다양한 관점이 제시되고, 문제를 다루는 범위도 더 크고 넓어지니까요. 이런저런 다양한 조별 활동을 할 테지만 그중에서도 학교에서의 조별 과제는 특히 힘든 일일지 모릅니다.(미리 귀띔하자면 앞으로 제6장에서는 파티에서 사람들과 어울리는 것에 대해, 또 제10장에서는 팀 스포츠 활동에 대해 이야기할 예정입니다.)

조별 활동에서 나만의 장점과 아이디어를 부각시키고 돋보이게 해줄 역할을 찾고 나면 자신감이 활짝 피어날 거예요. 여러분이 조 안에서 큰 목소리를 내든, 조용히 있는 편이든 이번 장은 자신에게 잘 맞는 역할을 찾는 데 길잡이가 되어줄 것입니다.

QUIET 2 POWER

외향형만 모이면
최강의 조가 될까

❝ 저는 첫 책의 집필과 TED 강연을 하기 위해 조사를 진행하며 학교 수십 곳을 찾아다녔어요. 그때 알게 된 사실 중 하나는 조별 과제를 내주는 선생님들이 정말 많다는 거예요. 그에 따라 많은 교실들에서 책상을 네다섯 개씩 붙여놓고 학생들에게 협력을 장려하고 있지요.

브리애나가 다니는 콜로라도주의 학교를 예로 들어볼게요. 한번은 브리애나의 스페인어 수업에서 창의력을 한껏 발휘할 만한 조별 과제가 주어졌어요. 조별로 스페인어 내레이션을 넣은 가구 관련 동영상을 제작하는 과제였죠.

브리애나도 자기 조에서 아이디어를 내놓았어요. 같이 대본을 쓰고 내레이터, 감독, 편집자로 역할을 나눈 다음 이케아 같은 대형 가구 매장에 가서 함께 동영상을 찍자고요.

브리애나는 자기 제안이 꽤 괜찮은 방식이라고 생각했지만 다른 조원 다섯 명은 입씨름하느라 바빠서 제대로 들어주지도 않았어요. 브리애나의 조는 조원끼리의 협력에 애를 먹었어요. 다들 자기 아이디어만 내세우며 다른 사람이 무슨 말을 하는지 듣는 데엔 관심이 없어 보였죠. 그래서 결국 각자 따로따로 동영상을 찍어온 뒤 짜깁기해서 하나로 만들기로 결정했어요. 브리애나는 당시 상황을 이렇게 들려줬어요.

"너무 체계가 없었어요. 그러다 보니 몇 사람에게만 일이 떠넘겨졌어요. 편집도 절반은 제가 도맡아 했다니까요. 제가 목소리를 높이면서 '싫어, 그것도 네가 해!'라는 식으로 빼지 않는 바람에 그렇게 덤터기를 썼어요."

브리애나는 그때 자기주장을 더 강하게 펼치지 못했던 일을 아쉬워했어요.

"조용한 사람은 이용당하기가 쉬운 것 같아요. 많은 사람들이 그 점을 악용해요."

브리애나는 만약 그 과제를 다시 할 수 있다면 자신이 처음 제시했던 구상을 더 강력히 밀어붙이겠다고 했어요.

첫 번째 토론 때 차분한 분위기로 유도해서 조원들 각자가 어떤 방식으로 하길 원하는지, 그 이유는 무엇인지 설명하도록 진행하지 못했던 걸 아쉬워했죠. 그랬다면 서로 머리를 맞대고 별로일 것 같은 아이디어는 거르고 좋은 아이디어를 가려낼 수 있었을 거라고요. 물론 용기가 필요했을 테지만, 그래도 더 훌륭한 결과물을 이끌어냈을 거라고요. 그런데 그런 용기를 내는 일은 사실, 여러분이 생각하는 것만큼 그렇게 어렵지 않답니다.

탁월한 결과를 내는 조용한 리더들

우리 내향형은 대체로 조별 활동을 할 때 앞에 나서길 꺼리지만 그간의 여러 증거로 입증되었다시피 누구보다 인상적인 리더가 되기도 합니다. 그것도 외향형 리더들보다 더 뛰어난 결과를 이끌어내는 경우가 많아요. 잘못 읽은 건가 싶어 눈을 의심할까 봐 다시 한 번 강조하지만, 단지 괜찮은 결과가 아니라 더 '뛰어난' 결과를 이끌어냅니다.

와튼 스쿨의 심리학 교수 애덤 그랜트Adam Grant는 동료들과 함께 내향형과 외향형이 그룹 상황에서 보이는 여러 가지 행동 방식을 실험해보았어요. 연구진은 163명의 대학생을 실험 참가자로 모집한 뒤 이들을 다섯 명씩 한 팀으로 묶었어요. 각 팀에는 리더 한 명과 팀원 네 명을 지정하고, 이들에게 한 더미의 티셔츠를 주며 10분 안에 최대한 많은 셔츠를 개는 간단한 미션을 주었어요.

그런데 그랜트의 실험에는 속임수가 끼어 있었어요. 각 팀의 팀원 중 한 명은 빠르고 능숙하게 셔츠를 접는 방법을 배운 연기자였어요. 셔츠 개기 시합이 시작되자 연기자들은 팀원들에게 티셔츠 빨리 개는 방법을 알고 있다며 가르쳐줄 테니 따라 해보겠느냐고 물었어요.

그 결과 그룹의 리더가 내향적인 스타일인 경우 그 팀은 연기자의 의견에 귀를 더 잘 기울이는 경향을 보였어요. 외향적인 리더들은 의견을 수용하는 경향이 낮은 편이었죠. 그리고 이런 경향은 결과적으로 큰 차이를 만들어서, 연기자의 의견에 귀를 기울인 그룹이 더 빨리 셔츠를 갰어요.

이와 같은 결과는 티셔츠 개기에서만 발견되는 게 아니었어요. 그랜트 교수가 일련의 피자 가게들의 소득을 조사해봤더니 내향적인 사장과 적극적인 직원들로 운영되는 매장이 가장 소득이 높았다고 해요.

짐 콜린스Jim Collins가 진행했던 그 유명한 조사에서도, 미국의 11대 최우수 기업을 이끄는 CEO들이 하나같이 동료들로부터 '겸손하고' '젠체하지 않고' '차분히 말하고' '조용하고' '수줍어하는' 사람으로 평가받고 있다는 결과가 나왔어요. 의외라고 생각될 테지만, 사실 그리 놀랄 만한 일이 아니에요. 내향형들이 그룹 안에서 리더를 맡을 때는 그들에게 나름의 탁월한 점이 있어서예요. 게다가 일단 리더의 자리에 앉으면 이끄는 사람들의 아이디어를 귀담아들어주죠. 이 모두는 말을 많이 하거나 통제력을 발휘하는 능력으로 최고 자리에 오른 리더들보다 큰 이점을 지니게 해줍니다.

조용하고 강력한
리더의 자질

❝ 카리나의 사례를 살펴볼까요? 카리나가 10학년 때 영어 선생님이 한 역사 소설을 주제로 파워포인트 자료를 만들어 발표하는 조별 과제를 내주었어요. 과제를 받았을 당시 카리나는 이미 그 책을 읽어본 터라 내용을 잘 꿰고 있었어요. 카리나는 학교의 권장도서들을 집히는 대로 읽는 것만으론 성에 차지 않아서 판타지 소설과 공상과학 소설을 직접 찾아 읽기도 했죠. 그런데도 그 소설에 대해 의견을 말하기가 꺼려졌고 반 친구들과 조별 과제를 함께 하는 일도 그다지 신나지 않았어요.

　카리나는 첫 조별 모임 때 자기처럼 내향적인 학생이 세 명이나 있는 것을 알고 조금 놀랐어요. 그러다 보니 첫 번째 회의에서는 자주 말이 끊기고 침묵이 반복되었어요. 다들 누군가가 리더로 나서길 바라는 눈치였어요. 카리나는 이대론 안 되겠다 싶어 용기를 냈어요. 어쨌든 자신은 그 책을 이미 읽어서 이야기의 서술과 배경이 어떤지 나름의 의견을 가지고 있었으니까요.

　"제가 생각을 밝히자 조원들이 이렇게 물었어요. '그래서 어떻게 하자고? 이게 너를 위한 과제라는 거야?'"

　그러나 카리나는 침착했어요. 누가 스포트라이트를 독차지하느냐는 문제에 신경 쓰지 말고 각자의 의견을 내놓도록 유도하며 모두가 마음을 터놓고 이야기하게 분위기를 잡아갔지요. 그러자 얼마쯤 후에 조원들이 자신의 아이디어를 내놓았어요.

"누군가의 얘기를 진지하게 들어줄 때는 서로가 서로에게 지원군이 되어주는 기분이 들었어요."

카리나는 그렇게 자신이 조별 활동에서 소리 내어 의견을 밝힐 수 있음을 확인한 뒤로는 교실에서 책상을 붙이고 둘러앉아 있을 때 초조함이 덜 느껴졌다고 해요.

"리더로 나서본 것은 그때가 처음이었어요. 적어도 제 생각엔 과제가 순조롭게 진행되었어요. 우리 조는 분별 있게 과제를 해나갔죠. 그리고…"

카리나는 이 대목에서 미소를 머금으며 말을 이었어요.

"제가 뭔가 중요한 일을 하고 있다는 느낌이 들어 기분이 무척 좋았어요."

친구들의 강점을 잘 알아보는 자질

토론토의 6학년생 리엄 역시 조별 활동에 더 편하게 참여할 방법을 찾아냈습니다. 선생님들에게 학생들이 짝을 직접 정하게 해달라고 부탁하면서였죠. 그 후로 리엄은 서로를 보완해줄 재능과 지식을 갖춘 친구들과 함께 조별 활동을 할 수 있었어요.

예를 들어, 한번은 리엄의 반에 기후 변화를 주제로 포스터를 만드는 조별 과제가 주어졌어요. 이때 리엄과 단짝인 엘리엇, 그리고 두 사람의 친구인 메러디스가 한 조가 되었어요. 세 친구는 포토샵을 활용해 사계절을 소재로 삼은 포스터를 만들기로 정했어요.

"엘리엇은 사진에 포인트 카피를 넣어서 포스터를 멋지고 세련돼 보이게 만들자는 아이디어를 냈어요. 메러디스는 정말 똑똑한 데다 과학 상식이 해박한 친구고요. 저는 포토샵을 잘 다뤄서 우리 셋이 뭉치면 환상의 팀이 될 것 같았어요."

엘리엇, 리엄, 메러디스는 서로 다른 재능이 있으면서 마음이 맞는 친구들끼리 한 조가 된 덕분에 정말로 뿌듯해할 만한 성과를 만들어냈다고 해요.

관찰력이 뛰어난 편집자적 자질

강인한 리더십을 높이 평가하는 문화에서는 다른 사람의 말을 귀담아들어주는 능력이 하찮게 여겨질지 모르지만, 다른 사람들의 말을 잘 들어주는 능력을 얕잡아봐서는 안 됩니다.

지금부터 영국의 조용한 십대 소녀 루시가 이러한 장점을 활용해 리더로서 자신만의 틈새능력을 발견한 사례를 들려줄게요. 루시는 중학교에서 고등학교로 진학하면서 내향형으로서 자신만의 재능과 강점을 차츰 인식하고, 자신의 조용한 성향을 기꺼이 받아들이며 리더의 자질을 깨달았답니다.

루시는 교내 잡지 제작 활동에 참여해 얼마 지나지 않아 부편집장이 되었어요. 루시가 맡은 일은 교정, 기사 선정 작업 보조, 급우들이 마감 시간을 어기지 않도록 챙기기 등이었어요. 대부분 혼자 처리할 수 있는 것들로, 글을 쓴 학생에게 기사에 대한 피드백을 보내거나 급우들에게 얼마 남지 않은 마감 시간을 알릴 때도 이메일을 통해 전달하면 그만이었어요. 한마디로 루시의 기질에 잘 맞는 일들이었죠.

다른 편집자들과 모여 자유롭게 아이디어를 내놓는 회의도 있었지만 다들 친한 사이여서 의견을 말하기가 편했어요. 하지만 루시는 잡지 제작진 전체 회의 때만 되면 조용해졌어요. 기자, 사진기자, 편집자, 디자이너들이 모두 탁자에 둘러 앉아 의견을 발표하는 자리이기에, 루시로선 편집자들끼리 모이는 회의에 비해 주눅이 들 수밖에 없었어요.

루시는 말이 별로 없었지만 그렇다고 해서 생각이 딴 데 가 있는 건 아니었어요. 앞에서도 얘기했다시피 내향형은 대체로 관찰력이 좋은데, 루시도 마찬가지였어요. 루시는 귀담아듣는 데서 그치지 않고, 회의 참석자 모두를 눈여겨보며 반응들을 유심히 살펴봤어요.

그러던 어느 날, 기획안 회의 초반 때 루시는 제작진에게서 마음의 갈등을 감지했어요. 제작진은 이전 회의에서 창간호 표지를 스크랩북이나 텀블러(글이나 사진을 쉽고 간단하게 친구와 공유할 수 있게 하는 단문 블로그 서비스-옮긴이) 웹페이지 같은 콜라주 양식으로 만들자는 의견에 만장일치로 합의한 상태였어요. 그런데 그날 회의에서 그래픽 디자이너가 작업해온 디자인 안을 내놓았을 때 루시는 한눈에 봐도 예술적 느낌을 제대로 살리지 못했다는 인상을 받았어요. 사진이 빈약했고 글씨체도 너무 딱딱했어요. 다들 잘 만들었다고 말은 했지만 루시가 둘러보니 말과는 다른 표정을 짓고 있는 학생들이 꽤 눈에 띄었어요. 본심을 입 밖으로 꺼내길 꺼려하거나 너무 착해서 흠을 들추지 못하는 눈치였죠.

회의가 끝난 후 루시는 편집장에게 다가가 그 상황에 대해 논의했고 자신의 직관이 정확했음을 확인하게 되었어요. 정말로 제작진은 디자인 시안에 만족스럽지 않으면서도 디자이너의 기분을 상하게 할까 봐 어떻게 말을 꺼내야 할지 몰라 하고 있었어요. 그래서 루시는 한 가지 제안을 했어요. 자신과 편집장이 디자이너를 따로 만나 건설적인 피드백을 전달해보자고요. 결국 디자이너는 두 사람의 아이디어를 받아들였고 잡지의 창간호 표지는 선생님과 학생들에게 폭발적 반응을 얻었습니다.

저는 아직도 혼자 일하는 것을 좋아하지만(어쨌든 작가라는 직업도 혼자 하는 일이긴 하니까요) 그룹 속에 섞여 다른 사람들과 협력하는 것은 삶에서 꼭 필요한 기술입니다. 게다가 콰이어트 레볼루션을 출범시킨 만큼, 이제 그룹 활동은 저의 삶에서 점차 큰 부분을 차지해가고 있어요.

지난 수년 동안 저는 그룹 활동을 잘하는 요령을 스스로 터득해왔어요. 그래서 여러분도 그룹 활동에 성공하고, 한결 편안하게 참여하길 바라는 마음으로 몇 가지 유용한 팁을 알려주려 합니다.

👉 침묵이 아닌 조용함이에요

무엇보다, 자신에게 편안한 방식으로 의견을 밝히는 게 중요해요. 가령 그룹의 핵심 멤버와 일대일로 대화를 나누는 방식도 바람직해요.(이런 대화는 회의가 시작되기 전에 나누면 특히 효과적인 편이에요.) 많은 사람 앞에서 말하는 게 꺼려진다면 글을 통해 생각을 전하는 방법도 있어요. 그 자리에서 당장 할 말을 완벽히 해야 한다는 압박감 없이 여러분의 생각을 펼칠 수 있도록 단체 이메일이나 문자 주고받기를 활용해보세요. 실제로 학생들이 아이디어를 논의하거나 피드백을 전달하거나 자신이 내린 결론을 게시하도록 온라인 포럼을 마련해주는 선생님들도 있습니다.(그런 선생님이 아니라면, 먼저 건의해보는 것은 어떨까요?)

나에게 맞는 역할 찾기

루시는 자신이 메모를 하고 조사를 진행하고 관찰력을 활용하는 역할을 맡을 때 의견을 가장 잘 밝힌다는 사실을 깨달았습니다. 그런가 하면 꼭 자기 의견을 내놓지 않고도 다른 사람들의 의견에 이의를 제기하거나, 다른 사람에게 아이디어를 북돋워 회의를 활기차게 만드는 역할이 더 어울리는 사람도 있어요. 시간을 갖고 여러분의 성격에 가장 잘 맞는 역할을 찾아보세요. 사람들의 눈에 잘 띄지 않는 역할도 스포트라이트를 받는 역할만큼이나 중요합니다. 선뜻 공감이 안 된다면 영화와 IT 산업의 경우를 생각해보세요!

새로운 동료를 찾아봐요

특정 사람들과 함께할 경우 일이 더 잘 되고 마음이 편하다면 그 사람들과 파트너가 되도록 힘써보세요. 친구들 또는 여러분과 같은 유형의 사람들하고만 협력하라는 얘기가 아니에요. 다양한 파트너십을 시도해보세요. 그러다 보면 새로운 사람들과 친해지는 좋은 계기를 맞을 수도 있고, 여러분에게서 강단 있는 리더의 자질을 끌어내주는 친구를 만날 수도 있어요.

침묵의 시간을 권유해봐요

전체 토론에 들어가기 전에 다 같이 조용히 아이디어를 떠올려볼 시간을 잠깐 갖자고 제안하세요. 이 방법은 내향형 멤버뿐만 아니라 외향형 멤버들도 잠시 생각을 가다듬게 해주면서 보다 의미 있는 대화를 유도하기 마련입니다.

학교 밖 활동 찾기

여러분이 좋아하는 과목이나 취미와 관련된 과외 활동이나 워크숍에 참여하면서 그룹 활동 능력을 키워보세요. 마음을 끄는 자원봉사 프로젝트나 그룹에 참여해보는 것도 좋은 방법이 될 수 있어요.

⪢ 브레인라이팅을 시도해봐요

브레인라이팅 brainwriting은 그룹의 각 멤버가 포스트잇이나 메모지에 아이디어를 적는, 전통 있는 아이디어 발상법입니다. 아이디어를 적은 후에는 각자가 자신의 종이를 보여주면서 다 함께 논의합니다. 이 간단한 방식을 활용하면 누구든 말이 잘리거나 반박을 당할까 봐 두려워할 필요 없이 편하게 아이디어를 제안할 수 있어요.

⪢ 말이 끊기지 않도록 피하는 요령

발언할 때마다 누군가 중간에 끼어들어 말이 자주 잘리는 것 같다면 이렇게 해보세요. 목소리를 살짝 높이고 손바닥이 보이도록 손을 들어 올려 이야기를 마저 하고 싶다는 신호를 보내보세요. 이런 신호는 '끼어들지 마. 내 얘기 아직 안 끝났어'라는 의사를 공손하면서도 효과적으로 전달해줍니다.

⪢ 초반에 발언하기

적극성을 조금 발휘해 회의 초반부에 먼저 발언해보세요. 일단 발언을 하고 나면 기분이 편해질 테고 다른 사람들이 차츰 여러분의 발언에 맞추어 의견을 밝히게 될 거예요. 자신이 일원으로서 한몫을 하고 있다는 느낌이 높아져서 자신감을 얻는 데도 도움이 됩니다.

조용하고 단단한
리더십의 발견

QUIET **1** POWER

조용한 아이의
부드러운 강점

66

그레이스의 학교에서는 매년 8학년생 가운데 25명을 뽑아 신입생들이 중학교 생활에 적응을 잘하도록 도움을 주는 임무를 맡겼어요. 선발된 학생들은 일명 '피어리더peer leader'로 불리지요. 그레이스의 언니도 피어리더로 뽑힌 적이 있는데, 그 일이 얼마나 멋지고 흥미로운지 입에 침이 마르도록 얘기했어요.

그런데다 그레이스는 자기가 6학년 때 수줍음이 너무 많아 새친구를 잘 사귀지 못해서 누군가 이끌어주면 좋겠다고 생각한 적이 있었어요. 그런 경험 탓에 8학년생이 되면 새내기 6학년생에게 도움을 주고 싶은 바람이 누구보다 컸어요. 수줍음 많은 내향적인 아이들이 새로운 친구에게 마음을 열도록 도움의 손길을 내밀 수 있을 것만 같았어요.

마침내 그레이스는 언니처럼 피어리더에 지원하기로 결심했어요. 겁이 나기도 했지만 지원 서류를 작성하고 나니 할 수 있다는 의지도 생겼어요. 선생님과 학교 운영진이 학생들의 수행 능력을 평가해 차기 피어리더들을 선발하는 심사단으로 구성되었어요. 지원자들은 여덟 명씩 나뉘어 단체 면접을 받게 되었어요.

그레이스는 많은 아이들과 경쟁해야 한다는 사실을 알고 있었어요. 8학년생들은 다섯 명 가운데 네 명꼴로 피어리더에 지원한 상태였죠. 말 잘하고 외향적인 아이들이 뽑히겠구나 하는 생각이 들었어요. 아니나다를까, 자신의 차례가 다가왔을 때 다른 아이들과 함께 학교 회의실 밖에서 기다리면서 살펴보니 조용조용 말하는 편인 같은 반 남자아이 한 명만 빼고는 모두가 그레이스의 말마따나 '귀가 따갑도록 시끄러운 외향형'들이었어요.

회의실 안으로 들어가자 선생님 두 분과 교감 선생님이 기다란 탁자 앞에 앉아 있었어요. 아이들은 의자에 앉아 색인카드에 적혀 있는 면접 질문들에 답할 준비를 했어요. 아이들 몇 명은 질문을 읽자마자 냉큼 나서서 대답했지만 그레이스는 곧바로 대답할 준비가 되지 않았어요. 먼저 나서서 대답해야 할 필요성도 못 느꼈고요. 영어 수업에서의 경험을 통해 터득했다시피 그레이스는 남들보다 나

중에 대답하는 게 더 편했으니까요.

"저는 귀담아 들으며 아이들이 하는 얘기에 주의를 기울이고 싶었어요. 모두들 앞다투어 대답했지만 저는 조용해지면 대답하려고 했어요. 아무도 이야기하지 않을 때나, 다들 할 말을 다 했을 그런 때가 되면요."

그레이스는 마음이 점점 편안해져서 아이들 얘기에 슬슬 끼어들며 생각을 밝히기 시작했어요. 그런데 어느 순간, 같은 반의 조용한 남자애가 여태 한마디도 하지 않았다는 걸 알아챘어요. 몇 번 대답을 하려고 했지만 다른 아이가 먼저 말을 꺼내는 바람에 입도 떼지 못하고 있는 눈치였어요.

구성원 모두를 이끌어내는 자질

그레이스는 다른 애들에게 좀 진정하고 그 아이에게도 기회를 주자고 말하고 싶었지만 그렇게 직접적으로 말하는 방식은 그레이스의 스타일이 아니었어요. 그래서 잠시 잠잠해졌을 때 손을 들며 그 아이에게 하고 싶은 말이 없느냐고 물었어요.

"있긴 한데 긴장이 돼서 못하겠어."

남자애가 대답했어요. 그레이스는 그 남자애를 도와주기 위해 자신의 인덱스 카드에 적힌 질문을 자진해서 물었어요. 다시 중학교 신입생이 된다면 예전과 다르게 하고 싶은 일이 있느냐는 질문이었죠. 남자아이가 여기에 답을 하자 그레이스는 같이 답변해서 거들어주려고 자신이 그때로 돌아간다면 단짝 친구 세 명하고만 어울리지 말고 더 적극적으로 노력해서 더 많은 아이들과 어울려 보고 싶다고 털어놨어요.

면접이 끝났을 때 그레이스는 자신의 면접이 어땠는지 확신이 서지 않았어요. 자신의 발언이 선생님들에게 '리더'가 될 자질을 보여주기에 충분했는지, 불안하기만 했어요. 하지만 며칠 후 피어리더에 뽑혔다는 소식을 듣게 되었죠. 반가운 소식은 그뿐만이 아니었어요. 그레이스의 노력에 힘입어 같이 면접을 본 그 조용한 남자애도 선발됐어요. 이처럼 그레이스는 급우를 도와주면서 진정한 리더십을 증명해 보였답니다.

위대한 영향력을 가진
조용한 리더들

저는 미국 곳곳의 여러 사립학교와 공립학교를 방문하면서 두 가지 문제적 경향을 포착했어요. 첫 번째 경향은 리더십을 모든 학생이 갖추어야 할 자질로 간주하는 교육가들이 많다는 것이었어요. 독자적으로 살면서 자신의 진로를 스스로 계획하길 좋아하는 학생들도 많은데 말이지요.

두 번째 경향은 의식적이든 아니든 간에 리더십이 대체로 외향적인 기질로 치부되는 것이었어요. 이른바 리더십 기량을 갖춘 청소년은 대개 외향적인 아이들이라는 식이었죠. 조용한 아이들이 그룹 프로젝트나 학생위원회에서 지도부 역할을 맡고 싶어 해도 회의록 작성 같은 부차적 임무가 맡겨지는 경우가 허다했어요.

하지만 사교성이 뛰어나거나 주목받길 좋아해야만 리더십의 조건이 갖추어지는 것은 아닙니다. 이제는 조용한 리더의 힘에 초점을 맞출 때가 되었다고 생각해요. 가장 효율적인 리더는 행사를 지휘하고 싶고 주목받고 싶은 욕망에 따라 동기가 자극되는 그런 리더가 아니에요. 아이디어를 내거나, 새로운 관점을 제시하거나, 집단의 상황을 개선시키고픈 욕망에 따라 동기부여가 되는 리더예요. 이런 동기부여는 내향형과 외향형 모두에게서 똑같이 가능합니다. 조용한 성향을 고치지 않고도 그러한 리더가 될 수 있어요.

스포츠계와 사업계는 물론, 교실에서도 아주 다양한 스타일의 리더십이 존재합니다. 자신만만하고 대담하며 인기 있는 아이들이 대체로 가장 주목을 끌지만 겉모습만으로 섣불리 판단하면 안 돼요! 조용한 리더들이 세계적으로 쟁쟁한 영향력을 발휘하는 자리에 오른 경우도 있으니까요.

수줍음 많고 내향적이면서도 엄청난 성공을 거둔 의류 디자이너이자 기업 운영자인 에일린 피셔Eileen Fisher를 보세요. 피셔의 내향성은 그녀의 창의적 활동에 영감을 주는 원천이에요. 피셔는 내향성 덕분에 디자이너인 자신의 몸에도 편안함을 느끼게 해주는 옷들을 디자인하게 되었다고 합니다.

내향적인 리더로서 존경받는 사례는 피셔만이 아닙니다. 마이크로소프트를 설립해 세계 최고의 기업으로 끌어올리고 그 후 (세계에서 가장 혁신적인 자선단체인) 게이츠 재단Gates Foundation을 출범시킨 천재, 빌 게이츠도 자칭 내향형이에요.(그는 심지어 저의 TED 강연을 가장 좋았던 강연 중 하나로 꼽기도 했어요!)

워런 버핏도 빼놓을 수 없지요. 억만장자 투자가인 워런 버핏은 조용하고 깊이 있는 사색가로 존경받고 있어요. 그는 다른 이들과 잘 협력하기로, 또 몇 시간씩 책상 앞에 앉아 회계 서류를 검토하기로도 아주 유명하죠.

제가 다녔던, 적극적 발언이 필수인 하버드 로스쿨의 학장인 마사 미노우Martha Minow조차 자신이 뼛속까지 내향형이라고 밝히고 있답니다.

내성적인 인권의 리더

미국 역사에서 가장 감동적이고 오랜 세월 기억되며 감동을 준 내향적인 리더를 꼽자면 바로 엘리너 루스벨트를 들 수 있어요. 어린 시절 엘리너는 수줍음이 많아 자신의 외모와 조용한 기질을 부끄러워했어요. 아름답고 사교성 뛰어난 귀족이던 그녀의 어머니는 딸의 행동을 보며 '애늙은이'라는 별명으로 부르기도 했어요.

성인이 된 엘리너는 먼 사촌 사이인 전도유망한 정치가 프랭클린 델러노 루스벨트와 결혼했어요. 쾌활하고 재기발랄한 여성을 신부로 맞으리라 기대했던 루스벨트의 가족과 친구들에게 엘리너는 예상 외의 결혼 상대였죠. 아니, 엘리너는 그런 타입과는 정반대였어요. 잘 웃지 않고, 잡담을 지루해하고, 진지하고 수줍음이 많은 여성이었거든요. 반면, 굉장히 총명하기도 했죠.

1921년, 프랭클린 루스벨트는 소아마비에 걸리고 말았어요. 정치생명에 크나큰 타격이 될 뻔했지만 엘리너는 남편이 건강을 회복하는 동안 민주당과 관계가 끊어지지 않도록 힘을 쏟았어요. 수줍음 많은 그녀가 당의 모금행사에서 연설에 나서기까지 했지요.

사실 엘리너는 많은 사람들 앞에서 말하는 걸 두려워했고 그런 쪽으로는 소질도 없었어요. 째지는 목소리를 가진 데다 실수를 하면 신경질적인 웃음을 터뜨리는 버릇도 있었죠. 하지만 엄청난 연습끝에 연설을 성공적으로 마칠 수 있었어요.

그 후에도 엘리너는 여전히 자신감 부족을 떨치지 못했어요. 하지만 주변에서 목격되는 사회적 문제들을 개선하기 위해 용기를 냈고, 시민권과 여성의 권리, 이민자의 권리를 옹호하기 위해 사람들 앞에 나섰어요. 그러다 프랭클린 루스벨트가 뉴욕 주지사로 당선되던 1928년 무렵에는, 민주당 여성활동부의 책임자를 맡으며 미국 정계에서 가장 영향력 높은 인물로 꼽히게 되었어요.

프랭클린 루스벨트는 1933년 대통령에 당선되었어요. 대공황이 절정에 달해 있던 그때 엘리너는 전국 곳곳으로 사람들을 만나러

다니면서 애달픈 사연들을 함께 나누었어요. 그리고 그러한 만남 후 집으로 돌아오면 프랭클린에게 자신이 본 것들을 이야기해주며 변화를 꾀하도록 압박했대요. 또한 애팔래치아 지역에서 아사 직전의 지경에 처한 광부들을 위한 정부 프로그램을 만드는 데 힘을 쏟고, 실업자 구제 프로그램 대상에 여성과 아프리카계 미국인들을 포함시키도록 루스벨트를 다그치기도 했답니다.

많은 사람 앞에서 말하기를 겁내던 수줍음 많은 젊은 여성은 어느새 공무公務에 애착을 갖게 되었어요. 엘리너 루스벨트는 퍼스트 레이디로서는 최초로 기자회견을 열고, 전당대회에서 연설을 펼치고, 신문 칼럼을 쓰고, 청취자 연결 라디오 프로그램에 출연했어요. 정치활동의 후반기에는 UN의 미국 대표를 맡기도 했는데, 비상한 정치 수완과 단호한 결의로 세계인권선언의 통과에 기여했답니다.

그러나 엘리너는 평생 조용한 기질의 약점을 벗어나진 못했어요. 얼굴이 '코뿔소 가죽처럼 두껍게' 되려고 기를 썼다고 밝혔어요.

"수줍음 많은 사람들은 언제나 수줍음을 타지만 그것을 극복하는 요령을 터득하기도 한다고 생각해요."

그녀가 했던 말이에요. 하지만 엘리너가 억압받는 사람들에게 선뜻 다가가고 사회가 그들을 옹호하도록 이끌었던 것은 바로 이런 민감한 성향이었습니다.

조용한 아이,
최고의 학생회장이 되다

> 제1장에서 우리가 처음 만나봤던 수줍음 많은 소년 데이비스도 이렇게 조용한 리더의 본보기를 따랐어요. 중학교에 갓 진학했을 때는 주눅이 들어 쩔쩔맸지만 급우들과 어울리기와 혼자만의 시간 갖기 사이에서 균형을 잡는 방법을 찾아냈죠.

데이비스는 너무 혼자 지내는 것 같아 초조해지자 중학교 수학 동아리에 가입했어요. 오랜 시간 동안 문제에 몰입하는 집중력 덕분에 시합을 벌이면 우수한 실력을 보일 수 있었죠. 끈기는 데이비스의 강점 중 하나였어요. 동아리의 다른 아이들과 우정을 쌓게 되면서 데이비스는 편하게 마음을 열었고, 팀원들이 서로 도와 실력을 향상시킬 좋은 아이디어를 내놓게도 되었어요.

8학년에 올라갔을 때는 앞장서서 리드하는 역할도 자연스러울 정도였어요. 데이비스는 자신이 리더 역할에 의욕이 생기고, 심지어 소질까지 있다는 사실에 스스로도 놀랐어요. 또 내향성의 강점은 뛰어난 관찰력이라는 사실도 깨달았어요. 그런 관찰력 덕분에 사람들의 기분을 감지하고 공감할 줄 알고, 다른 사람의 성향을 이해하려고 애쓴다는 거죠.

어느 순간부터는 학교 내에 필요한 변화가 의식되기 시작하면서 자신이 나서서 변화를 유도하는 싶다는 마음도 들었어요. 그래서 담임선생님이 학생위원회 활동에 자원할 사람이 없느냐고 물었을 때 크게 심호흡을 하고 반 아이들 대다수가 꺼리고 있던 행동을 했어요. 손을 번쩍 들어 신청한 거죠.

그렇게 학생위원회의 첫 번째 회의에 참석해 보니 대부분 어디서나 인기를 얻는 애들이 와 있었어요. 탁자에 둘러앉아 웃고 떠드는 아이들의 모습은 여러 사람들 속에 섞여 어울리는 게 더없이 편한 듯 자연스러워 보였어요. 데이비스는 자기가 괜한 실수를 한 게 아닐까 싶었어요. 자기가 아는 사람이라곤 사촌 사이이며 치어리더로 맹활약 중인 7학년생 제시카뿐이었어요.

제시카는 그 학교에서 데이비스를 누구보다 잘 알았어요. 가족끼리 매주 저녁을 함께 먹으며 지낼 정도로 가까웠으니까요. 그런

만큼 데이비스가 조용하고 수줍음이 많지만 뒤에 가만히 빠져 있기는 싫어하는 성격인 것도 알고 있었어요. 마음 깊은 곳에서는 변화를 만들고 싶어 한다는 것도요. 또 그녀는 데이비스에게 그럴 만한 능력이 있다고 믿었어요. 그래서 학생회장 선거에 출마해보라고 데이비스를 부추겼어요.

데이비스는 말도 안 되는 소리라고 생각했어요. 학교에서 제일 인기 많은 여학생이 이미 출마 의사를 밝혔고, 벌써 그 애의 승리가 거의 확실시되고 있었기 때문이었죠. 그런데다 백인 학생이 대다수인 학교에서 몇 안 되는 유색인종인 데이비스는 자주 아웃사이더가 된 기분을 느끼던 터였어요. 그동안의 학생위원회 선거를 되돌아보더라도 수줍음 많은 베트남계 미국인 남학생인 자신에게 아이들이 과연 표를 줄지 영 자신이 없었어요.

제시카는 데이비스의 말을 끝까지 들어준 후에도 계속 설득했습니다. 최악의 결과라고 해봐야 선거에서 떨어지는 것뿐이며, 좀 지나면 다들 데이비스가 출마했던 사실조차 잊어버릴 거라면서요.

데이비스가 마침내 출마하기로 결심하고 자신이 학생회장이 되면 하고 싶은 일들을 구체적으로 정하기 시작하자, 제시카도 본격적으로 행동에 나서며 데이비스를 도와 학교 곳곳에 포스터를 붙였어요. 데이비스는 그때를 이렇게 회상했어요.

"다들 반응이 똑같았어요. '쟤는 뭐야?' 저를 숙맥으로만 생각했지, 잘 알지 못했죠."

자신의 강점에만 집중하기

선거 전에 두 명의 후보는 교실을 돌며 짤막한 연설을 펼쳤어요. 데이비스는 앞에 나서서 말하려니 정신이 아찔했어요. 하지만 제시카가 따라다니면서 잘할 수 있다고 자신감을 불어넣어 주었죠. 데이비스의 경쟁 상대인 여학생은 교실에서 학생들 앞에 서 있는 모습이 아주 편해 보였어요. 연설 내용은 아주 간단해서, 댄스파티와 장기 자랑 같은 사교 행사를 늘리겠다는 공약을 내거는 정도였어요.

데이비스가 학교를 위해 세운 구상은 보다 구체적이었어요. 지난 2년 동안 학교를 요모조모 관찰하면서 개선 가능한 점들을 생각해왔기 때문이죠. 그만큼 연설 내용은 자신이 학생회장에 선출되면 변화시키려는 점들에 초점을 맞췄어요.

먼저 데이비스는 학생 식당과 관련한 교칙을 주요 문제로 제시했어요. 학생 식당에서는 같은 반 아이들끼리 앉아야 한다는 교칙이 있어서, 다른 자리로 가서 다른 학년이나 다른 반 친구들과 앉지 못했어요. 데이비스는 상당수 아이들이 이런 교칙을 굉장히 답답해하고 있다는 점을 잘 알고 있었죠. 그래서 자신이 학생회장이 되면 교장 선생님을 설득해 말썽을 부리지 않는 한 누구든 앉고 싶은 자리에 앉을 수 있도록 허락을 받아내겠다고 약속했어요.

한편 데이비스는 아이들이 공부하다가 막히면 선생님에게 가기 전에 자기들끼리 물어보는 경향이 있다는 점을 주목했어요. 그래서 아이들이 서로서로 배우고 가르치는 학생 간 튜터링 제도를 제안했죠. 그 외에도 여러 가지 아이디어를 제시했어요. 교실을 옮겨 갈 때마다 겁이 났지만 데이비스는 꿋꿋이 메시지를 전했고, 반 학생들은 귀기울여 들어주었어요.

데이비드의 경쟁 상대인 여학생은 넘치는 카리스마로 청중의 관심을 사로잡았지요. 하지만 두 후보자가 교실을 돌며 여러 학생 앞에서 연설을 펼칠수록 데이비스의 아이디어가 더 면밀하고 실행 가능성 또한 높다는 점이 점점 확실히 느껴졌죠.

금요일 아침에 마침내 선거 결과가 발표되었어요. 놀랍게도, 등교 첫날 버스에서 머리에 껌을 붙인 채 집에 돌아왔던 조용한 아이가 새 학생회장에 당선됐습니다!

데이비스의 승리는 자신의 타고난 강점을 이용하는 법을 터득한 덕분이었어요. 데이비스는 스타일이 아니라 실속에 집중했어요. 학교에서 인기 많은 대다수 아이들처럼 사교적이 되려고 애쓰는 대신, 훌륭한 후보가 되는 쪽에 주력했어요. 크게 공감을 살 만한 문제들, 즉 타고난 관찰자로서 감지했던 문제들을 다루었지요. 거북함을 느끼면서도 주춤하지 않았어요. 그렇게 용감하게 자신을 밀어붙였고, 결국 모두가 데이비스의 진가를 알아봐주었습니다.

QUIET 4 POWER

모두의 목소리를
귀담아듣는 힘

❝ 십대 시절의 저는, 이른바 타고난 리더는 아니었지만 남에게 휘둘리고 끌려 다니는 유형도 아니었어요. 수줍음이 많긴 했지만 제가 갈 길에 대해 나름의 확고한 의식이 있었지요. 그때부터 이미 글쓰기에 열정을 느끼고 있었기 때문에 학보 편집자에 지원해도 좋을 것 같았어요. 하지만 학보는 제작진 인원이 엄청났는데, 그렇게 많은 아이들과 잘 어울릴 자신이 없었어요. 게다가 제가 정말 하고 싶은 분야는 창작 글쓰기였지, 저널리즘이 아니었어요.

그래서 소규모에다 보다 사적인 성향을 지닌 교내 문학잡지의 편집자로 들어갔어요. 문학잡지에 글을 쓰는 아이들은 학보에 글을 쓰는 아이들에 비해 예술적이고 관습에 얽매이지 않는 성향을 띠고 있었기에 같이 있으면 마음이 편했어요. 그리고 이렇게 틀에 박히지 않은 아이들과 어울려 지내는 사이, 저처럼 조용한 스타일로도 충분히 남들과 함께 활동할 수 있음을 깨달았어요.

아이들은 마음을 열고 제 말에 귀를 기울여주었고 제 아이디어와 리더십 스타일이 발휘될 여지도 만들어주었어요. 한 남학생은 나중에 제 졸업앨범에 존경할 만한 리더를 만나게 되어 정말 고마웠다는 글을 써주기도 했어요. 저는 그 말에 깜짝 놀랐고, 처음으로 나 자신을 리더라 생각해보게 되었어요.

뉴욕주 웨스트체스터에 사는 운동선수이자 꿈 많은 십대 소녀인 로리도 자신이 어떻게 조용한 스타일의 리더십을 키웠는지 이야기해주었어요. 로리는 전형적인 내향형이에요. 부모님을 따라 양키 스타디움에서 열린 야구 시합에 갔을 때, 수만 명의 팬들이 응원하는 함성 소리에도 흥분에 휩싸이기는커녕 소설책을 펼쳐들었다고 해요. 로리는 그룹 활동에 빠져들고 싶어 무진 애를 썼지만 도저히 남들처럼 흥분되지 않았어요. 그런 자신의 성향이 부끄럽고 단점처럼 느껴져서 더 외향적이고 사교성이 뛰어난 정체성을 갖고 싶기도 했어요. 로리는 당시를 떠올리며 이렇게 말했어요.

"저는 내향적이라는 단어가 부정적으로 느껴져서 입 밖으로 꺼내기도 싫었어요."

큰 소리로 응원하지 않는 운동부 주장

하지만 로리는 자신을 단순한 내향형으로만 생각하지 않고 리더형으로 여기기도 했어요. 마음속 깊은 곳에서는 이 두 가지 정체성이 서로 모순적이지 않음을 느끼고 있었던 거예요. 그러던 중 고등학교 2학년에 올라가자 자기가 활동하는 육상팀의 주장으로 나서야겠다는 결심을 굳히게 되었어요. 그런데 주장이 되려면 절차가 필요했어요. 주장에 도전하는 학생은 누구나 코치들과 면담을 통해 팀의 실력 향상을 위한 나름의 관점을 밝혀야 했죠.

로리는 바로 그 부분을 고려해서, 이미 2년 동안 팀을 주의 깊게 관찰해온 참이었어요. 로리가 그동안 감지했던 문제점은 팀의 결속력이 부족하다는 점이었어요. 팀에는 모두 80명의 여학생이 있었는데, 장거리 경주와 장대높이뛰기에 이르기까지 종목이 다양하다 보니 일부 팀원은 서로 교류가 전혀 없었어요.

로리는 팀원들끼리 서로를 응원하는 분위기가 되면 대회 성적도 더 좋아질지 모른다고 생각했어요. 그래서 로리는 연습을 시작할 때마다 모든 팀원이 다 같이 모이는 것을 첫 번째 제안으로 내놓았어요. 또 코어 운동(엉덩이, 복부, 허리 근육을 집중 단련하는 운동-옮긴이)과 복근 운동은 함께 모여서 하자고 제안했어요. 두 운동은 어차피 누구나 필수적으로 해야 하니 함께 하는 게 가능하다는 주장이었죠.

게다가 로리는 몇몇 사람들만 만나는 친밀한 스타일의 모임에 끌리는 성향임에도 불구하고 팀 회식, 단체 봉사 활동 프로젝트, 친목 도모를 위한 야유회 등을 통해 팀원들을 단결시키자는 제안도 내놓았어요.

코치들은 로리의 아이디어를 높이 평가하는 동시에 로리의 세심한 주의력을 알아봤습니다. 결국 로리는 주장 중 한 명으로 뽑혔고 졸업 때까지 계속 주장을 맡았어요. 로리는 자신의 성격을 바꾸려고 애쓰거나, 억지로 큰소리로 떠들고 거침없이 말하는 리더가 되려고 기를 쓰지 않았어요. 무엇보다 먼저, 모범을 보이며 리드했어요.

로리는 팀의 유대 증진과 단합을 통해 팀원들을 이끌었을 뿐만 아니라, 페이스북에 정기적으로 팀의 목표를 게시했어요. 선수들이 개인 최고 기록을 세우길 응원하면서요. 팀은 실력이 있었고, 로리는 그런 팀원들에게 우승을 위해 노력하도록 힘을 북돋워주었어요.

로리는 응원을 리드한 적은 한 번도 없었어요. 그런 일은 적성에 맞는 일이 아니기에 동료 주장들에게 맡기고 팀원들, 특히 어린 팀원들과 개인적 유대를 쌓았어요. 연습 전후에 같이 잡담을 나누며 이것저것 물어보거나 그날 한 훈련을 재검토했어요.

그렇게 팀원들과 친분을 쌓고 팀원들의 원동력을 이해해갈수록 팀원들의 실력 향상을 지원하는 일이 더 수월해졌어요. 로리와 동료 주장들은 시합 전에 팀을 한 자리에 모아 시합 전날 밤의 적당한 수면 시간에서부터 원기를 보충해주는 음식에 이르기까지 전략을 꼼꼼히 교류했어요. 개별 멤버가 좋은 성적을 내면 그것은 팀의 성공이었고, 팀의 성공은 곧 리더로서 로리의 성공이기도 했지요. 로리는 목소리가 큰 사람이 아니었지만, 로리가 말을 하면 팀원 모두가 귀담아들었어요.

"서로 더 가까워지고 함께하는 시간이 늘어나면 사람들이 주장과 리더로서 더욱 존중해주기 시작해요. 그렇게 되면 연습을 지휘할 때 사람들이 자연스럽게 리더의 말에 귀를 기울이죠. 사람들이 주목하기 때문에 악을 쓰거나 소리를 질러 집중시킬 필요도 없어요."

팀원들이 로리의 내성적인 리더십을 인정해주면서 로리는 4시즌 내리 주장을 맡았어요. 최고 학년 때는 팀이 전례 없이 좋은 성과를 연이어 터뜨리면서 노력의 결실을 한껏 맛보기도 했지요.

"육상 프로그램이 제대로 성과를 나타내면서 연이어 교내 기록을 경신했고 챔피언십 리그에서 두 번이나 우승했어요. 학교에서 처음으로 육상 선수로 대학에 가는 아이들이 나오기도 했어요."

덧붙이자면 로리도 선수로 하버드대에 선발되었어요. 확실히 이 육상팀의 성공은, 어느 정도는 모든 사람의 목소리가 경청되도록 여지를 만들어준 조용한 주장 덕분이기도 했어요.

조용한
카리스마
QUIET POWER

조용한 힘으로 우리를 이끌어온 리더들은 어느 시대에나 항상 있었어요. 데이비스의 이야기에서도 알 수 있듯이 여러분이 가진 조용한 힘은 목소리가 크고 활달한 급우들 사이에서도 빛을 발하기 마련이에요. 다음의 팁들을 읽어보면서 제2차 세계대전 동안 영국의 총리였던 윈스턴 처칠의 말도 마음에 새기세요.

"용기는 일어나서 말할 때뿐만이 아니라 앉아서 들을 때도 필요한 것이다."

혹시 리더의 역할을 꿈꾸고 있나요? 그렇다면 다음의 조언들을 참고해 실행에 옮겨보세요.

조용히 강점 발휘하기

데이비스는 급우들 앞에 서서 말을 해야 할 때 겁을 먹었지만 재미있고 사교성 좋은 사람이 되려고 애쓰지 않고 자신이 학생회장직에 출마하게 된 이유와 학생들이 얻게 될 실속 있는 결과에 초점을 맞춰 연설했어요. 그 결과 급우들은 데이비스의 연설 내용과 용기를 경쟁 상대의 미소보다 높게 평가해 주었죠.

⋙ 나의 열정 따르기

사람들을 리드하는 일은 아주 힘든 일이에요. 따라서 여러분에게 별 의미 없는 명분이나 목표를 위해 그렇게 힘든 노력을 기울이기란 웬만해선 불가능합니다. 그것이 자선을 위한 명분이든, 운동 팀을 위한 일이든 간에 여러분의 열정을 활용해 다른 사람들에게 여러분의 관심을 증명해 보여주세요.

⋙ 유대와 경청

내향형의 사람들은 깊이 있고 친밀한 관계 맺기가 주특기입니다. 남의 말을 잘 들어주는 것도 특장점이죠. 이 두 가지 자질은 여러분을 인상적인 리더로 변모시켜줄 가장 강력한 무기입니다. 사람들은 누군가가 자신의 생각과 감정에 관심을 가져준다고 느끼면 그 사람을 더 잘 따르는 경향이 있어요. 큰 집단 속에서 여러분에게 부각될 만한 면이 없는 것 같다면 한 번에 한 가지씩 공감이 전해지는 대화를 나누면서 서서히, 그리고 차근차근 유대를 쌓아 가세요.

⋙ 다른 사람들에게 힘을 실어주기

독재 스타일의 지휘는 여간해서는 효과가 없습니다. 휘둘리는 것을 좋아할 사람은 없을 테니까요. 관대한 리더는 다른 사람들에게 중요한 역할을 맡깁니다. 또 의견을 구하고 그 의견이 타당하면 그에 따라 행동하면서 목적의식을 심어줍니다. 여러분은 잘 들어주고 관찰력이 좋은 성향 덕분에 그룹의 어떤 사람에게 어떤 역할이 잘 맞을지 헤아리는 방면에서도 남다른 자질을 갖고 있습니다.

리더 자격이 없다는 불안함 버리기

성격이 조용하다고 해서 리더로서 자격이 없다고 생각하지 마세요. 사람들이 여러분을 따르지 않을 거라는 생각도 하지 마세요. 자신에게 리더가 될 자질이 있다고 믿으며 주장의 역할에 도전했고, 자신을 주장으로 뽑은 코치들의 선택이 옳았음을 증명해 보였던 로리를 떠올려보세요.

롤모델을 찾기

조용한 힘을 발휘하는 리더도 있다고, 제가 아무리 강조한다 해도 주변에 실질적 롤모델이 없다면 별로 와닿지 않을 수도 있습니다. 개인적으로 아는 사람도 좋고 멀리서만 바라보며 동경하는 유명인도 좋으니, 인상적인 리더이면서 여러분과 비슷한 기질을 가진 사람을 찾아보세요. 롤모델이 있으면 그런 일이 정말로 가능하다는 확신을 갖게 되고, 자신감을 잃을 때는 그를 정신적 '지침'으로 삼을 수도 있습니다.

모범을 보여 리드하기

모범을 보이는 것은 리더십의 중요한 원칙 가운데 하나로, 아주 조용한 내향형도 행하기 쉽습니다. 급우나 팀원, 친구들에게 여러분이 열심히 일하고 부지런히 애쓰는 모습을 보여주세요. 진심이 통하면 열성적인 연설 못지않게 의욕을 자극시킬 수 있답니다.

리더가 되려면 뭐가 필요할까?

성능 좋은
확성기

엄청 밝은
조명

호소력 있는 성명서

착붙는 슬로건

학교를
학교답게!

자석 같은 언변

완전히 다른 성격

나를 따르라!

아니면,
내 열정을 정확히
전달할 조용한
자신감

PART
2

QUIET

친구들과
콰이어트 파워

POWER

혼자 있는 용기

QUIET **1** POWER

모두와 친하지 않아도
괜찮아

그동안 많이 봐와서 알 테지만, 큰 소리로 떠들고 유쾌한 사람들은 온통 낯선 사람들뿐인 곳으로 홀로 들어갔다가도 한 시간 쯤 지나 나올 때는 마음 통하는 새 친구 두세 명과 함께인 경우가 흔합니다. 이런 사람들은 아이든 어른이든 사회적 이상으로 떠받들어지지요. 마치 누구나 그렇게 해야 한다는 식으로요. 하지만 상당수 내향형들은 즉흥적 대화가 체질에 맞지 않아요. 대체로 지인 수십 명보다는 친한 친구 몇 명을 더 좋아하지요.

학교생활은 어항 속에 들어와 있는 기분을 느끼게도 합니다. 여러분이 하는 행동 하나하나가 다른 사람들에게 그대로 보이니까요. 매사에 심사받는 느낌, 심지어는 욕을 먹을 수도 있는 상황에 들어와 있는 듯한 느낌이 들 수 있죠. 편하고 기분 좋게 어울릴 만한 친구를 찾기도 쉽지만은 않습니다.

오하이오주의 십대 소녀 게일은 우정에 대한 나름의 생각을 이렇게 밝혔습니다.

"저는 마음 맞는 친구가 세 명 있는데 진짜진짜 친해요. 그 애들한테는 뭐든 다 털어놔요. 다른 애들하고도 물론 이야기하고 놀기도 하지만 아무나 다 친구라고 하진 않아요. 친구는 무슨 일이든 믿고 기댈 만한 그런 사람이어야 해요. 또 제가 기대는 것만큼 친구도 저를 의지하는 그런 관계여야 하죠."

줄리안은 다른 학교에 다니는 단짝 친구 안드레와는 서로 모든 것을 털어놓는 사이입니다. 두 사람 사이에는 뭐든 거리낄 얘기가 없어요. 줄리안의 내향적이고 조심성 있는 성향에는 그렇게 둘이서만 어울리는 편이 잘 맞았어요.

"가끔씩 저희 둘은 집안에 처박혀 유튜브 동영상을 보기도 해요. 이런저런 얘기를 나누며 서로 조언해주는 일도 많은데 그러다 보면 시간 가는 줄을 몰라요. 안드레는 현명한 친구 같아요. 현명하다는 표현이 나이 어린 사람에게 붙이기엔 맞지 않을지도 모르겠지만, 정말 현명하다는 생각이 들어요."

그런데 줄리안으로선 놀랍게도 안드레와의 우정이 또 다른 우정으로 이어졌어요. 줄리안은 처음엔 안드레의 다른 친구들과 같이 어울리는 게 불편했어요. 그 애들이 자신을 좋아하지 않을까 봐, 너무 말이 없다고 생각할까 봐 초조했는데, 함께 어울리다 보니 그 친구들은 줄리안과도 공통점이 많았어요.

"저희는 그래도 여전히 몇 명끼리만 모여서 어울려요. 음악을 틀어놓고 춤을 출 때도 있지만 사람들 북적이는 댄스파티랑은 달라요. 저는 제가 좋아하는 사람들하고만 어울려요. 저랑 안드레 둘이만 있을 때도 있고 열 명이 모여서 놀 때도 있어요."

억지로 꾸미지 않아도 되는 친구들

앞에서 만나봤던 영국의 수줍음 많은 십대 소녀 루시는 발랄한 성격을 가지려고 기를 쓰고 노력했어요. 학교에서는 자기처럼 책읽기와 생물학에 흥미를 가진 여자애들 여럿과 어울렸어요. 그중 몇몇은 루시와 성격이 정반대였고 그 애들은 공부면 공부, 파티면 파티, 뭐 하나 못하는 게 없었어요. 루시는 그 애들을 따라 파티에도 다녔지만 집에서 단둘이 수다를 떨거나 공상에 잠기며 놀 때가 더 좋았어요. 서로 성향이 달랐음에도 루시는 이런 우정 속에서 안도감을 느꼈어요. 루시의 내향적인 면은 그 무리에게도 반가운 조합이었어요. 루시가 끼면 대화의 방향이 좀 더 생각 깊고 의미 있는 쪽으로 흘러갈 때가 많았기 때문이죠.

하지만 열네 살이 되면서부터 혼자만의 시간을 갖고 싶을 때가 많아지기 시작했어요. 그러다 보니 어느 날부터 점심시간이면 도서관으로 자리를 피하게 됐어요. 한 번도 자신을 내향형으로 여겨본 적이 없고 당시엔 내향형이라는 말의 의미도 잘 몰랐지만, 사교적으로 행동하려고 애쓰는 일이 무척 피곤했어요. 혼자 점심을 먹는 것은 루시에게 좋은 휴식이 되었죠.

그러던 어느 날, 도서관에서 교실로 걸어가다가 복도에서 친구들과 마주쳤어요. 그 친구들 중 한 명이 앞으로 걸어 나오며 심각한 투로 말했어요.

"우리 얘기 좀 하자."

그렇게 루시를 운동장으로 데리고 나갔고, 친구들 아홉 명은 루시를 가운데에 두고 빙 둘러앉았어요.

"너 왜 그렇게 우리를 무시하는 건데?"

친구가 단도직입적으로 물었어요.

"정말 너무하는 거 아니니? 점심시간마다 딴 데로 가버려서 우리랑 얘기도 안 하고, 우리가 도서관으로 찾으러 가면 퉁명스럽게 굴고. 우린 친구잖아. 우리한테 어떻게 이럴 수 있어?"

얘기를 듣고 보니 루시도 충분히 이해가 갔습니다. 자신이 퉁명스럽게 군다는 친구의 말이 맞는 것 같았어요. 책을 읽다가 방해받는 게 싫었고, 그 때문에 친구들에게 매정하게 대한 적도 있는 것 같았어요. 친구들 기분을 상하게 하려고 일부러 그랬던 건 아닌데, 아홉 명의 친구들은 그 마음을 모르고 자신을 빙 둘러싼 채 빤히 쳐다보고 있었어요. 심지어 몇 명은 째려보는 눈빛이었죠.

"그냥 잠깐 혼자만의 시간이 필요해서 그랬어. 너희를 무시해서 그런 게 아니야. 전혀 그럴 생각이 아니었지만 퉁명스럽게 보였다면 그것도 미안해."

그 말을 듣고 한 친구가 루시에게 자신들과 계속 어울리고 싶다면 두 가지 규칙을 지켜달라고 했어요. 하나는 자신들과 함께 점심시간 보내기, 다른 하나는 도서관으로 갈 때 얘기하고 가기였어요.

이 일로 루시는 감정이 복잡해졌어요. 그 친구들 중 몇몇은 진정한 친구가 아니라는 생각이 들어서였죠. 그 친구들은 자신이 거짓으로라도 발랄하게 굴지 않으면 함께 어울릴 생각이 없는 애들 같았어요.

결국 시간이 지나면서 그 친구들 중 네 명과는 관계가 시들해졌고, 변함없이 곁을 지켜준 나머지 다섯 명과는 정이 더 끈끈해졌어요. 그 친구들은 많은 아이들 사이에서의 토론에서 루시를 챙겨주기 시작했어요. "우리, 루시 말도 들어보자."라고 말하며 루시에게 시선을 끌어주곤 했어요. 루시는 자신을 숨기거나 해명하지 않아도 되었고, 억지로 자기를 꾸미지 않아도 되었어요.

QUIET **2** POWER

나쁜 관계에서
벗어나기

❝ 　내향적인 춤꾼 조지아는 친구라고 생각했던 여자애들과 훨씬 더 마음 아픈 불화를 겪었어요. 조지아는 유치원 이후부터 늘 말을 좀 많이 하라는 얘기를 들어왔어요. 그런데 나이가 들면서 이런 얘기가 답답하게 느껴졌어요. 조지아는 스스로를 수줍음 많거나 조용하다고 생각하지 않았거든요.

하지만 선생님과 또래 친구들이 자꾸 그런 성격을 지적하니 이제는 자신의 정체성과 관련한 심각한 문제로 받아들이게 되었어요. 자기한테 무슨 문제가 있는 건가 싶어 걱정스러웠죠. 사실 조지아에게는 주목할 만한 다른 장점이 많았어요. 가령, 마음이 다정하고 운동도 잘했어요. 그런데 왜 사람들은 조용한 면만 짚어내서 자꾸 그런 얘기들을 하는지, 조지아로선 정말 답답했어요.

조지아는 6학년에 올라가면서부터 등교할 때 4년 동안 친구로 지낸 여자애들과 카풀을 했습니다. 그런데 전에는 그 애들과 있으면 명랑하고 재미있어서 좋았지만 중학생이 되면서부터 대화가 듣기 거북해졌어요. 갑자기 인기를 끄는 방법과 멋 부리는 요령이 최고의 화젯거리로 떠올랐고 조지아는 이런 변화가 어색했어요.

친구들은 친구들대로 이상한 음악을 좋아한다느니, 옷이 안 어울린다느니, 하는 말로 조지아를 놀려댔어요. 그러던 어느 날부터 장난 전화가 걸려오기 시작하자 조지아는 문득 그 친구들이 범인일 거라는 의심이 들었어요. 친구들은 아니라고 발뺌했지만 조지아는 그 말을 그대로 믿을 만큼 바보가 아니었어요.

"그 애들은 좋은 친구들이 아니었어요. 하지만 그때는 다른 친구도 없었고 외톨이가 되고 싶진 않았어요."

그 친구들은 그 후로도 이런저런 모욕적인 말로 조지아를 깔보고, 심지어 조지아가 너무 조용하다며 트집을 잡았어요. 그러던 어느 날 학교에 등교하기 전, 그 친구들 중 두 명이 조지아에게 소리를 빽 질러보라고 부추기기까지 했어요.

"나 소리 지른다. 너도 해봐. 알았지?"

"나는 싫어."

조지아가 대꾸했어요. 왜 소리를 지르자고 꼬드기는지 몰라서 생각해보니, 단지 자기를 불편하게 만들려고 그러는 눈치였어요! 잠시 후 두 여자애는 서로 돌아가며 목청껏 소리를 질렀어요. 조지아는 따라하고 싶지 않았어요. 겉으로는 재미있어 하는 표정을 지으려고 애썼지만 속으로는 정말 울고 싶었죠.

관계를 휘두르는 아이들

안타깝게도 이런 식의 멸시적 관계는 중학교에서 흔히 벌어지고 있고, 특히 여학생들 사이에서 심합니다. 물론 갑자기 증가한 현상이고 어디서나 다 이런 일이 벌어지는 건 아니에요.

남자아이들은 보통 싸움이나 시합을 통해 서로의 다툼을 해결해요. 반면 여자아이들의 경우는 이른바 관계적 공격이 더 빈번해요. 일부 여자애들은 자기가 가진 힘과 인기, 그리고 다른 여자애들과의 관계를 무기 삼아, 말로는 친구라며 어울리는 애들을 겁주고 업신여기기도 합니다. 이런 현상의 유행을 잘 다루어 놓은 레이철 시먼스Rachel Simmons의《소녀들의 심리학Odd Girl Out》책에는, 이런 식의 따돌림으로 크게 상처받은 아이들의 사례들이 소개되어 있어요.

물론 여자아이들만 이런 식으로 적대감을 표출하는 것은 아닙니다. 한 예로, 조용한 성격의 남자아이 라지도 5학년 때 수학 상급반으로 옮겨보라는 제안을 받으면서 그런 일을 겪었어요. 라지는 수학을 정말 좋아했기에 상급반으로 옮겨보라는 권유에 자신감이 솟았어요. 그래서 라지의 부모님은 아들이 상급반으로 가지 않는 게 좋을 것 같다고 말했을 때 놀랍고 의아했다고 해요.

나중에 알고 보니 남자애들 몇몇이 라지에게 상급반으로 가면 더 이상 친구로 지내지 않겠다고 으름장을 놓는 바람에 갈등에 빠졌던 것이었어요. 라지는 처음엔 친구를 잃고 싶지 않아서 상급반 진급을 망설였어요. 하지만 얼마 후에, 자발적으로 마음을 바꿨어요. 수학이 너무 좋아서 상급반으로 옮기기로요. 그 애들이 끝까지 자신을 응원해주지 않는다면 진짜 친구도 아니라고 생각했대요. 상급반 수업을 듣느냐 마느냐의 결정에서는 친구라고 하면서 자기를 이해해주지 않는 애들과 어울리는 일보다 자신감 상승의 문제가 더 중요하다고 판단한 거예요.

관계적 공격은 남자와 여자를 막론하고 조용한 아이들을 대상으로 행사될 때 특히 그 위력이 강해집니다. 대체로 내향적인 아이들은 새 친구를 사귀지 못할까 봐 불안해서 가능한 한 오랫동안 그런 학대적 관계에 매달리기 쉬워요. 익숙하지 않은 것에 대한 두려움 때문에 나쁜 친구라도 있는 편이 친구가 아예 없는 편보다 낫다는 이유를 내세워, 자신에게 상처를 주는 무리 속에서 벗어나지 못하는 경우가 많지요.

못되게 구는 아이들은 친구가 아니에요

다행히도 용기를 내서 이런 식의 사회적 압력에 저항하는 청소년이 꽤 많이 있어요. 못되게 굴며 괴롭히는 친구들과 결별하는 일은 대단한 배짱이 필요해요. 하지만 여러분도 할 수 있어요. 제 말을 믿고 해보세요.

조지아도 마침내 용기를 냈어요. 처음엔 그 여자애들을 잃고 싶지 않아서 매일 점심시간마다 같이 앉아 밥을 먹었어요. 그럴 때마다 툭하면 조지아를 놀려댔는데도 꾹 참았어요. 하지만 6학년 말쯤 되자 더는 못 참겠다는 결심이 섰어요. 너무 오랫동안 감정의 상처를 입어왔고, 이제는 더 이상 당하지 않겠다고요. 그래서 부모님께 그 애들과 앞으로는 카풀을 하지 않겠다고 말하고 그 애들과 연락도 끊기로 마음먹었어요.

새 친구를 사귀기는 그른 것 같았어요. 전 학년 애들이 끼리끼리만 어울려서 그 사이에 낄 수 없어 보이는 분위기였거든요. 친구로 여겼던 애들과 절교하고 나니 조지아는 외톨이가 되고 말았어요. 그러다 7학년의 과학 시간에 조지아는 실라라는 여자애 옆에 앉게 되었어요. 두 사람은 서로 잘 모르는 사이였고 처음엔 말도 별로 하지 않았어요. 그런데 어느 날 실라가 선생님이 한 어떤 말에 웃음을 터뜨렸고, 조지아도 어떤 이유에서인지 그 말에 웃음이 터졌어요. 두 사람이 계속 웃음을 멈추지 못하자 선생님이 조용히 하라며 혼을 냈는데, 그 순간 조지아는 남몰래 속으로 짜릿함을 느꼈어요. 선생님에게 조용히 하라는 말을 들은 것이 처음이었으니, 그럴 만도 하죠!

그날 이후로 두 사람은 같이 수다를 떨고 수업 중에 끼적거린 낙서를 보고 웃고, 실습 과제를 같이 하면서 가까워졌어요. 조지아는 또 실라를 통해 다른 여자애와 친해지기도 했어요. 세 소녀는 같이 농구와 테니스를 하며 놀았어요. 유치한 대화는 물론 장래희망과 세상에 대해 바라는 것과 변화를 위해 하고자 하는 행동과 같은 진지한 대화도 스스럼없이 나눌 수 있었어요.

다음은 조지아의 말이에요.

"그 친구들은 예전에 사귀던 애들만큼 '인기 있는' 애들은 아니었지만 저는 깨달았어요. 겉모습이 다가 아니며, 인기는 그다지 중요하지 않다는 것을요. 그 친구들은 저를 있는 그대로 받아들여주었을 뿐만 아니라 소중하게 여겨주었어요. 진정한 친구를 사귀게 된 거죠."

8학년 때는 교우 관계가 한결 좋아졌어요. 조지아는 새로 사귄 친구들과 정이 더 돈독해졌고 다른 여자애들과도 친해졌어요. 조지아는 나이를 먹으면서 차츰 우정의 개념을 다시 생각해보게 되었답니다.

조지아는 이제 알 것 같았어요. 자신의 조용한 면이 유대를 맺는 능력에 방해물이 되는 것이 아니라는 걸요. 사실, 조지아는 테니스 코트에서부터 댄스홀 등등 여기저기를 다니면서 오히려 그 반대라는 것을 깨달았어요.

"조용한 성향이 저의 강점이었어요. 그 덕분에 숫자만 많고 허울뿐인 친구들보다는 숫자는 적지만 친밀한 친구들을 사귈 수 있었으니까요. 친구들과 제 감정과 생각을 공유하면서 더 깊이 있는 관계를 맺을 수 있었어요."

평범한 인사부터
시작하기

" 친구를 사귀는 데 애를 먹고 있더라도 초조해하지 마세요. 나를 응원하고 소중히 여겨줄 단짝 친구를 사귀려면 시간이 필요해요. 미시간주의 헤일리는 수줍음이 너무 많아서 그냥 인사를 건네는 일에도 쩔쩔매기 일쑤였어요. 그러다 4학년 때 큰 결심을 했어요. 있는 힘을 쥐어짜서 더 많은 아이들에게 인사를 하기로요. 긴 대화를 할 필요도 없이 그냥 짧게 '안녕'이라고 인사만 건네는 게 목표였어요.

그런데 이 소소한 의지력의 발휘가 정말이지 놀라운 결과를 안겨주었습니다. 안간힘을 다해 인사를 건네던 초반에 헤일리는 얼마 전 같은 동네로 이사 온 여자아이에게도 인사를 하게 되었어요.

"제가 먼저 다가가 인사했어요. 그렇게 해서 자연스레 이야기를 나누다 보니 서로 공통점이 많더라고요."

헤일리가 그때를 떠올리며 한 말이에요. 그 여자아이는 헤일리의 그런 행동이 너무 고마웠다고 해요.

"자기에게 다가와서 인사를 건네는 사람이 별로 없던 터라 더 반가웠대요."

5년 후에도, 두 아이는 여전히 친구 사이였고 인근의 기숙학교에서 룸메이트로 지내기도 했어요.

데이비스는 고등학교를 졸업하며 대학에서 친구를 잘 사귀지 못할까 봐 걱정이 되었어요. 그래서 어색함을 누그러뜨려줄 비장의 무기를 만들어보기로 결심하고는, 여름 동안 몇 가지 마술을 익혀두었어요.

"사람들에게 다가가는 데 서툴다면 마술이라도 보여주자고 생각했어요. 그러다 보면 어색하지 않게 대화가 이어지리라는 기대가 있었죠."

데이비스는 캠퍼스로 들어가면서 카드를 챙겨갔고 처음 만나는 사람들에게 자신을 소개할 때면 카드 한 장을 뽑아달라고 청했어요. 그런 다음 마술을 보여주었고, 그러면 대개 자연스레 그 사람과 이야기를 나누게 되었죠.

"사실 그런 식으로 단짝 친구 몇 명을 만나기도 했어요."

이런 교류는 자신감을 높여주었고, 데이비스는 카드에 의지해 방어하던 불안감이 거의 사라졌다는 판단에까지 이르렀어요. 대학 입학 후 첫 해가 다 되어갈 무렵 데이비스는 이제는 카드가 없어도 되겠다는 확신이 섰어요. 누군가를 만나고 싶으면 그냥 다가가서 인사를 하면 되었으니까요.

친구의 이야기를 잘 들어주는 능력

헤일리와 데이비스가 미처 깨닫지 못했지만, 우리 같은 내향형은 새 친구를 사귀는 데 특히 유용한 능력을 가지고 있어요. 바로 뛰어난 경청 능력이에요. 혹시 말하고 싶은 기분이 들지 않는 그런 사회적 상황에 처해본 적이 없나요?

저는 그런 적이 많은데, 잡담을 나누고 있으면서도 신경이 곤두서는 거예요. 그러면 정신을 바짝 조여서 다음에 이어 꺼낼 말을 생각해보려고 애쓰죠. 게다가 제 경우엔 날씨 얘기나 가십거리 얘기가 영 적성에 맞지 않았어요. 그렇다고 해서 그런 얘기를 나누는 것 자체가 잘못되었다는 얘기는 아니고, 그보다 더 중요한 이야기를 나누고 싶어 안달하는 편이라는 얘기에요. 그럴 때면 저는 인터뷰하듯 이것저것 묻습니다.

수많은 내향형들이, 사람들과 어울리다가 내향성 특유의 기분에 빠질 때는 자신이 아닌 다른 사람들과 다른 일들로 주의를 돌리면서 대화를 꾸역꾸역 이어간다고들 합니다.

저는 말을 많이 해야 하는 상황에서 평상시보다 더 내향적 기분에 빠지게 되면 상대방에게 그 사람과 관련된 질문을 던지기 시작해요. 수다스러운 사람들이 말을 거의 다 하게 만들죠. 대답을 가만히 듣고 있으면 정말 재미있을 때도 있어요. 다른 사람들의 이야기는 생각보다 더 흥미로운 경우가 많으며, 말하는 것보다 듣는 것을 통해 배우는 게 훨씬 더 많기도 해요.

물론 이때는 대화가 너무 일방적으로 치우치지 않도록 조심해야 해요. 여러분과 이야기를 나누는 상대방은 경청을 바라는 것이지, 꼬치꼬치 심문당하길 원하는 게 아니니까요. 중간중간 끼어들어 여러분 자신의 생각과 경험을 얘기하면 더욱 만족스러운 대화를 나눌 수 있어요.

저널리스트 가운데는 이런 방법을 통해 자신의 천직을 발견했다고 밝히는 이들이 많아요. 인기 라디오 팟캐스트 '디스 아메리칸 라이프This American Life'의 진행자인 아이라 글래스Ira Glass가 주로 하는 일은 사람들과 이야기하는 거예요. 글래스는 인터뷰에서 사람들을 편하게 해주며 자신의 이야기, 감정, 신념을 털어놓게 유도하는 솜씨가 탁월합니다.

하지만 글래스는 2010년 〈슬레이트 닷컴Slate.com〉과의 인터뷰에서 자신은 타고난 이야기꾼이 아니라며 이렇게 덧붙였어요.

"저는 타고난 인터뷰어이자 타고난 경청자일 수는 있지만, 타고난 이야기꾼은 아닙니다."

글래스는 이야기는 별로 하지 않지만, 귀 기울여 들어주면서 적절한 질문을 던지고, 중간에 끼어들어 자신이 관찰해낸 흥미로운 사실을 덧붙여주는 능력을 발휘하면서 프로그램을 재미있게 끌어갑니다. 사람의 마음을 편하게 해주고 이야기에 귀를 기울이는 능력은 (그리고 그 과정에서 잘 알려지지 않은 흥미로운 진실을 끌어내는 능력 역시도) 내향형의 수많은 슈퍼파워 가운데 하나랍니다.

원하는 바를 솔직히 말하기

하지만 가끔은 이런 식으로 들어주는 일에 지칠 수도 있어요. 다른 사람들의 얘기만 잔뜩 들어주느라 자신의 목소리는 없는 것 같을 때가 있나요? 내 생각이 소홀이 여겨지는 것 같아 억울했던 적은요? 왜 나는 들어주기만 해야 하나 싶어 속상했던 적은 없나요?

"말을 해야 알지!"

부모가 어린 자식에게 이렇게 말하는 걸 본 적 있나요? 저는 최근에도 울고 있는 아이에게 아빠가 그렇게 얘기하는 모습을 봤어요. 아빠는 아들을 달래주고 싶은데 아들이 왜 화가 났는지 알 수가 없었어요. 아이는 숨이 넘어갈 듯 울어대면서도 우는 이유를 설명하지 않았으니까요.

사람에게는 독심술이 없어요. 말하지 않아도 알아주길 원하는 마음이 간절하다면, 때로는 더 많은 속내를 알려줘야 해요. 우리 내향형은 이야기를 좀 해야 해요. 마음을 말하기는 때때로 겁이 나는 일이지만, 바라거나 필요한 것이 뭔지 말을 하면 대체로 기분 좋은 반응을 얻게 됩니다.

여러분의 아이디어, 생각과 감정을 털어놓으세요. 관심을 가져 달라는 요구는 건방을 떨거나 허세를 부리는 일과 달라요. 들어주길 바란다고 해서 내향적인 자아를 배신하는 것도 아니고요. 우정이란 '기브 앤 테이크give and take'입니다. 주의 깊고 끈기 있게 들어줄 시간을 내주는 것이자, 상대방이 그랬듯 여러분도 친구를 믿고 속마음을 솔직히 털어놓는 것이에요.

의리 있고 진정한 친구를 찾는 단 하나의 비결 같은 것은 없어요. 앞에서 가능성 있는 방법 몇 가지를 소개하긴 했지만, 무엇보다 중요한 것은 마음을 여는 일입니다. 앞으로 만나게 될 여러분의 새로운 단짝 친구는 구석 자릴 좋아하는 조용한 아이일 수도 있고, 학생 식당 한가운데 테이블 위에 거침없이 올라서는 목소리 크고 인기 있는 아이일 수도 있습니다. 여러분이 둘만의 깊이 있는 대화에 관심을 갖고 귀담아들어줄 의지가 있다면 두 가지 유형 모두와 소중한 친구가 될 수 있답니다.

≫ 나 자신이 되기

다른 사람에게 좋은 인상을 주기 위해 나 자신이 아닌 다른 누군가가 되려고 애쓰지 마세요. 진정한 친구는 여러분의 진가를 알아주기 마련입니다. 라라라는 이름의 어느 내향형 소녀는 이런 조언을 해주었어요. "친구를 얻기 위해 외향형인 척 굴지 마세요. 한 명의 좋은 친구가 여러 명의 아는 애들보다 훨씬 나아요. 그래서 때때로 혼자 외로움을 느낀다 해도, 꾸민 모습으로 사람들과 어울려야 하는 것보다 낫습니다." 그와 동시에, 여러분의 진정한 자아를 (즉, 여러분의 유치한 면, 거침없는 면, 반전 있는 면까지 모두) 끄집어내주는 친구를 찾아보세요. 그런 친구를 만나면 '집에 온 듯' 편해진답니다.

⤳ 때론 고독을 감수하기

못된 무리의 아이들이나 오히려 해가 되는 듯한 우정과는 거리를 두세요. 조지아가 경험으로 배웠듯, 상처를 주고 괴롭히는 관계 속에 그대로 머뭇거리는 것보다는 친구가 아예 없는 편이 낫습니다. 우리는 편안함이 느껴지고, 내 모습 그대로 꾸밈없이 만날 수 있는 사람들과 어울릴 자격이 있어요.

⤳ 모임에 들어가기

이 조언은 조용한 사람에게는 직관상 말도 안 되는 얘기로 들릴지 모릅니다. 하지만 팀이나 동아리 활동, 과외 활동은 새로운 친구를 사귈 좋은 방법이 되기도 해요. 그 모임이 여러분의 관심을 자극하거나, 혹은 관심을 넘어 짜릿한 흥분을 안겨주는 분야를 중심으로 모인 경우라면 특히 더 그렇죠. 그런 모임에 들어가면 같은 관심사를 공유한 사람들과 함께 시간을 보낼 수도 있고, 좋은 첫인상을 줘야 한다는 압박도 덜합니다. 캘리포니아주의 내향적인 소년 재러드는 이렇게 말합니다. "빠지지 않고 꼬박꼬박 참석할 마음이 절로 생기는 수업을 듣거나 소모임 같은 데 들어가면 친구를 더 쉽게 사귈 수 있어요. 서서히 서로를 알게 되면서 시간이 지나면 저절로 친해지거든요."

⤳ 처음부터 욕심 부리지 말 것

미첼이라는 이름의 십대 소년은 육군 장교인 아버지가 여러 군 기지로 전출되면서 몇 년 동안 이사를 자주 다녔어요. 그 바람에 어쩔 수 없이 친구 사귀기 전략을 개발해야 했죠. 그렇다면 미첼의 전략은 뭘까요? 우선 한 명의 좋은 친구 찾기였어요. 유대를 돈독히 다져서 정말로 믿을 만한 친구 한 명을 만들고 나서야 더 많은 친구들을 사귀며 폭넓은 우정을 쌓을지 어떨지를 생각한다고 해요.

팀을 이뤄보기

십대 소녀인 테레사는 혼자서는 새 친구를 사귀는 데 애를 먹지만, 외향적인 친구와 함께 있으면 그 친구가 없었다면 못 만났을 사람들을 사귄다고 해요. "저에게 새로운 사람을 사귀는 가장 좋은 방법은, 친구들과 함께 다니는 거예요. 안전지대에 머물면서 사람들과 어울리기에 좋은 방법이죠."

질문을 활용하기

귀담아들어주기는 여러분이 가진 슈퍼파워 중 하나이니, 새로운 사람을 사귈 때는 그 능력을 활용해보세요. 그 사람에 대한 질문을 한 뒤에, 연관된 다음 질문도 이어가면서 여러분이 주의 깊게 관심을 기울이고 있음을 보여주세요. 그러면 짧은 시간 사이에 그 사람에 대해 많은 것을 알게 됩니다.(단, 대화가 일방적인 인터뷰처럼 변하지 않도록 주의하세요! 사람들은 여러분의 얘기도 좀 듣고 싶어 한답니다)

공감해주기

누구나 때때로 불안감이나 거북함을 느낍니다. 이는 아주 외향적이거나, 카리스마 넘치거나, 학생 식당에서 위압감을 잔뜩 풍기고 다니는 아이들이라도 예외가 아니에요. 이렇게 다른 사람들은 어떤 기분일지 상상해보면, 아이들과 어울리기가 더 편해질 거예요.

말로 표현하기

명심하세요. 독심술을 가진 사람은 아무도 없습니다. 여러분의 기분을 사람들이 알게 하려면 결국 여러분이 직접 말을 해야 해요. 진정한 친구라면 여러분의 말을 듣고 싶어 하기 마련입니다.

마음이 즐거운
모임 만들기

북적북적한 모임 속
불안감 떨쳐내기

제가 중학생 때 친구 몇 명이 깜짝 생일파티를 열어준 적이 있었어요. 우리는 이야기하고 웃고 음악을 들으며 몇 시간 동안 축하파티를 벌였지요. 나를 위해 그렇게까지 신경을 써주다니 정말 좋은 친구들이었고, 내 인생에 그런 친구들을 둔 것은 정말 행운이 었어요.

그런데 그날 저녁, 저는 방 안에 함께 있는 그 여섯 명의 여자애들을 둘러보면서 몇 차례나 불쑥불쑥 실망감이 밀려오기도 했어요. 그 애들이 내 친구라는 사실에 실망했다는 얘기가 아니에요. 절대로 아니죠. 다만, '내 생일파티에 더 많은 애들이 와주었다면 좋았을 텐데.' 하는 아쉬움이 떨쳐지지 않아서였어요. 같은 학년의 다른 애가 깜짝 생일파티를 가졌다면 여섯 명이 아니라 60명, 아니 70~80명은 축하하러 왔을 거란 생각이 자꾸만 드는 거예요. 친구들이 그렇게 애써서 파티를 열어줬으면 특별한 감동에 젖어야 마땅한데, 어쩐지 제가 사회적 낙오자 같은 기분이 들고 말았죠.

지금에 와서 그날 저녁을 되돌아보면 그게 얼마나 쓸데없는 생각이었는지 알지요. 여섯 명과 어울리길 즐기는 사람도 있고, 60명이나 600명과 어울리며 즐기는 사람들도 있는 법입니다. 이 중 어떤 경우에 속하더라도 걱정할 필요는 없어요.

자신에게 맞는 사교 스타일을 찾아가는 중일 때는 믿기 어려울 테지만, 함께 있으면 즐거운 친구가 있는 한 그 숫자는 전혀 중요하지 않아요. 정말이니 제 말을 한번 믿어보세요. 아이러니하게 들릴 테지만, 그때 만약 내 친구들이 70~80명 되는 애들을 불러 모아 집안이 발 디딜 틈 없이 북적거리는 생일파티를 마련해주었더라도 저는 싫어했을지 모릅니다.

물론 내향적이라고 해서 요란한 파티를 즐기지 않는 것은 아니에요. 또 그런 자리에서 사교술을 발휘하지 못하는 것도 아니고요.(실제로 저는 춤을 정말 좋아하고, 가끔은 신나는 댄스파티에 열광하기도 합니다.) 하지만 앞에서 이야기했던 여러 가지 이유로 인해, 우리 내향형들은 이러한 파티 환경 속에서 외향형에 비해 더 빨리, 더 자주 진이 빠지는 편이지요.

전적으로 외향적인 사람들은 시끌벅적한 파티에서 에너지를 얻습니다. 하지만 우리 내향형은 자극에 민감하기 때문에 요란한 파티에서 쏟아지는 눈부신 불빛, 수많은 얼굴과 목소리, 쿵쿵 울리는 음악에 별로 끌리지 않을 수도 있습니다.

나만의 재충전 타이밍

이렇게 생각해보세요. 모든 인간에게는 사회적 배터리가 있지만 그 배터리가 방전되고 재충전되는 환경이 저마다 완전히 다르다고요. 저는 이제 내 배터리가 방전되는 느낌을 그때그때 구별할 줄 알아요. 그 덕분에 파티에서 그만 자리를 떠야 할 때나 좀 더 친밀한 대화를 나누기 위해 소파 쪽으로 나와 배터리를 재충전해야 할 때를 알아챕니다.

이것은 누구든 가능한 일이랍니다. 제 친구 중에 한 내향적인 여자 친구는 웬만하면 초대받은 파티에 다 참석해요. 특유의 조용한 스타일로 인기가 높은 편이라 꽤 많은 파티에 초대되지요. 친구는 그런 파티 자리를 즐기고, 파티에 온 사람들은 그 친구와 만나는 걸 즐거워해요. 그러나 친구는 한두 시간쯤 뒤에 자리를 뜨는 편입니다. 정중하게 감사와 작별인사를 전하며 발걸음을 뗍니다. 사람들이 눈치 채지 못하게 기척 없이 조용히 나오지만, 아무도 서운해하지 않아요. 사람들은 단지 그녀가 와준 것만으로도 기뻐하지요.

마찬가지로 (제10장에서도 다시 만나보게 될) 제니라는 소녀는 더 어렸을 때 다른 사람들처럼 요란하게 생일파티를 여는 것에 부담을 느꼈어요. 그녀는 언젠가부터 친구들이 축하하러 오면 화장실에 갈 때마다 일부러 최대한 늦게 나오기 시작했어요. 문을 닫고 그 안에 있으면서 진정시킬 시간을 가졌던 거예요. 이렇게 조용히 있으면 에너지가 회복되어서, 다시 파티 자리로 나올 때 더 재미있게 즐길 수 있었답니다.

여러분도 여러분에게 잘 맞는 방법을 찾아내서 파티에 대한 불안감을 털어버리세요.

QUIET **2** POWER

모임 울렁증을
극복하는 방법

66 사실, 이런 파티 울렁증에 도움이 될 만한 방법은 아주 많습니다. 칼리의 주니어 프롬(고등학교 마지막 학년에 열리는 무도회를 시니어 프롬Senior prom이라 하고, 마지막에서 두 번째 학년에 열리는 무도회를 주니어 프롬Junior prom이라 함 – 옮긴이)에서의 경험담을 예로 들어볼까요? 주니어 프롬은 으레 인상적인 파티의 밤으로 구성됩니다. 칼리는 동급생들이 전부 참석한 자리에서 밤새 춤추는 일만도 부담스러웠는데 '내 평생 최고의 밤'으로 만들어야 한다는 압박까지 느꼈어요.

주니어 프롬은 칼리의 학교에서 대단한 행사로 손꼽혔어요. 칼리의 학년은 어울리는 무리가 여럿으로 갈라져 있었습니다. 운동하는 애들과 치어리더들은 서로 자기들끼리 어울렸고, 사냥을 좋아하는 아이들 무리가 있는가 하면, 칼리가 '예술하는 별종들'이라는 애정 어린 별칭을 붙여주며 같이 어울리던 무리도 있었어요.

칼리와 친구들, 그리고 파트너들은 그날 밤을 절제하며 보내기로 결정했어요. 당일에 이들 친구들은 칼리의 집에서 미리 모여 사진도 찍고, 나가서 먹을 것도 사먹으며 놀다가 파티에 갔어요. 칼리는 제일 좋아하는 친구들과 함께 마음 편히 참석하게 되어 안심이 되었지요. 덕분에 그날 밤 요란한 파티에서 춤을 추며 즐겁게 시간을 보낼 수 있었어요. 물론 칼리는 친구들을 집으로 불러 함께 떠들썩하게 요리를 하며 놀았던 다음 날 저녁이 더 좋았지만요.

내 취향에 맞는 모임을 만들어요

앞에서 만나봤던 데이비스도 큰 파티는 질색이었지만 나름의 묘수를 생각해냈어요. 가령, 중학교에 다닐 때는 큰 축하 행사의 경우 반드시 필요할 때만 참석했어요. 학생회장이니 졸업생의 날 행사에는 어쩔 수 없이 참석했지만 자기 할 일이 끝나고 인기투표 결과가 발표될 즈음 행사장을 나와 부모님의 차를 타고 집으로 돌아왔지요. 그렇다고 해서 데이비스가 반사회적인 성격이었던 건 아니에요. 오히려 그 반대였어요. 다만 자신의 취향에는 그보다는 다른 모임이 잘 맞는다는 점을 일찍부터 깨달은 것뿐이죠.

고등학교에 올라가서는 어울리는 친구들 무리에서 구심점 역할까지 했어요. 주말마다 북적거리는 요란한 파티에 억지로 끼는 대신 모두를 집으로 불러 비디오 게임이나 카드놀이를 하면서 놀았어요. 데이비스의 집은 친구들의 아지트였죠.

더 나이를 먹었을 때는 친밀한 모임을 선호하는 데이비스의 이런 취향이 예상 밖의 결과로 이어지기도 했습니다. 대학에 들어간 데이비스는 누가 큰 파티에 초대를 하면 거절할 때가 많았지만 거절하고 나서 얼른 다른 제안을 했어요. 그 다음 날 만나서 커피를 마시자고 청하거나, 새로운 전시회가 열리는 미술관에 같이 가자는 식이었죠.

이러한 과정에서 자신이 질색하는 것은 사람이 아니라 파티라는 점이 확실하게 어필되기도 했어요. 대체로 상대방은 데이비스의 제안을 받아들였고 이런 식의 보다 친밀한 만남은 다른 내향형들만이 아니라 외향적인 동급생들에게도 호감을 얻었어요. 그러니까 파티에 열광하는 친구들 역시도 데이비스와 단둘이 느긋하게 보내는 만남을 즐겼다는 얘기입니다. 다른 친구들과 만나서 어울리는 방식과는 다른 조용한 만남을 신선한 변화로 받아들였던 것이죠.

결국 데이비스는 제안받은 초대에 거절하면서도 더 깊이 있는 우정을 맺을 수 있었답니다. 파티를 기피하는 것은 취향에 따른 선택일 뿐, 상대의 기분을 상하게 하거나 의도치 않게 적을 만들 생각은 아니었으니까요. 물론, 불안한 마음도 없지 않았어요.

"파티에 가지 않으면 나라는 사람을 잘 모르지 않을까 걱정되기도 했어요."

데이비스가 인기를 의식했던 건 아니에요. 그저 있는 듯 없는 듯한 존재가 되고 싶지 않았을 뿐이죠. 하지만 오래 지나지 않아 자신의 걱정이 기우였음을 깨닫게 되었어요. 대학교 1학년 생활이 끝나갈 무렵 친구 한 명과 캠퍼스를 걸어가면서 아는 사람들에게 인사를 건네고 있는데 옆에 있던 친구가 이렇게 말했어요.

"야, 데이비스 너 말야, 이제 보니 이 대학 사람들 절반은 아는 것 같은데?"

"그게 무슨 소리야?"

데이비스가 되물었어요.

"지금까지 길을 걸어가면서 지나치는 사람들 중 반은 너랑 아는 사이였잖아!"

옆에서 대충 지켜보던 친구가 던진 이 말은 1년 뒤 확신으로 다가왔어요. 데이비스는 자기가 잘하는 마술 몇 가지를 더 많은 이들에게 보여주고 싶은 마음에 캠퍼스에서 열리는 장기 자랑에 출전했어요. 우승자 선정은 관중의 함성으로 정해졌는데, 데이비스는 대회가 끝나고 가장 큰 지지 함성을 얻었답니다.

자신을 지지해주는 사람들을 자세히 보니 모르는 얼굴이 아니었어요. 놀랍게도 데이비스의 친구들이었죠. 그것도 인스타그램 팔로워를 맺어서 아는 관계거나 파티에서 고개만 까딱하며 인사하는 그런 사람이 아니라, 인생과 사랑을 얘기하며 우정을 나누던 동급생들이었어요. 관중석을 바라보면서 데이비스는 자신이 있는 듯 없는 듯한 존재가 아니었음을 깨달았습니다. 강당 절반이 그의 친한 친구들이었으니까요.

QUIET **2** POWER

편안한 모임을
만들어가기

❝ 루이지애나주 배턴루지에 살면서 영화 찍기를 즐기는 노아는 언제 어디서건 사교성이 뛰어났고 이야기꾼의 기질을 보였어요. 그렇게 어떤 사람과도 잘 어울리는 듯했던 노아는 언제부턴가 사람들이 많이 모인 곳에 가면 슬그머니 빠져나와 혼자 있고 싶은 마음이 불쑥불쑥 들었다고 해요.

노아가 중학교 때 가장 가깝게 어울리던 친구들은 자기처럼 게임을 즐기는 애들이었어요. 모이면 다 함께 게임을 하거나, 한 사람은 아이패드로, 또 한 사람은 X박스로, 또 다른 사람은 스마트폰으로, 같은 방에서 따로따로 게임을 하며 놀았어요. 하지만 9학년이 되면서 사교생활의 패턴이 변해갔어요. 친구들은 여자친구들을 만나기 시작했고 우정 전선에 기복이 생겼지요.

노아는 그 친구들 한 명 한 명과 여전히 친하게 지냈지만 무리는 뿔뿔이 흩어지고 말았어요. 노아는 학교의 온라인 신문 동아리와 아카펠라 동아리를 비롯해 여러 과외 활동에 참가하기 시작했어요. 그곳에서 새로운 친구들을 사귀었지만 아무리 해도 끈끈한 유대는 느껴지지 않았습니다.

"여러 동아리에 가입했어요. 친한 친구들이 생기긴 했지만 절친은 한 명도 없었어요. 파티에 가도 항상 조금씩 기분이 불편했어요. 언젠가는 파티에 갔다가 집에 돌아와 혼자 잠이 들었는데, 외로움이 느껴지면서 소망이 일었어요. 앞으로는 기분이 좀 나아지고 제자리를 찾았으면 좋겠다고요."

SNS에서 다른 사람들의 모습을 보면, 남들은 다들 어디서나 잘 적응하고 잘 노는 것처럼 여겨집니다. 또 중학교와 고등학교 시절에는 재밌는 일을 많이 만들고 첫사랑도 경험해야 한다고 생각하는 경향이 있지요. 하지만 그런 일들을 겪는 시기는 사람마다 다를 수 있어요. 가장 행복하고 사교생활 면에서도 가장 편안한 시절이 중고등학교 때가 아니라 훨씬 뒤, 즉 대학 시절이나 그 이후에 찾아오는 사람도 많습니다.(나 역시 그런 경우이고요.)

위안을 얻는 가장 나다운 방법

'적절한' 사회생활을 하는 요령에는 정해진 규칙이 없습니다. 학생 식당에서 '적절한' 자리에 앉는 규칙이 없는 것처럼요. 나에게 가장 잘 맞는 방법을 개척해보세요. 우리의 사회생활 버전이 영화와 TV 에 나오는 모델과 다르더라도 전혀 상관이 없습니다.

로리가 찾은 방법도 영화와 TV에 나오는 것처럼 그런 열광의 파티 버전은 아니었어요. 로리는 여러 명이 모여 북적이는 자리가 그다지 끌리지 않아서 몇몇만 모이는 자리를 만들기 시작했어요.

로리가 아이들과 어울리기 좋아하던 시간은 그림 그리기 수업이었답니다. 같이 수업을 듣는 여자애들이 여섯 명밖에 안 되어, 그림 그리기 시간은 북적대고 경쟁적인 분위기의 교실에서 벗어나 좋은 휴식 시간이 되어주었죠. 그 수업의 어린 화가들은 그해 초반만 해도 서로 모르는 사이였지만 시간이 지날수록 가까워졌어요.

어느 날 저녁, 로리는 그림 그리기 수업에서 사귄 친한 친구 한 명과 만나 같이 그림을 그리기로 했어요. 그 뒤로 오래 지나지 않아, 다른 여자애들이 이 모임에 합류하면서 나중엔 매주 모이게 되었어요. 7시쯤 모여 자정이 되도록 그림을 그렸지요.

"그림만 그린 게 아니라 음악을 듣기도 하고, 군것질도 했어요. 신나게 수다도 떨었고요. 가끔은 옆길로 빠져서 그냥 맛있는 걸 먹으면서 인생 얘기를 나눌 때도 있었어요."

시간이 지나면서 그림 그리기 수업의 친구들은 로리의 가장 가까운 절친이 되었습니다.

사교적인 자리가 정말 싫다면 살짝 빠져 나와도 괜찮습니다. 실제로 그런 행동은 별난 행동도 아니에요. 자신을 고무줄처럼 늘리는 것도 중요하지만 누구에게나 한계는 있고, 스스로를 보호할 필요성도 있음을 잊지 마세요.

안타깝게도 파티에서 긴장을 풀기 위해 습관처럼 술이나 약물 같은 물질에 의존하는 경우가 있습니다. 오하이오주 오벌린에 사는 내향적 성향의 대학생 피터는 파티에서 사람들과 어울리는 것을 피하는 방법으로 중간중간 담배를 피우고 온다고 해요. 약물이나 술 없이는 어떤 행동을 못 할 지경에 이르러 있다면, 믿을 만한 어른과 이야기를 나눠보세요. 위안을 얻는 데는 그보다 훨씬 안전한 방법들이 얼마든지 있답니다.

어쨌든 술과 약물은 사람을 우울하게 만들어요. 다시 말해, 행복감은 금세 우울증과 불안으로 바뀌고 맙니다. 설교를 늘어놓고 싶지는 않지만, 제 말을 꼭 새겨들어주세요. 이런 식의 해결책은 건강에 좋지 않을 뿐만 아니라 일시적 효과에 그칩니다. 그 황홀감이 점점 약해지면 평상시의 자신으로 돌아오게 되지요. 효과가 지속되는 해결책은 있는 그대로의 자신에 더 익숙해지고 어떤 상황에 있을 때 가장 편한지, 또 피하고픈 상황에서 위안을 얻는 방법으로 뭐가 좋은지를 스스로 터득하는 일입니다.

우리에게 이상적인 파티를 마련하거나 찾는 게 쉬운 일은 아닙니다. 때로는 우리를 불편하게 만드는 북적대는 파티에도 참석해야 합니다. 하지만 이런 자리를 편안하게 해주고 그 순간을 최대한으로 활용하도록 도와주는 방법들이 있습니다. 다음의 몇 가지 조언을 참고해보세요.

든든한 동반자와 함께

어쩔 수 없이 큰 파티에 참석해야 한다면 잘 아는 사람과 동행하세요. 여건이 된다면 파티장에 가기 전에 그 사람을 미리 만나세요. 열광적이고 북적거리는 자리에 갈 때는 친구 한두 명을 미리 만나 같이 들어가는 편이, 그 친구들을 그곳에서 바로 만나는 것보다 한결 마음 편하게 해줄 거예요.

핑곗거리 만들기

파티가 시작되고 한 시간쯤 지난 뒤, 혹은 여러분에게 적절한 시간을 정해놓고 부모님이나 보호자에게 전화를 걸어달라고 말해두세요. 혹시 약속한 시간 전에라도 부담스러워 더는 못 견디겠으면 부모님이나 보호자에게 데리러와달라고 문자를 보내세요.

처음엔 가장자리에서

파티장에 막 들어왔을 때는 소음과 북적임에 적응할 시간을 가지세요. 처음엔 조금이라도 덜 시끌벅적한 파티장의 가장자리에서 친구들과 서성거리면서 시간을 보내세요.

안전지대에 머물기

초반에는 어울리는 범위를 소그룹의 친구들로 한정하거나, 한 사람하고만 얘기를 해보세요. 그 안전지대 밖에서 벌어지는 상황은 신경 쓰지 마세요. 주변 사람들의 행동이나 말에 신경 쓰지 말고 친구들에게 집중하면서 밖으로 나가기 전 스스로에게 적응할 여유를 주세요.

재충전을 위해 휴식 취하기

시끄러운 소리나 북적거림에 너무 압박감이 느껴지면 화장실 같은 조용한 공간으로 피해 긴장을 풀고 에너지 배터리를 재충전해보세요. 평온하고 조용한 공간에서 몇 분간 휴식을 취하는 것만으로도 놀라운 효과가 나타난답니다.

조금만 더 머물기

가끔씩은 그만 자리를 뜨고 싶더라도 30분만 더 있도록 노력해보세요. 그러다 보면 의외의 면을 가진 사람들과 이야기를 나누면서 불안을 넘어서고 재미있게 시간을 보내는 일도 생길 수 있어요.

⫸ 내게 맞는 모임을 열어보기

스스로 축하파티를 열 때는 남들이 하는 대로 따라해야 한다는 강박을 갖지 마세요. 친한 친구 몇 명과 어울리길 즐기는 편이라면 파티에 소수의 사람 몇 명만 초대하세요. 몇 사람끼리 친밀한 파티를 여는 게 창피해할 일은 아니에요. 실제로 그런 단출한 파티를 더 즐기는 사람들이 많답니다!

⫸ 취향이 같은 친구들과 모임 만들기

여러분이 파티나 많은 사람이 모인 자리에 끌려가기 질색하는 스타일이라면 취향이 같은 사람들을 초청해 모임을 만들어보세요. 친구 몇 명을 초대해 같이 피자를 먹거나 자전거를 타러 가는 식으로요. 친구들도 그런 느긋한 분위기의 모임에서 색다른 기분을 느끼며 재미있어 할지 모릅니다.

⫸ 약물 가까이 하지 않기

긴장을 풀기 위해 이런저런 물질에 기대지는 마세요. 스스로를 믿고 해로울 만한 사람들이나 상황을 멀리하면서 몸을 해치지 않도록 주의하세요.

⫸ 호기심과 인정을 잃지 않기

사람은 거의 누구든 흥미로운 인생사나 세계관을 가지고 있기 마련입니다. 처음 만난 사람과 어색하게 잡담을 나누는 순간이 오면 도전해보세요. 상대방이 관심을 쏟는 분야가 뭔지 알아내는 도전에 나서보세요. 아무리 말발이 뛰어나거나 위압감이 대단한 사람들도 나름의 내적 고통이 있습니다. 인간이기에 누구나 고통을 겪을 수밖에 없어요. 그 사람의 개인적 고통의 근원이 뭔지 끝내 알아내지 못한다 해도, 이런 식의 도전은 만나는 모든 이들에게 열린 마음과 인정 있는 태도를 보이도록 인격을 수양하는 데 도움이 됩니다.

파티에서 일찍 빠져나오는 법

비밀 통로 찾기

촛불과 함께 사라지기

선물로 변신

풍선 타고 날아 오르기

정중하게 작별인사

SNS 똑똑하게
사용하기

왜 SNS를 하는데도
불안할까

〃 다음의 상황을 상상해보세요. 지금 포근한 스웨터를 껴입고 옆에는 맛있는 간식을 가져다놓고 먹고 있습니다. 몸이 절로 움츠러들 만큼 흥미진진한 소설을 읽는 중이거나 좋아하는 프로그램을 연속으로 보며 다음 회를 내려받는 중일 수도 있겠죠. 〈파이널 판타지〉의 다음 판을 깨기 직전의 순간도 좋아요. 토요일 저녁이고 혼자만의 시간을 즐기고 있습니다. 다른 데 나가고 싶은 생각은 절대 없어요. 적어도… 띠링띠링 스마트폰 알람이 울리기 전까지는요!

인스타그램에 팔로워를 맺은 누군가가 제가 아는 사람들의 사진을 올렸는데, 다들 한바탕 흥겹게 노는 분위기 속에서 웃고 있어요. 그 사진을 보자 뱃속이 뒤틀리며 별의별 생각이 다 듭니다.

'쟤들 지금 뭐하고 노는 중이지? 다들 신나 죽겠다는 표정들이잖아? 월요일에 학교 가면 저 얘기들을 떠들어대겠지? 그런데 왜 나는 안 부른 거야?'

불과 1분 전만 해도 행복하고 편안했는데 갑자기 불안감에 휩싸입니다. 다들 밖에 나가 재미있게 놀고 있는데 나만 이렇게 집에서 혼자 조용히 있어도 괜찮은 걸까, 하는 생각이 듭니다.

이는 전형적인 FOMO, 즉 '고립 공포감Fear of Missing Out'의 순간입니다. 우리 내향형들은 대체로 보다 조용하고 친밀한 환경에 끌리는 성향이 있습니다. 자신의 안식처가 얼마든지 멋지거나 근사할 수 있다는 걸 잘 알지만, 같은 학교의 아는 애들이 페이스북에 요란한 파티 사진을 올려놓은 것을 보면 그런 데 함께 어울려야 '정상'일 것 같다는 생각에 휩싸이기 쉽습니다.

SNS는 따돌림받을까 봐 초조한 불안감을 더욱 부추기기도 합니다. 밤 시간을 조용히 보내는 것이 여러분 자신이 더 원하는 일인데도 온라인에서 남들이 토요일 밤을 어떻게 보내고 있는지 확인하면 자신의 생활방식에 의문이 들기 쉽지요. 한 예로, 학교에서 인기 있는 무리와 친하게 지내는 롤라의 사연을 볼까요?

롤라는 친구들을 정말 좋아하지만 직접 만날 때나 온라인상에서나 그 친구들이 자신에게 지금보다 더 사교적이 되길 바라는 마음을 느낄 때가 많았어요. 또 문자나 메신저 때문에 스마트폰 스트레스가 말도 못하게 컸죠. 다른 애들이 올린 게시물이 어서 들어와서 확인하라고, 그리고 어서 같이 끼라고 재촉하는 것 같았어요.

"그런 데 끼지 않으면 왠지 소외되는 기분이 들어요. 친구들이 인스타그램에서 잘생긴 남자애들한테 메시지를 보내는 거 보면 질투가 나기도 해요. 하지만 저는 그런 방식보다 직접 만나는 게 더 좋아요. 그런 면에선 제가 별난 편이죠. 직접 만나서 재미있게 놀고 싶어 하는 제가 구식인 것 같아요. 제 주변엔 저처럼 생각하는 애들이 별로 없어요. 저는 이런 SNS 활동에 껴서 애들과 어울리고 싶으면서도, 또 한편으로는 좀 비참한 기분이 들기도 해요. 보고 있으면 남들은 늘 재미있게 사는 것 같아서요."

고립 공포감을 차단하기

고등학교 최고 학년에 올라간 롤라는 이제 툭하면 FOMO에 빠지는 일이 없어졌다고 해요. 자신이 그런 SNS 활동 대신 선택한 방식이 더없이 행복하다면, 소외된 것 같아 서글퍼할 필요가 없다는 결론에 다다른 거죠.

사실, 롤라는 친구들과 다른 방식으로 활동하는 동안 그 친구들과 소통의 끈을 잇는 방법으로 SNS를 활용하는 요령도 터득했어요. 떨어져 있을 때 문자나 메신저를 주고받으면 유대감이 더 느껴져서 소외감이 덜했거든요. 이런 식으로 SNS를 활용하는 덕분에 롤라는 자신의 내향적 스타일을 지키면서도 친구들과 유대감을 느낄 수 있었어요.

예전처럼 FOMO가 불쑥 튀어나올 것 같을 때는 그 공포를 차단할 요령도 찾았다고 해요.

"제 방에서 빈둥거리면서 음악을 듣거나 혼자서 스케이트보드 연습이나 다른 뭔가를 하고 싶을 때는 아이폰을 방해 금지 모드로 해놓아요. 다른 활동을 해야 할 것 같은 기분이 들어 불안해질 일이 아예 없도록 차단시키는 거죠."

반면에 기숙학교에 다니는 내향적인 남학생 콜비는 SNS가 자신을 보호막 밖으로 끌어내주고 있음을 깨달았어요.

"저는 뭔가 계획을 짤 때면 대개 페이스북에서 그룹채팅으로 사람들과 이야기해요. 페이스북에 들어가서 사람들과 소통도 하고 만날 약속도 잡고 그래요."

콜비는 페이스북을 통해, 다른 식으로는 그런 파티가 열리는지 알지도 못했을 모임에 초대받기도 하고, 파티에서 만난 아이들과 친한 친구가 되기도 했어요. 콜비는 페이스북을 통해 누가 그 자리에 참석할지 알 수 있어서 좋대요. 그 파티에 가서 같이 어울릴 만한 친구가 있을지 미리 알 수 있으니까요. 말하자면 이런 식의 SNS 활용이 콜비의 사회생활에 문을 활짝 열어주고 있는 셈이었죠.

나와 같은 관심사를 가진 SNS 친구들

노아도 인스타그램, 스냅챗 등을 적극적으로 활용하고 있어요. SNS를 친구들 소식에 뒤처지지 않는 수단으로서만이 아니라 자신이 좋아하는 관심사, 그중에서도 특히 영화 쪽 관심사를 게시하고 공유하는 수단으로 활용하고 있죠.

"저는 외모나 매력을 과시하기 위해 SNS를 이용하는 시절은 졸업했어요. 이제는 제가 지금 미쳐 있는 관심사와 관련된 SNS 활동에 더 끌려요."

노아는 뒤이어 농담조로 이렇게 덧붙이기도 했어요.

"그리고 귀여운 동물 사진에도 정신을 못 차리죠."

노아의 말에는 일리가 있어요. 어떤 단체에 끼어 어울리길 꺼려하는 우리 같은 내향형에게는 온라인을 통해 관심사에 탐닉하는 쪽이 더 편할 수도 있어요. 앱과 인터넷이 주변 세계와 소통하는 좋은 방법이 되어주죠.

한 예로, 롤라는 텀블러에 자신의 콜라주를 게시했다가 잔뜩 올라온 답변을 보고 깜짝 놀랐고, 그 뒤로는 자기처럼 작품을 공유하는 일에 관심 있는 젊고 꿈 많은 사람들과 지속적으로 소통하고 있어요. 그런 식으로 만나게 된 전국 곳곳의 여자애들은 이제 일종의 펜팔 친구가 되어 온라인상에서 서로 영감을 나누고 있답니다.

혹시 동네나 학교에서는 흥미를 공유하는 사람이 아무도 없나요? 자신의 관심사에 대해 이야기를 나누거나 유용한 지식을 공유할 사람들을 만나고 싶은가요? 아니면 학교에서는 자신이 겪는 문제를 공감해줄 사람이 아무도 없는데 같은 입장에 처해 있는 사람들과 유대를 맺고 싶은가요?

제가 만나본 학생 중에는 일상적으로 외로움을 느끼다 온라인에서 자신과 비슷한 처지의 사람들이 모인 커뮤니티를 발견하고 위안을 얻은 경험을 털어놓은 학생들이 많았어요. 인종차별이나 왕따 등 자신들로선 정말 중요한 문제들을 마음 터놓고 솔직히 얘기하며 용기를 얻게 되었다면서요.

조용한 사람들에게 인터넷은 교실과는 달리, 말할 기회를 얻으려고 경쟁할 필요 없이 자신을 표현하기에 아주 좋은 공간이에요. 그뿐만 아니라 SNS는 인정받을 기회를 열어주기도 해요. 실제로 수많은 십대들이, 불안을 느끼거나 주변 사람들에게 제대로 인정받지 못한다고 느껴질 때 페이스북이나 인스타그램 같은 곳에서 '좋아요'를 얻으며 자신감을 북돋웠다는 경험담을 털어놓았어요.

물론 자신감을 '좋아요'나 리트윗 횟수에만 의존해선 안 되겠지만, 노아의 말처럼 같은 관심사를 공유하는 것은 기분 좋은 일이에요. 직접 얼굴을 맞대고 이야기하거나 활동하기가 수줍은 경우일수록 특히 더 그렇죠.

QUIET **2** POWER

SNS를 현실 관계로
이어가기

66 조용한 사람들은 온라인이나 SNS에서 보다 외향적인 성격을 보일까요? 실제로 수년 전부터 심리학자들은 사람들이 온라인상에서 현실 생활에서와 똑같이 행동하는지 아닌지 관심을 기울여왔어요.

그중 한 연구에서, 한 집단의 대학생을 대상으로 페이스북 프로필과 페이지를 분석해본 결과, 외향형이 더 많은 게시물과 사진을 올렸고, 더 많은 친구들을 보유하고 있었어요. 더 많은 사람들과 교류하고 있었고요. 반면에 내향형은 관찰자의 경향이 더 두드러졌어요. 다시 말해, 내향형과 외향형은 온라인상에서도 대체로 자신답게 행동하는 것으로 나타난 셈이죠.

제가 이야기해본 내향형들의 상당수가 온라인에 게시글은 별로 올리지 않지만 자주 들어가서 친구들과 수다를 떤다고 털어놨어요. 말하자면 내향형은 SNS를 현실 속 관계를 유지하거나 더 돈독히 다지는 방법으로 활용하고 있다는 얘기였죠.

2012년 어바인에 위치한 캘리포니아대학교에서 어느 과학자들이 십대들의 온라인 커뮤니케이션 활용 양상을 조사해 얻은 결과도 이와 비슷했어요. 126명의 고등학생에게 SNS를 통해 어떤 식으로 관계를 맺는지 알아보기 위한 질문을 던져봤더니, 대다수 학생들이 온라인 친구들과 오프라인 친구들이 동일한 것으로 나타났어요.

게임 속 가상 우정의 장단점

노아는 여기서 예외의 경우가 되겠지요. 온라인에서 전 세계의 사람들과 소통하며, 직접 만나지 않고도 새로운 친구를 사귀어온 경우니까요.

"저는 에버퀘스트EverQuest나 월드 오브 워크래프트처럼 수천 명이 동시에 접속해서 하는 게임 속에서 소통을 경험했어요. 저는 항상 게임 스토리나 창의적 요소에 끌리는 편이었는데, 그 점에서 게이머들끼리 유대감이 통했어요."

노아에게는 이런 우정이 학교 교실에서 나누는 우정보다 스트레스가 덜한 편이었다고 해요. 교실에서 아이들과 어울릴 때는 재미있고 쿨한 모습을 보여야 한다는 압박감을 느끼는데 온라인상의 우정은 그러지 않아도 되니 좋았대요.

온라인상에서 친구를 맺는 일에는 장단점이 있어요. 연구를 통해 밝혀진 바에 따르면, 이런 가상의 우정은 호의적이고 사기를 높여준다는 장점도 있지만 현실 세계에서 친구를 사귀는 데 방해물이 된다는 단점도 있어요.

온라인 전투게임을 하며 가상의 팀을 맺은 어느 열네 살의 소년 얘기를 해볼까요? 이 소년은 게임에서 같은 팀에 있는 애들을 자신의 절친으로 꼽았어요. 하지만 사실 팀의 아이들은 현실 세계 속 경험을 공유한 적이 한 번도 없고, 당연히 속얘기를 나눈 적도 없으며, 심지어 직접 만나볼 생각도 없는 사이였어요. 게다가 실명을 모르는 경우가 더 많았답니다.

온라인의 허상을 벗고
똑똑하게 활용하는 법

언제든 이 점을 명심하세요. 사람들이 온라인상에 올리는 삶들은 거의가 일상에서 걸러낸 장면이에요. 인스타그램에 올라오는 게시물을 생각해보세요. 온통 휴가 사진이나 맛있는 음식 사진, 파티장에서 활짝 웃으며 친구들에게 둘러싸여 있는 순간들이죠.

일요일 아침에 잠옷 차림으로 시리얼을 먹고 있는, 상대적으로 초라한 순간의 사진이 있나요? 아니면 외로움을 타거나 불안할 때, 말하자면 좀 더 나약한 순간의 사진은요? SNS에 비쳐진 모습을 통해서만 사람들을 사귀게 되면, 아무리 외향적인 경우라 해도 그 사람들 역시 여러분처럼 기운 빠지는 순간이 있다는 사실을 간과하기 쉬워요!

아동심리학자 에이미 예르미시Aimee Yermish가 아이들과 상담하며 교우 관계를 주의 깊게 살펴본 바에 따르면, 온라인 게임을 통해 맺어진 우정은 관계가 제한적이라고 해요. 온라인 친구는 부분적으로만 마음을 공유하기 때문이에요. 진정한 의미로 깊은 유대를 맺으려면 마주 앉아 과자를 먹고 수다를 떠는 개인적·사회적 교류도 필요하답니다.

그래서 예르미시는 학생들에게 '디지털' 우정을 맺을 때도 오프라인에서 우정을 맺는 방식과 똑같이 다가가라고 조언한대요. 오랜 시간을 함께 보내보며 진정한 친구가 될 만한 사람들을 찾으라고요. 페이스북에서부터 온라인 게임에 이르는 디지털 커뮤니티는 그 자체가 본질적으로 완전한 세상이 아니에요. 이런 커뮤니티는 현실 세계에서의 유대를 더 돈독히 다지는 하나의 방법으로 생각하는 편이 좋아요.

솔직히 인터넷은 누구에게나 개방되어 있는 탓에 제멋대로 무례하게 구는 사람도 많고, 질이 안 좋은 사람이나 범죄자들도 많습니다. 그 때문에 온라인에서는 항상 말을 조심하고, 잘 모르는 사람을 선뜻 믿어서는 안 돼요. 이런 문제라면 이미 부모님과 선생님들에게 여러 가지 주의의 말을 들어왔을 것 같아 설교를 늘어놓고 싶지 않지만, 다음의 주의사항 몇 가지는 꼭 당부해두고 싶어요.

온라인에서는 알려줘도 되는 정보와 알려줘선 안 되는 정보를 구분해야 해요. SNS에 올린 사진이나 동영상은 여러분의 동의 없이도 공유될 가능성이 있다는 점을 잊어선 안 돼요. 모르는 사람, 혹은 반 친구가 보면 곤란할 만한 사진을 문자나 메신저로 전송하지 않도록 조심하세요. 여러분의 온라인 페르소나가 아무리 화려하고 자랑스럽더라도 안전 문제에는 언제나 주의를 기울이며 즐겨야 한답니다!

팔로워가 많다고 좋은 것만은 아니에요

보통은 자신의 인스타그램 팔로워 수를 다른 사람과 비교해보게 되지요. 저도 중학생 때 그런 것 때문에 불안감을 느끼기도 했어요. 사람들은 인스타그램, 페이스북 같은 활동 밖에서도 자신의 친구 수에 예민해질 때가 많아요.

과학자들이 대학생들을 대상으로 실시한 한 인터넷 조사에서는, 친구가 많은 학생들이 자기 삶에 만족하는 경향이 높은 것으로 나타났어요. 이런 학생들은 페이스북의 친구들 덕분에 자신들이 사회적으로 더 지지를 받고 있다고 믿기도 했어요.

하지만 뉴햄프셔주의 십대 소년 로비는 여기에 다른 관점을 가지고 있었어요. 친구와 팔로워 수는 그냥 학교에서 늘 벌어지는 인기 경쟁의 가상 버전이나 다름없다고요. 더 깊이 있고 친밀한 유대를 중요시하는 로비 같은 아이에게는, 그런 숫자가 아무 의미 없었어요. 로비에게 친구란 승리감과 빵 터지는 농담만이 아니라 실패와 좌절까지 공감할 수 있는 사람이니까요.

우리가 이야기를 나눠본 조용한 아이들의 상당수는 친구 수에 대한 로비의 관점에 공감하면서도 여전히 앱과 온라인에서의 커뮤니케이션을 중요하게 여겼어요. 생각해보세요. 목소리를 내는 일이 늘 편하지만은 않은 사람들로선 편하게 목소리를 낼 만한 이런 플랫폼이 존재한다는 게 정말 끝내주는 일 아닐까요?

로비도 중학생 때는 너무 생각이 많거나, 흉잡힐까 봐 불안한 나머지 대화 중에 농담을 툭툭 던지지 못했어요.

"더 어렸을 때는 여러 친구들과 어울리면서 누군가 재미있는 말을 하면 저도 뒤이어 대꾸할 재밌는 말을 생각해내곤 했어요. 하지만 이런 생각이 들어 선뜻 말을 못했어요. '이 말을 해도 괜찮을까? 이상하게 들리지 않을까?' 그러다 보면 말을 꺼낼 타이밍을 놓치기 일쑤였죠."

로비는 농담을 곰곰이 생각해볼 시간 여유가 충분했을 때 정말로 재미있는 사람이 될 수 있었고, 덕분에 문자나 페이스북 채팅으로 친구들에게 곧잘 재치 있는 답변을 보냈어요. 어떤 면에선, 온라인에서 더 외향적이 되고 자신감도 높아지는 것 같아 기분이 짜릿했어요.

"스마트폰 화면 위로 나열된 캐릭터들만 보면서 대화할 때가 정말 편했어요."

로비는 친구들에게 자신의 생각을 제대로 밝히는 한편, 평상시에는 제대로 보여주지 못하던 자신의 또 다른 면을 보여줄 수도 있었어요. 하지만 로비가 정말로 원했던 건 현실 세계에서, 친구들과 마주한 자리에서 곧장 그런 농담을 내뱉는 일이었어요. 그래서 SNS에 들어가는 시간을 점점 줄여보기로 결심했어요.

"더 어렸을 때는 페이스북과 인스턴트 메신저를 이용해 농담을 던졌지만 그런 것에 의지하다 보면 거기서 더 이상 나아가지 못하는 지경이 돼요. 저는 사람들이 진짜 제 모습이 아닌 다른 모습으로

저를 보는 것도 싫고, 제가 사람들을 진짜 그들의 모습이 아닌 다른 모습으로 보는 것도 싫어요."

온라인에서 쌓은 자신감 현실에서 활용하기

로비는 온라인에서의 자신처럼, 현실 세계에서도 자신감 넘치고 위트 있는 사람이 되기로 마음먹었어요. 밴드에 들어가 사람들 앞에서 연주를 하면서 자신감을 얻은 경험은 그런 노력에 큰 도움이 되었지요. 마트에서의 아르바이트도 큰 도움이 되었고요.

로비는 고등학교 최고 학년에 올라가기 전 여름, 동네 마트에서 계산하는 일을 했어요. 하루 종일 고객들과 잡담을 나눠야 하는 일을 하면서 자신감이 붙었다고 해요.

"하루에 백 번은 잡담을 나눈 것 같아요. 그런 대화를 무지무지 불편해했던 제가 말이에요."

로비는 이 일로 반복의 힘을 체험했다며 이렇게 말했어요.

"단지 의지력만으로는 자신감이 늘지 않아요. 연습이 중요해요."

하지만 전형적인 내향형인 로비는 이런 식의 교류를 나누고 나면 정신적으로 크게 피곤해서, 자기 방으로 들어가 잠시 음악을 들으며 긴장을 풀어야 했대요. 물론, 페이스북도 꾸준히 체크하면서요.

사람들은 저마다 SNS를 다르게 활용해요. 사람에 따라 SNS를 좋아할 수도 있고 질색할 수도 있고요. 그러니 만약 불편함을 느낀다면 온라인 공간에 활발히 참여하지 않아도 됩니다. 수줍음이 많은 편인 내향형에게는 다른 사람들과 얼굴을 마주보지 않고도 소통 가능한 인터넷이 이상적인 기회를 제공하기도 해요. 하지만 현실 세계에서 사람들과 어울리는 것을 진정한 소통으로 느끼는 사람들도 있어요.

다만, 이 점은 잊지 마세요. 여러분이 오프라인에서 어떤 사람이든 간에 그 오프라인 자아는 온라인 자아 못지않게 중요해요. SNS의 낯설고 매혹적인 세계를 항해하는 데 도움이 되길 바라는 마음에서, 지금부터 몇 가지 조언을 해줄게요.

프라이버시 지키기

SNS 프로필을 비공개로 설정해서 여러분과 친구들만 볼 수 있게 해놓으세요. 그렇게 하면 더 안전할 뿐만 아니라 인터넷에서 거북한 경험을 할 가능성이 줄어들기도 해요. 현실 세계에서 소그룹으로 어울리길 좋아한다면 인스타그램과 페이스북 커뮤니티에서도 소그룹으로 활동해도 괜찮아요.

현실 속 친구들을 소중히 여기기

운이 좋아서 온라인에서 진정한 우정을 맺게 되더라도 현실 속 우정을 소홀히 하지 않으면서 균형을 잘 잡아주세요. SNS는 새로운 우정을 맺기보다는 기존의 우정을 돈독히 다지는 데 더 유용할 때가 많아요.

자신을 표현하기

SNS의 가장 큰 매력 중 하나는 생각이나 아이디어, 예술작품, 사진, 동영상 등을 다른 사람들과 공유하기 쉽다는 점이에요. 실제로 수많은 내향형들이 온라인에서는 더 쉽게 '경청받는' 느낌을 얻기도 해요.

자기계발에 활용해보기

인터넷은 아주 광대해서 상상 가능한 온갖 주제와 관련된 자료와 커뮤니티들이 넘쳐나는 공간이에요. 이렇게 훌륭한 자원인 인터넷을 활용해 여러분의 관심사와 열정을 탐구하고, 관련 정보를 얻고, 관심사가 같은 사람들과 소통하며 즐거움을 누려보세요.

미디어 브레이크를 정할 것

롤라는 가끔씩 스마트폰을 방해 금지 모드로 해놓는데, 그러면 창의적이 되고 마음이 평온해진다고 해요. 한 시간쯤 스마트폰 없이 보내는 것도 나쁘지 않은 일인 데다, 사실상 건강에 좋기도 해요. 여러 연구에서 밝혀진 바에 따르면, 잠들기 전에 잠깐이라도 스마트폰 등의 화면을 멀리하면 더 깊은 잠에 들 수 있고, 다음 날 집중력도 좋아진다고 해요.

CHAPTER 8

내향형과 외향형,
최고의 파트너

내향형과 외향형이 만나
세상을 혁신시키다

" 1975년 3월 5일 추운 저녁, 추적추적 비까지 내리던 그날, 캘리포니아주 멘로 파크Menlo Park 어느 차고에 30명의 엔지니어가 모여들었어요. 홈브루 컴퓨터 클럽Homebrew Computer Club이라는 이름으로 뭉친 엔지니어들의 첫 번째 모임이었지요. 이들은 일반인도 이용 가능한 컴퓨터를 만들자는 목표로 의기투합했어요.(당시로선 아주 야심찬 일이었답니다. 이때만 해도 컴퓨터는 속도가 매우 느린 데다 지프차만큼 커서 대학과 기업체가 아니면 사용할 엄두를 못 냈으니까요.)

휴렛팩커드에서 계산기 설계자로 일하는 한 청년이 차고 안으로 걸어 들어왔어요. 어깨까지 내려오는 긴 머리에 안경을 끼고 갈색 턱수염을 기른 스물네 살의 청년은 비슷한 관심을 가진 사람들과 한자리에 모이는 게 기뻤지만, 차고 안의 누구에게도 말을 걸지 않았어요. 사실, 너무 수줍음이 많아서 말을 못 걸었던 거예요.

사람들이 얼마 전 잡지 〈파퓰러 일렉트로닉스Popular Electronics〉의 표지를 장식했던 '앨테어Altair 8800'이라는 새로운 조립식 컴퓨터에 대해 감탄을 늘어놓는 동안에도 조용히 듣고만 있었어요. 사실, 앨테어 8800은 진정한 의미의 '퍼스널 컴퓨터'(PC, personal computer)는 아니었어요. 비 오는 수요일 밤에 차고에 모여 마이크로칩이 어쩌니 저쩌니 하며 떠들어대는 사람들이나 푹 빠져들 만한 컴퓨터로, 일반인은 사용하기 힘들고 불편한 점이 많았죠.

고독에서 탄생한 애플 컴퓨터

이 청년의 이름은 스티븐 워즈니악Stephen Wozniak이었고 이날 앨테어에 대한 얘기를 들으며 그야말로 전율을 느꼈어요. 그는 세 살 때부터 전자공학 쪽에 강한 흥미를 느꼈고, 열한 살 때 우연히 최초의 컴퓨터 에니악ENIAC에 대한 기사를 본 이후로 줄곧 하나의 꿈을 품어왔어요. 그것은 바로, 아주 작고 사용하기 쉬워서 가정에서도 쓸 수 있는 컴퓨터를 만드는 것이었어요.

그날 밤 집으로 돌아온 워즈니악은 처음으로 PC 디자인을 스케치해봤어요. 현재 우리가 사용하는 방식과 유사한 키보드와 스크린을 갖춘 컴퓨터 디자인을 스케치하면서, 그는 오랜 꿈이 곧 실현될 것만 같은 느낌이 들었어요. 3개월 후, 워즈니악은 드디어 그 기계의 시제품을 만들어냈어요. 그리고 10개월 후에는 스티브 잡스와 함께 애플 컴퓨터를 공동 설립하게 되었죠.

굳이 말하지 않아도 알 테지만 애플은 아이폰, 아이패드, 맥북 등의 제품을 만들어낸 기업입니다. 스티브 잡스는 캘리포니아주의 실리콘밸리에서 기탄없이 의견을 밝히던 인물이었고, 마침내 애플을 대표하는 얼굴로까지 부상하게 되었어요. 그는 프로그래머로서의 천재성뿐만 아니라, 예리한 사업가적 직관과 카리스마 넘치는 프레젠테이션으로도 유명했어요. 하지만 애플이라는 기업은 잡스와 워즈니악의 파트너십에서 탄생한 것이었어요. 무엇보다도, 워즈니악은 애플 최초의 컴퓨터를 (조용히, 무대 뒤에서) 발명한 사람이랍니다. 한 사람은 내향형이고 또 한 사람은 외향형인 완전히 다른 유형의 성격을 가진 두 사람이 의기투합해 애플을 키운 거예요!

최초의 PC를 세상에 내놓기까지 어떤 일들이 있었는지 풀어놓은 워즈니악의 글을 읽다 보면 유독 인상적인 부분이 있어요. 그가 줄곧 혼자 작업했다는 점이에요. 워즈니악은 대부분의 작업을 휴렛팩커드 사무실의 칸막이 안쪽에서 했어요. 오전 6시 30분경 아무도 없는 회사에 출근해 혼자 엔지니어링 관련 잡지를 읽고, 마이크로칩 책자를 검토하고, 머릿속으로 설계를 구상했어요.

퇴근하고 집에 돌아오면 후다닥 식사를 마친 뒤 차를 몰고 다시 사무실로 나와 밤늦도록 작업했어요. 워즈니악에게는 이렇게 조용한 밤 시간과 고독한 새벽 시간이 경이롭고 활력 넘치는 시간이었어요. 그리고 그 노력은 1975년 6월 29일 오후 10시경, 자신이 구상한 기계의 시제품을 완성함으로써 결실을 맺게 되지요. 워즈니악이 키보드의 키 몇 개를 두드리는 순간, 눈앞의 스크린에 글자들이 뜬 거예요. 그런데 꿈에서나 만날까 말까 한 어마어마하고 획기적인 그 순간에도 워즈니악은 혼자였답니다. 보통 사람들 같으면 그런 멋진 순간에 친구들과 기쁨을 나누며 축하하는 자리를 갖고 싶어 했을 테지만, 그는 고독을 더 좋아했어요.

그의 발명은 IT 업계에 엄청난 변화를 가져왔어요. 뿐만 아니라, 그의 뛰어난 발명품을 주축으로 삼아 기업을 만들고 싶어 했던 외향형의 한 인물과 파트너십을 맺으면서 대중의 눈길도 끌게 되었어요. 모두가 인정하듯이 스티브 잡스가 없었다면 애플은 존재하지 못했을 거예요. 하지만 반대로, 스티브 워즈니악이 없었더라도 지금의 애플은 존재하지 못했을 겁니다.

QUIET **2** POWER

서로 다른 방식으로
활약하기

> 두 스티브가 만나 혁신을 만든 것처럼 자신과 성향이 반대인 사람과 파트너가 되면 때때로 굉장한 힘을 발휘할 수 있답니다. 앞서 말한 데이비스의 8학년 학생회장 선거 때 치어리더인 사촌 제시카가 큰 힘이 된 것처럼요. 또 다른 사례도 있어요. 맨해튼의 사립 학교에 다니던 제임스와 브라이언이 힘을 모아 학생회장 선거에서 이긴 사례인데, 지금부터 그 자세한 얘기를 들려줄게요.

제임스는 어릴 때부터 혼자 노는 걸 좋아했어요. 그렇다고 해서 제임스가 사회성이 떨어지는 아이였던 것은 아니에요. 오히려 친구들이 많은 편이었어요. 다만, 포켓몬 카드와 장난감을 가지고 놀면서 혼자만의 조용한 시간을 가지고 싶어 했지요.

그러다 초등학교에 입학해 축구팀에서 센터백과 경기 중의 수비 지도 역할을 맡게 되었는데, 이 역할이 제임스에게는 잘 맞지 않았어요. 수줍음 때문에 팀원들에게 큰 소리로 지시를 내리기가 쉽지 않았거든요. 감독님이 더 크게 말하라고 격려해주었지만 아무리 노력해도 흡족할 만큼 큰 소리가 나오지 않았어요.

제임스는 세 살 때부터 쭉 같은 학교에 다녔어요. 성적은 아주 좋았지만, 성적표에는 축구장에서 뛸 때 자주 들었던 말처럼 '더 크게 말할 필요성이 있다'는 의견이 자주 적혀 있었어요. 하지만 중학교 졸업식에서 제임스가 자신을 발전시킬 나름의 방법을 찾도록 자극을 주는 어떤 계기가 생겼어요.

가족과 친구들이 큼지막한 텐트 아래에 모여 있던 그날 졸업식에서 선생님들이 과목별로 우수상을 받을 학생들을 발표할 때였어요. 제임스는 그해에 프랑스어 성적이 매우 좋다는 사실을 알고 있던 터라 프랑스어 최우수 학생으로 자기 이름이 호명돼도 그다지 놀라지 않았어요. 하지만 몇 분 뒤 또 자기 이름이 나오는 걸 들었어요. 이번엔 역사 과목의 최우수상 수상자였어요.

"저는 '상을 두 개씩이나?'라고 생각하며 깜짝 놀랐어요."

놀라기는 급우들도 마찬가지였어요. 대부분 제임스와 10년 동안 알고 지내온 사이였는데도, 제임스가 그렇게까지 공부를 잘하는지 몰랐거든요. 아이들은 다가와서 축하해주며 이렇게까지 공부를 잘하는지 몰랐다고 솔직히 말하기도 했어요.

그렇게 인정을 받고 나자 제임스는 자신감이 북돋워져서 조금 더 큰 꿈을 품게 되었어요. 고등학교에 들어가면 긍정적 변화를 위해 나서는 것은 물론이고 지역 봉사 활동에도 더 적극적으로 참여하고 싶다는 꿈이었죠. 그리고 꿈을 이루기 위한 가장 좋은 방법은 학생회장에 출마하는 일 같았어요.

말하지 않아도 짐작이 갈 테지만, 학생회장 출마는 생각만으로도 겁이 나는 일이었어요. 초등학교 축구팀에서 수비를 리드하는 일도 거북해하던 제임스였으니, 겁이 날 만도 했죠. 그것도 머리가 굵고 의욕 넘치는 고등학교 학생 전체의 대표 자리라니, 정말 또 다른 차원의 도전이었어요.

그런데 제임스는 자신의 계획과 관련해서 좋은 정보를 얻게 되었어요. 제임스가 들어간 고등학교는 공동 학생회장을 뽑기 때문에 회장직에 출마하려면 러닝메이트, 즉 공동 출마자를 찾아야 한다는 얘기였어요.

그렇게 해서 찾게 된 러닝메이트가 바로 브라이언이었어요. 브라이언은 유치원 때부터 제임스와 같은 학교에 다녔지만 둘이 친구 사이가 된 지는 얼마 되지 않았어요. 함께 여름 캠프에 참여했다가 호숫가에서 만나 운동이며 여자애들, 인생에 대한 이야기를 하나둘씩 풀어놓으면서 친해졌죠. 그 뒤로 9월부터는 같이 점심도 먹고, 방과 후에 온라인으로 수다도 떠는 사이가 되었어요.

브라이언은 전부터 쭉, 제임스를 인기가 많은 애로 여겼어요. 운동을 잘하니까 인기가 있어 보였거든요. 반면에 자신은 범생이 같은 부류로 여겼어요. 공을 차고 여기저기 누비기보다는 〈내셔널 지오그래픽〉 같은 걸 끼고 다니는 스타일.

그렇게 범생이 쪽에 가까운 브라이언이 운동을 잘하는 제임스보다 수줍음이 더 많을 것 같지만, 실제로는 전혀 그렇지 않았어요. 브라이언은 시선을 받으면 활력을 얻는 사람이었어요. 수업 중에는 손을 번쩍번쩍 잘 들었고, 많은 아이들 속에 있을 때는 리더 역할을 자처했어요.

브라이언과 제임스는 거의 모든 면에서 달랐어요. 덩치만 봐도 브라이언은 키가 쑥쑥 커서 곧 제임스보다 20센티미터는 더 커질 기세였어요. 그리고 말하는 걸 아주 좋아했어요. 제임스가 졸업식 때 우수상을 받았다면, 브라이언은 졸업생 연설 대표자로 뽑혔어요. 이처럼 브라이언이 스포트라이트를 열망했던 반면, 제임스는 뒤에서 조용히 활동하길 더 좋아했어요.

어느 시점부터 두 사람은 학생회장 선거를 자주 화젯거리로 삼게 되었고, 그렇게 얘기를 나누는 사이 서로가 서로에게 환상적인 러닝메이트라는 감이 점점 강하게 들었어요.

그러나 제임스에게 선거 과정은 두려운 일이었어요. 제임스는 학교가 지역 봉사 활동을 확대하길 바라는 희망으로 출마를 결심한 터라, 공약을 이미 짜둔 상태였어요. 하지만 표를 달라고 호소하며 학생들을 찾아다녀야 한다고 생각하니 스트레스가 밀려왔어요. 지지의 호소가 건방지거나 위선적으로 들릴까 봐, 자신이 단지 스펙을 쌓아 좋은 대학에 들어가려는 의도로 출마한 것으로 오해받을까 봐 걱정되었어요.

하지만 끈기 있게 노력을 이어가는 사이에 분명해졌다시피, 그런 것들은 정말 괜한 걱정이었어요. 제임스가 한 번에 한 학생씩 붙잡고, 아니면 가끔씩 소그룹으로 학생들을 모아놓고 자신의 공약을 이야기하면 다들 귀 기울여 들어주었어요. 제임스가 감명을 주려고 일부러 애쓰지 않았는데도 어느새 정직하고 열정적인 후보로 평판을 얻었어요.

급우들은 제임스를 신뢰했고, 제임스가 뭔가를 말하려 할 때는 흥미로운 얘깃거리가 있어서일 거라고 생각하게 되었어요. 더군다나 누가 봐도 제임스는 단지 주목을 끌려고 선거에 나온 게 아니었어요. 심지어 주목받기를 그다지 좋아하지도 않았으니까요! 제임스는 진정성 있는 마음으로 학생회의 책무를 떠맡을 각오로 출마할 뿐이었어요.

제임스는 이루 다 기억할 수도 없을 만큼 수도 없이 연설 연습을 했어요. 자신이 외향적인 러닝메이트와는 달리, 앞에 나서서 술술 말을 이어갈 수 있는 사람이 아니라는 점을 의식해서였죠. 무대로 걸어갈 때는 겁이 나서 간이 콩알만 해졌지만 일단 연설을 시작하면 점점 편해졌어요.

"청중이 좋은 반응을 보이기 시작하면 속으로 생각했어요. '내가 해냈어!'라고."

결국 둘은 선거에서 승리하며 짜릿한 전율을 느끼게 되었어요.

각자 잘하는 것이 있어요

하지만 브라이언은 활동 초반에 자신의 조용한 파트너를 이해하기 힘들어 애먹었어요. 두 공동 학생회장은 학생들이 서로의 아이디어를 공유하고 여러 가지 구상에 대해 논의할 수 있도록 일종의 내각 회의를 구성했어요. 제임스와 브라이언은 본회의가 열리기 전에 의제를 논의하기 위해 미리 만나곤 했는데, 제임스는 이런 둘만의 회의 자리에서는 이런저런 아이디어를 잘도 쏟아내면서 모두가 탁자 앞에 모이는 전체 회의 자리에서는 사람이 달라졌어요. 브라이언은 대체로 탁자 상석에 앉아 대화를 주도하고 적극적으로 토론을 유도했지만 제임스는 꿀 먹은 벙어리가 되었답니다.

다른 애들은 제임스에게 어떤 의견이 있는지, 더 보탤 말은 없는지 물어보기 시작했고, 브라이언은 슬슬 친구가 못 미더워지기 시작했어요.

"짜증이 나서 좀 더 적극적으로 참여했으면 좋겠다고 몇 번을 말

했지만, 가만히 지켜보니 더 적극적으로 참여하고 말을 더 많이 하는 건 중요한 문제가 아니었어요."

시간이 지나면서 브라이언은 제임스가 자기와는 다른 방식으로 학생들과 교류하고 있다는 걸 눈치 챘어요. 제임스는 학생들과 개별적으로 이야기하는 쪽에 더 노력을 쏟았어요. 다른 학년 학생이나 다양한 무리의 학생들과도 두루 이야기를 나누고 있었고 그들은 미처 생각하지 못했던 아이디어를 제안하는 경우가 많았어요. 제임스는 그런 의견들을 브라이언과의 개별 회의 자리에서 꺼내놓았어요.

그 한 예가, 브라이언이 지역 봉사 활동에 전적으로 매진할 수 있도록 '수업 없는 날'을 만들자고 밀어붙였을 때의 일이었어요. 내 각회의에 참석한 학생들은 브라이언의 제안에 서로 엇갈린 반응들을 보였어요. 그런데 당시 제임스는 어떤 남학생과 수업 축소안을 놓고 얘기를 해오던 참이었어요. 그 학생은 과도한 경쟁에 시달리는 학생들이 성적을 더 잘 받으려고 기를 쓰거나, 공부 외에 봉사나 동아리처럼 수업의 연장에 있는 활동 말고 그냥 편히 긴장을 풀 만한 하루를 갖고 싶다는 의견을 냈어요. 이런 내용에 공감한 제임스는 이 안으로 같은 학년 아이들의 의기투합을 이끌어내자고 브라이언에게 제안했어요.

브라이언이 이 발상을 내각회의로 가져가서 건의하자, 이번에는 다들 동의했어요. 이때 브라이언은 제임스가 자신과는 다른 역할을 해내고 있음을 깨달았어요. 회의에서 소리 높여 말한 적은 없지만 그룹 회의에서도, 학교 복도에서도, 제임스는 늘 학생들의 의견을 귀담아듣고 있었던 거죠.

그러한 경험이 쌓이면서 브라이언은 자신의 조용한 파트너를 더 깊이 이해하게 되었어요. 브라이언은 당시를 떠올리며 이렇게 말했어요.

"저는 아주 어릴 때부터 늘 가장 먼저 얘기하고 적극적으로 나서서 행동하는 게 편했어요. 그래서 제임스도 리더 역할을 제대로 하면서 목소리를 좀 내고 능동적으로 나서기를 바랐어요. 그런 방식이 그 친구에게 잘 맞지 않는다는 사실을 이해하기까지는 시간이 좀 걸렸죠. 제임스에게 그런 역할은 불편할 뿐더러 적성에도 맞지 않았어요. 그의 스타일이 아닌 거죠."

브라이언과 제임스가 공동회장으로서 함께 일하는 날이 늘어날수록 점점 확실히 드러났다시피, 두 사람은 서로의 차이에도 불구하고가 아니라 서로 정반대였던 덕분에 학생회장직을 잘 수행해나갈 수 있었어요.

"그 친구가 저와 비슷했다면 저희는 그렇게까지 잘해내지 못했을 거예요. 저는 제임스가 바뀌길 바라지 않았어요. 서로의 우정과 협력의 관점에서 볼 때 제임스의 내성적이고 조용한 측면은 저에게도 득이 됐거든요."

성격에는 옳고 그른 게 없어요

성격에는 옳고 그른 것이 없어요. 저는 아이들과 어른들을 막론하고 조용한 사람들을 높게 평가하고 있어요. 이런 사람들은 평소에 과소평가당하기 일쑤지만, 내향형과 외향형 모두 저마다 강점이 있다는 사실은 아무리 강조해도 지나치지 않아요. 그리고 우리 같은 내향형은 파트너를 이룰 때 단순히 영향력이나 생산성을 높이려는 이유만 가지고 짝을 골라서는 안 돼요. 내향형은 환상적인 우정을 맺을 수 있는 잠재성도 충분히 갖추고 있으니까요.

제 경우엔 어릴 때부터 줄곧 외향적인 친구들을 사귀었어요. 그렇게 다른 유형의 사람들과 친해지면서 생각이 더 성숙해질 수 있었고, 스스로를 안전지대 밖으로 밀어내는 경험을 해보며 크게 성장할 수 있었어요. 외향적인 브라이언도 제임스와의 관계에서 바로 그런 유리한 점을 알아봤어요.

"제임스 같은 애를 친구로 둔다는 것은 기분 좋은 일이에요. 저는 편안하고 느긋한 시간을 갖고 싶으면 언제든지 그렇게 할 수 있어요. 제임스를 만나 탁구를 치고 이야기를 나누면서 몇 시간씩 그냥 빈둥거리면 되거든요."

상반된 친구끼리
장점 배우기

66 제임스와 브라이언처럼 서로 음과 양이 되는 짝을 만나 내향형과 외향형이 아주 강력한 파트너십과 우정을 맺을 수 있는 관계임을 직접 느껴보세요. 생각이 같은 친구들과 있으면 아주 편안할 테지만, 완전히 다른 사람들과 어울리는 것도 그에 못지않게 즐거울 수 있어요. 때로는 더 흥미진진할 때도 있죠. 뿐만 아니라 배울 것도 아주 많답니다!

그레이스도 정말 그렇다는 것을 느꼈다며 이렇게 말했어요.

"제 베스트 프렌드 둘은 무지무지 외향적이에요. 그 애들은 점심

시간에 탁자 이리저리로 옮겨 앉으며 여러 무리의 애들과 같이 앉아서 밥 먹기를 좋아해요."

그레이스는 처음엔 자신이 없어서 그런 일은 엄두도 못 냈어요. 애들이 자기를 어떻게 생각할지 걱정이 많았고, 특히 무엇보다 자신의 조용한 성격이 늘 마음에 걸렸어요. 하지만 그 친구들 덕분에 많은 아이들과 친하게 지내는 일이 더 편해졌다고 해요.

"외향적인 친구들 덕분에 더 많은 애들과 가까워졌어요. 그 애들은 언제 만나도 활기가 넘쳤죠. '우리 수영장 가자! 도서관 가자! 쇼핑몰 가자!' 그렇게 여기저기 잘도 돌아다녔어요."

하지만 이런 우정은 일방적인 것이 아니었어요. 두 여자아이는 그레이스를 보려고 일부러 찾아다녔고 어느새 그레이스와 친구가 되었어요. 그레이스가 자신들과 많이 달랐지만 같이 있으면 기분이 좋았기 때문이었죠. 엄청 떠드는 편이었던 두 여자아이는 조용한 생활의 좋은 점을 알게 되면서 조금씩 변하기도 했어요. 두 아이의 부모님은 그레이스의 어머니에게 그레이스 덕분에 딸들이 집 안에 얌전히 있을 줄도 알게 되어 좋다고 얘기했지요. 그레이스가 없었으면 넘치는 에너지를 주체 못해 온 우주를 쑤시고 다녔을지 모른다며, 기분 좋은 농담까지 했어요.

다음이 그 실제 일화예요. 7학년의 어느 날 저녁이었어요. 여자애들 여럿이 밖에 놀러 나가자고 했는데 그레이스는 그냥 집에 있겠다고 말했어요. 그날 저녁은 느긋이 쉬어야 할 필요가 있다는 느낌이 들었기 때문이죠. 그런데 모두가 놀랄 만한 상황이 벌어졌어요. 그 무지무지 외향적인 친구 중 한 명이, 그러니까 호시탐탐 밖에 나갈 기회만 노리던 애가 자기도 그레이스처럼 집에 있기로 마음먹은 거예요. 그 애는 다른 여자애들에게 자기는 안 나가겠다며 이렇게 말했대요.

"난 그레이스랑 같이 있을래."

정반대인 상대에게 끌리는 건 자연스러운 일이에요

소아과 의사 마리앤 쿠주야나키스Marianne Kuzujanakis에 따르면 청소년들이 자신과 정반대인 상대에게 끌리는 이유는, 상대가 자신에게 없지만 동경하는 자질을 가지고 있기 때문이래요. 쿠주야나키스는 자기가 잘 알고 있는 아홉 살짜리 내향적인 남자아이의 얘기를 들려주었어요.

남자아이는 어느 외향적인 여자아이와 아주 친한 친구로 지냈어요. 남자아이는 여자아이의 활달하고 에너지 넘치는 성격이 좋았고, 사람들에게 스스럼없이 다가가 말을 거는 붙임성을 부러워하기도 했어요. 반대로 여자아이도 그 우정을 통해 얻은 게 많았어요.

"여자아이는 이 남자아이를 가만히 지켜보다가, 조용히 있는 것도 나쁘지 않다는 것을 깨닫게 되었고 그 아이의 차분함을 좋아했어요."

두 단짝은 태극권 수업을 같이 받았는데 심지어 그런 환경 속에서도 서로의 다른 강점들을 발견했어요.

"여자아이는 남자아이가 명상을 어쩜 그렇게 자연스럽게 잘하냐며 신기해했고, 남자아이는 여자아이가 같이 수업을 받는 아이들 누구와도 쉽게 어울리는 것을 신기해했죠."

몇 년 전에는, 에이브릴 손Avril Thorne이라는 심리학자가 내향형과 외향형의 사회적 교류를 알아보는 실험을 했어요. 두 유형의 전화 통화 방식에 주목한 실험이었죠. 내향형과 외향형의 젊은 여성들이 반반씩 섞인 52명의 실험 참가자들은 서로 짝을 이루어 대화를 나누었어요.

대다수 사람들이 내향형은 항상 조용할 것으로 넘겨짚지만, 이 조사에서 밝혀진 바에 따르면 내향향도 외향형만큼이나 얘기를 많이 했습니다.(이 점에 관해서라면 제 고등학교 친구 한 명도 선뜻 증명을 해줄 거예요. 우리는 밤마다 전화통을 붙잡고 몇 시간씩 수다를 떨곤 했으니까요.)

이 실험을 통해 밝혀진 것을 보죠. 내향형이 다른 내향형과 얘기를 나눌 때는 한 가지 또는 두세 가지 정도의 주제에 깊이 파고들어 집중하는 경향을 보였어요. 반면에 외향형이 다른 외향형과 짝이 되었을 때는 하나의 주제에 파고들지 않고 온갖 주제를 가져와 얼버무리는 경향이 있었어요.

그런데 정말로 흥미로운 부분은 내향형과 외향형이 짝을 이룬 경우였어요. 두 유형의 참가자 모두 이 조합의 대화가 가장 즐거웠다고 밝혔어요. 말하자면 자신과 정반대 성향의 사람과 나누는 대화를 더 좋아했다는 얘기죠. 실험에 참가한 내향형 여성들은 수다스러운 외향형과 대화할 때 쾌활하고 재미있다고 느꼈고, 외향형 여성들은 내향형과 나누는 대화가 좀 더 진지하고 깊이 있다고 느꼈어요.

외향형
친구 만들기
QUIET POWER

내향형과 외향형은 서로를 보며 나에게 없는 부분을 배우는 것뿐만이 아니라, 서로에게 균형을 잡아주기도 해요. 여러분과 성향이 다르고, 보다 외향적인 사람들과 친해질 때는 다음의 팁을 참고해보세요.

나의 가치 인정하기

여러분보다 더 활달한 아이들과 친해지길 겁내지 마세요. 그 상대는 반대로 여러분의 사려 깊고 차분한 면을 높이 평가할 거예요. 또 여러분이나 그 상대나 서로에게서 많은 것을 얻는 좋은 관계가 될 거예요.

서로를 보며 배우기

외향형과의 우정을 무슨 '개인 지도'처럼 생각하길 바라진 않지만, 서로의 장점을 배우도록 노력해보세요. 여러분의 안전지대를 확장시키는 방법도 찾아보세요. 또한 상대방도 여러분을 통해 배우도록 해주세요!

⇉ 나의 한계 알기

새로운 사람을 만나고 파티에도 가면서 외향형 취향의 활동들을 충분히 경험해보되, 여러분의 내면적 욕구에도 주의를 기울여야 해요. 필요할 때는 휴식을 가지세요. 필요하다면, 다른 친구들이 모두 밖으로 나간다고 해도 그냥 집에 있겠다고 하세요.

⇉ 나에게 부족한 부분을 가진 상대를 살펴보기

여러분과 다른 상대를 관찰하며 배워보세요. 혹시 트위터에서 팔로우하는 사람 중에 언제나 재치 넘치는 댓글을 보내는 상대는 없나요? 아니면 언제 봐도 에너지가 남아도는 것처럼 보이는 친척은요? 그런 사람들을 보면서 그 사람들이라면 어떻게 행동할지, 또는 어떤 식의 조언을 건넬지 생각해보세요.

PART
3

QUIET

위대한 재능과
콰이어트 파워

POWER

CHAPTER
9

조용히 크게 자라는
창의력

QUIET **1** POWER

표현하며 더욱 자라는
창의력

❝ 다른 사람들과 어울릴 때 자신을 표현하는 데 애를 먹는다고 말하는 내향형들이 많아요. 그래서 이번 장에서는 대화 외에, 감정과 생각을 나누는 여러 가지 방법을 이야기해보려고 해요.

이미 알고 있는지도 모르겠지만, 여러분의 개인적 관심은 해가 뜨고 지는 사이 계속 자라나고 창의성은 여러 가지 형태로 나타납니다. 창의성은 그림 그리기나 음악 작곡, 또는 프로그래밍 코드 작성, 새로운 앱이나 사업 아이디어의 착안 등을 통해 저절로 표출될 수 있어요. 물론 그 밖의 여러 가지 매개를 통해 표현 가능하죠. 창의성에는 한계가 없으니까요.

제1장에서 만나봤던 브루클린의 내성적인 열다섯 살 소녀, 카리나를 기억하죠? 카리나는 굉장히 창의적인 소녀이기도 해요. 카리나는 뭔가에 흥미가 크게 끌리면 온 열정을 쏟아서 파고들어요. 최근에는 교회에 갔다가 어떤 사람이 기타 치는 모습을 보고 기타 연주를 동경하게 되었어요. 그래서 당장 기타를 치기보다 작은 현악기인 우쿨렐레를 독학으로 배우기 시작했어요. 지금은 TV 프로그램 주제곡을 우쿨렐레로 연습하거나 자신이 지은 노래 가사에 새로운 멜로디를 붙일 만큼 실력이 늘었죠.

하지만 카리나가 무엇보다도 열정을 쏟는 일은 글쓰기예요. 카리나는 장편소설과 단편소설의 아이디어 구상에 거의 중독 수준으로 빠져 있어요. 특히 공상과학이나 판타지 장르를 즐겨 읽고 써요. 집중력이 뛰어나서 한번 글쓰기를 시작하면 몇 시간씩 노트북 키보드를 두드리며 새로운 이야기의 윤곽을 잡고, 자신의 비밀 노트에 등장인물의 삽화를 그려요. 그러다 이야기가 충분히 다듬어졌다 싶으면 어린 작가들의 사이트에 글을 올려요.

"제 글에 대해 다른 사람들의 의견을 듣기 위해 올리는 거예요. 글솜씨를 과시하거나 주목을 끌려는 게 아니라, 제 글이 괜찮은지 평가도 받고 건설적인 비평도 좀 얻고 싶은 거죠."

카리나의 학교에서는 예술 분야나 창작 글쓰기 활동에 자금을 지원해주지 않아요. 그래서 어느 날 한 언어 담당 여선생님이 교내 수많은 창의적 학생들을 지원해줄 만한 행동에 나서기로 결심하면서, '커피숍'이라는 월례 공연 행사를 만들었어요. 커피숍은 급우들에게 시, 노래, 랩 등등 자신이 열정을 쏟고 있는 여러 가지 장기를 선보일 수 있도록 교실 하나에 마련된 오픈마이크(특별한 제약 없이 누구나 신청해 오를 수 있는 무대 – 옮긴이) 공연이에요.

참석자들이 직접 운영하는 방식이기 때문에 무대에 나오고 싶은 아이들만 그 공연에 올라요. 이런 형식 덕분에 모두가 열렬히 응원을 해주고 열중해서 지켜보는 분위기가 만들어져요. 카리나는 여러 아이들 앞에서 자신의 글을 발표한다는 사실이 신기했고, 자기 글을 좋아해주는 사람이 그렇게 많다는 걸 알고 놀라기도 했어요.

처음에는 자기가 쓴 글을 큰 소리로 읽을 때 종이에서 시선을 잘 떼지 못했어요. 하지만 가끔씩 흘끗 올려다보면 친구들이 아슬아슬한 대목에서 긴장감에 눈을 크게 뜨고 있거나, 등장인물의 익살스럽고 비꼬는 투의 대사에 웃음을 터뜨리곤 했어요. 친구들의 반응이 카리나의 예상보다 훨씬 좋았어요.

공개의 관문을 용감하게 넘어서보세요

카리나의 선생님은 그녀의 재능을 알아보고 '글쓰는 소녀들Girls Write Now'에 참가 신청을 해보라고 권했어요. 뉴욕시에서 운영하는 글쓰는 소녀들은 십대 소녀들이 여성 작가들에게 일대일로 글쓰기 멘토링을 받는 프로그램이에요. 한 달에 한 번씩 모든 참가자가 모여 시 쓰기와 저널리즘 같은 여러 주제에 대해 워크숍을 열기도 해요. 카리나는 이 프로그램에 신청해서 참가 허가를 받은 뒤로, 워크숍 때마다 자신의 글을 발표하고 다른 여자아이들의 글을 듣는 일에 큰 흥미를 느끼게 되었어요.

처음에는 모르는 사람들 앞에서 글을 발표하려니 마음이 조마조 마했지만, 한편으론 작가로 성장하기 위한 소중한 기회로 여겨졌어 요. 성인 작가들은 물론 같은 또래의 작가 지망생들에게 피드백을 얻으니 색다른 느낌을 받기도 했어요. 창의적인 친구들과 생각을 나누면 열정이 한층 북돋워졌어요.

무대에서의 공연이 그렇듯, 글이나 예술 작품을 공유하는 일도 대단한 용기가 필요할 수 있어요. 우리 내향형은 자신의 생각이나 재능을 사람들에게 공개하고 싶어 하지 않는 것처럼 보이기도 하 지만, 일단 공개하면 굉장한 결과를 일으키기도 해요.

어느 날 스코틀랜드행 열차에 올랐던, 조앤이라는 이름의 조용 한 젊은 여성의 사례를 얘기해줄게요. 조앤은 차창 밖으로 온통 소 들 천지인 들판을 물끄러미 내다보던 중 갑자기, 기차를 타고 마법 사 양성 학교로 가고 있는 소년이 상상되었어요. 그 학교는 친구, 적, 마법사, 신화 속 생물 등 온갖 가공의 캐릭터들로 가득했어요.

조앤은 7년에 걸쳐 이 상상을 글로 옮겼고, 수도 없이 고쳐 쓰며 애를 먹었으나 꿋꿋이 작업을 이어가 마침내 소설을 완성했어요. 2년 뒤 이 소설은 《해리 포터와 마법사의 돌》이라는 제목으로 세 상에 나왔답니다. 내향적인 저자 조앤 롤링은 그 뒤로도 마법학교 로 가는 기차에 오른 소년이 등장하는 소설을 여섯 편이나 더 써냅 니다.

나를 표현하는 몇 가지 방법

"글쓰기는 혼자 하는 작업입니다. 이야기를 하고 싶지만 눈을 마주 보며 말하기 쑥스러워하는 내향형에게 잘 맞는 직업이죠."

베스트셀러 작가 존 그린John Green이 한 말이에요. 제가 어렸을 때 선택했던 매개는 예스럽게도 자물쇠가 달린 일기였어요. 이따금 씩 이야기를 쓰기도 했지만, 저에게 일기는 진실과 고백의 공간이 었어요. 세상으로부터 숨겨진 존재기도 했고요.

저는 친구나 가족들에게 한 번도 일기 얘기를 한 적이 없어요. 일기는 유년기와 십대 시절의 불안감을 정리하고 이해하는 데 도움이 되었어요. 그런가 하면 일기장에 나를 있는 그대로 표현하던 과정이 솔직한 작가가 되도록 단련하는 좋은 습관이 되기도 했죠. 꼭 잠금장치가 달린 노트에만 일기를 써야 하는 건 아니에요. 매기는 날마다 스마트폰에 메모를 해놓아요.

"저는 꿈을 잊지 않으려고 글로 남겨놓길 좋아해요. 머리에 떠오른 생각이나, 뭔가 흥분되지만 누구에게 말하면 불운이 생길까 봐 겁나는 그런 일도 글로 써요."

캘리포니아주에 사는 고등학생 재러드는 컴퓨터로 아무 글이나 자유롭게 글을 써요.

"그런 글은 저의 자원이었어요. 머리가 터질 것 같을 때 버텨내는 제 나름의 방식이었죠. 내용은 주로 걱정거리가 많았고, 사람들이나 상황이나 어려운 일들에 대한 아주 사적인 생각들이 대부분이었어요. 그런 글을 통해 긴장을 풀었죠."

재러드는 그렇게 쓴 글을 웬만해선 다시 읽지 않았어요. 키보드를 두드리며 생각을 짜내다가 잠잘 준비를 했대요.

"글을 쓰다가 이를 닦고 자러 가요. 머릿속이 여전히 시끄러울 수도 있지만 그렇게 심하게 시끄럽진 않았어요. 오히려 어깨를 짓누르던 짐이 벗겨진 기분이 들어서 좋았어요."

글쓰기가 누구에게나 흥미로운 일은 아니지요. 뉴저지주의 수줍음 많은 십대 소년 매슈는 선생님이 학급 전원에게 블로그를 개설하라고 시켰을 때 짜증이 났어요. 매슈는 영어보다 과학과 수학을 더 재미있어 하는 학생이라, 블로그 개설은 독후감 같은 작문 과제가 하나 더 늘어나는 일 같아서 싫었어요. 그런데 개설해놓고 보니 그곳에서는 뭐든 쓰고 싶은 대로 글을 쓸 수 있었어요. 고전 게임인 '젤다의 전설' 이미지를 배경화면으로 설정하고 나니 편안한 느낌으로 다가왔다며 이렇게 말했어요.

"블로그는 생각했던 것보다도 더 좋은, 창의성의 분출구였어요. 정말로 저 자신을 표현할 수 있는 그런 공간이었어요."

매슈는 교실 토론에서는 조용히 있는 편이었어요. 토론을 잘 따라갔지만 제때 반응을 보이거나 자신 있게 의견을 밝히지는 못했어요. 그래서 자신의 생각과 아이디어, 관심을 드러내지 못할 때가 많았어요. 이런 매슈에게 블로그는 분출구가 되었고, 느긋한 시간까지 주었어요. 자신의 속도에 맞춰 글을 쓸 수 있으니까요.

매슈가 열정을 갖고 글을 올리는 소재 중에는 케이팝, 즉 한국 대중음악도 있었어요. 매슈가 좋아하는 노래의 동영상을 게시하면 몇 사람이 댓글을 달아주곤 했어요. 그러던 어느 날 같은 반의 여학생이 다가오더니 자기와 취향이 너무 비슷하다고 말을 걸며 신기해했어요. 그 뒤로 둘은 서로 메시지를 주고받기 시작했어요.

"저희는 서로 잘 모르는 사이였지만 예전보다 얘기를 자주 나누게 되었어요. 그러다 아주 절친이 되었죠."

학년 말에 매슈는 온라인에서 자신을 표현하기를 즐긴다는 내용의 글에서 농담으로 '블로깅이 내향형을 외향형으로 바꾸기 위한 미디어의 음모일지 모른다'고 쓰기도 했어요. 물론, 매슈의 성격이 바뀌진 않았어요. 예전이나 지금이나 한결같았죠. 언제나 재미있고 활달했지만 자신의 그런 일면을 공유하기에 적절한, 보다 편안한 방법을 새롭게 발견했을 뿐이에요.

이미지로 상상하며
소통하는 아이들

66 열두 살 제이든은 종종 상상력 넘치는 자신의 내면세계와 외부 세계를 잇기 위해 안간힘을 쓰고 있어요. 그래서 소중한 내면세계를 즐기는 동시에 상상력을 다른 사람들과 공유할 만한 방법을 찾아봤어요. 제이든은 그림, 특히 용 같은 상상 속 이미지를 통해 균형을 찾았어요. 학교에 있는 동안(종종은 수학 시간에), 혹은 스케이트보드를 타는 동안 뭔가가 떠오르면 집에 와서 그림을 그렸어요.

"얼마 전에는 폭포수가 떨어지는 신비로운 곳에 유니콘이 있고 그 위로 그리핀(사자의 몸통에 독수리의 머리와 날개와 앞발을 가진 전설의 동물-옮긴이)이 날고 있는 풍경을 그렸어요."

제이든은 큰 소리로 웃다가 다시 말을 이었어요.

"친구들은 그 그림이 멋지대요. 언제부턴가 자기들도 그림을 그려서 서로 보여주기 시작하더니 이제는 그런 애들이 꽤 많아졌어요. 저에게는 그림이 정말 좋은 공유 방법 같아요. 그림을 통해 모두에게 제 머릿속을 보여줄 수 있으니까요."

줄리안은 창의성이 사진을 통해 발산되는 경우예요.

"인스타그램을 보고 있으면 다른 애들은 신나게 노는데 저만 거기서 소외된 기분이 들 때가 많아요. 그러다 어느 순간 다른 애들의 사진을 휙휙 넘기면서 멍하니 화면을 들여다만 보지 말고, 요령을 터득해서 직접 멋진 사진을 찍어보면 어떨까 싶었어요."

이렇게 해서 줄리안과 그의 단짝 친구 안드레는 멋지고 예술적인 사진을 찍어보자고 의기투합했어요.

"저희는 스마트폰만 달랑 들고 같이 사진을 찍으러 나가요. 공원이나 해변에 가기도 하고, 브루클린의 레드훅 운하 근처로 나가기도 해요. 어디에 가든 사진을 찍을 만한 소재가 있어요. 흥미로운 모습들이 곳곳에 펼쳐져 있죠. 사진은 단순히 어떤 순간과 사람들만 담는 게 아니에요. 아름다움은 물론 빛의 대비도 포착하죠. 사진을 찍는 일은 자유롭게 사물을 감상하며 의미를 부여하는 일이에요."

줄리안은 사소한 사물에서 예술적인 감각을 끌어내는 작업을 즐기는 듯했어요. 마음에 드는 사진을 찍고 있다며 흡족해했죠. 줄리안은 단순히 인스타그램을 즐기는 것 이상으로 사진을 통해 많은 것을 얻고 있었어요. 창의력에 대한 자부심 같은 것들요.

내향형의 공상은 창의성의 씨앗

내향형은 창조 예술 분야에서 굉장한 기여를 하고 있어요. 〈토이 스토리〉〈몬스터 주식회사〉〈인사이드 아웃〉 등을 탄생시킨 창조적인 애니메이션 회사 픽사Pixar를 이끄는 인물은 바로 내향형인 에드 캣멀Ed Catmull이에요. 그리고 픽사의 영화감독 피트 닥터Pete Docter는, 어릴 때 그림 그리기가 '다른 사람들과의 소통에 대한 두려움'을 해소시키는 데 도움이 되었을 뿐만 아니라 '혼자만의 작은 우주를 만들어 탈출하는 한 방법'이기도 했대요.

닥터는 픽사의 제작팀과 함께 일하는 것은 짜릿할 뿐만 아니라 진을 쏙 빼놓는 일이라고 털어놓기도 했어요.

"〈몬스터 주식회사〉 작업이 끝나갈 즈음, 정말로 혼자 있고 싶었어요. 제 방이든, 책상 밑이든, 어디든 좋으니 도망치고 싶었죠."

내향형 중 다수가 공상에 잘 잠긴다는 것이 제 지론인데, 픽사의 히트 작품인 〈업〉의 아이디어도 닥터의 공상(많은 내향형이 곧잘 잠기는 그런 몽상)이 모티프가 되었대요. 그것도 둥둥 떠서 어딘가 안전하고 혼자인 곳으로 떠나는 그런 공상이었죠.

QUIET **2** POWER

외로운 노력이 빚어내는
멋진 세계

> 우리 내향형은 남한테 기대지 않고 혼자서 무언가를 할 수 있
는 독자력이 뛰어나요. 고독에 강해서 혼자만의 시간을 집중과 몰
입에 활용할 줄 알아요. 한 스포츠 해설자는 이러한 능력에 대해,
어떤 기술에 통달하기 위해 반드시 갖춰야 할 '외로운 노력'이라고
칭했어요.

심리학자들 사이에서 통용되는 또 다른 명칭으로는 '신중한 훈
련Deliberate Practice'도 있어요. 아직 다다르지 못한 경지에 집중하며
부족한 부분을 채우기 위해 반복 연습을 하다 보면 목표를 이룰 수

있는데, 이를 신중한 훈련이라고 해요. 어떤 명칭을 붙이든 간에, 목표에 집중하며 의도를 갖고 하는 고독한 연습과 노력은 팀 스포츠를 비롯해 거의 모든 활동에서 숙달의 경지에 이르기 위한 필수 과정이에요.

우리 내향형은 음악, 스포츠 등의 분야에 필요한 고독한 연습에 적성이 잘 맞아요. 예를 들어, 농구 스타 코비 브라이언트Kobe Bryant 는 매일같이 천 번씩 점프슛을 연습했어요. 겨우 열일곱 살의 나이에 뉴욕의 그 유명한 카네기 홀에서 자리를 꼭꼭 메운 관객들 앞에서 연주를 했던 피아니스트 콘래드 타오Conrad Tao는 또 어떤가요? 그는 부모님이 일을 나간 후 텅 빈 아파트에서 혼자 건반을 두드리며 실력을 연마하면서 십대 시절 대부분의 시간을 보냈다고 해요. 이 어린 뮤지션은 홈스쿨링을 했는데, 피아노 앞에서 네 시간 동안 건반을 치고, 또 두 시간은 바이올린을 연습하고 나서야 정규 학업 공부를 시작했어요.

이 대목에서는 앞에서 만나봤던 애플의 발명가, 스티브 워즈니악의 얘기도 빼놓을 수 없어요. 워즈니악은 꼬맹이 때부터 쭉 전자공학 분야의 실력을 연마했어요. 그의 회고록《스티브 워즈니악iWoz》을 보면 전자공학에 대한 열정이 어느 정도였는지 알 수 있는데, 그는 전문 지식을 습득하기 위해 과학 박람회를 셀 수도 없이 찾아다니며 무던한 노력을 기울였어요.

당시 나는 컴퓨터 엔지니어로서의 생애 전반에 걸쳐 도움이 되었던 중요한 능력을 획득했다. 바로 끈기였다. … 나는 결과를 너무 걱정하지 않고 지금 단계에 집중하면서, 할 수 있는 한 완벽하게 해내려고 힘쓰는 법을 터득했다.

워즈니악은 대체로 혼자서 일했어요. 다정다감하기로 유명한 이 남자는 초등학교 때까지 친구가 아주 많았어요. 하지만 IT 분야에 푹 빠진 아이들 대다수가 그렇듯, 중학교에서는 '사교'라는 사다리 위에서 굴러 떨어지고 말았어요. 무슨 말인가 하면, 어릴 때는 많은 이들이 워즈니악의 뛰어난 지식과 실력에 감탄하며 주목했지만 중학교에 와서는 아무도 관심을 가져주는 사람이 없었던 거예요. 그는 잡담이라면 영 질색이었고, 또래들의 관심사와는 잘 통하지도 않았어요.

하지만 중학교 시절 겪었던 교우 관계의 어려움도 워즈니악의 꿈을 단념시키지는 못했어요. 아니, 오히려 더욱 부추겨주었는지도 모르죠. 당시에 그는 수줍음을 너무 타서 집 밖으로 잘 나가지 않았는데, 본인 말마따나 그러지 않았다면 컴퓨터에 대해 그렇게 많이 배우지 못했을 수도 있어요.

고독한 아웃사이더가 세상을 바꿔요

사실 그런 식의 힘든 청소년기를 선택하고 싶은 사람은 아무도 없 겠지요. 그러나 워즈가 겪은 십대 시절의 고독, 그리고 훗날 평생의 열정이 될 분야에 대한 외골수적인 집중력은 창의성이 뛰어난 사 람들에게 나타나는 전형적인 특징이에요.

심리학자 미하이 칙센트미하이 Mihaly Csikszentmihalyi가 1990년부 터 5년에 걸쳐 예술, 과학, 사업, 정치 분야에서 창의력이 돋보이는 인물 91명의 삶을 조사해본 결과에 따르면 이 인물들의 대다수는 청소년기에 어느 정도는 '호기심이 대단하거나 또래들에게는 별나 보이는 관심사에 집중했던' 이유로 사회적 주변부에 머물렀다고 해요.

너무 사교적이라 혼자의 시간을 못 견디는 십대들은 자신의 재 능을 키우지 못하는 경우가 많아요. 이는 '악기 연습이나 수학 공부 에는 이런 성향의 십대가 질색해 마지않는 고독이 요구되기 때문' 이에요.

그러면 이번에는 '외로운 노력'의 좋은 사례에 드는, 캘리포니아 주의 중학생 마리아를 만나볼까요? 마리아는 늘 학교생활에 피곤 함을 느꼈어요. 오전 일과가 끝날 즈음이면 너무 지쳐서 점심시간 에는 나무 위로 기어 올라가 혼자 밥을 먹었어요. 제일 친한 친구 몇 명은 마리아와 달라도 너무 달랐어요. 잘 떠들고 시끄러운 아이들과 어울려야 재미있고 더 많은 아이들과 어울릴수록 신이 나는 친구들이었거든요.

그 친구들은 마리아가 나무 위로 숨는 그 시간을 별나게 여겼지만 마리아는 신경 쓰지 않았어요. 마리아에게는 그 시간이 학교생활 중에 꼭 필요한 시간이었거든요. 가지 사이에 숨어 있어야 오후 일과를 버텨내기 위한 배터리를 재충전할 수 있었으니까요.

마리아는 고독에서 위안을 얻으면서 여러 가지 생산적 취미 활동을 갖게 되었어요. 겨우 열 살 때 단편소설을 썼고, 바이올린 연습도 부지런히 했어요. 특히 바이올린으로 블루그래스(미국 남부의 백인 민속음악에서 비롯된 컨트리 음악-옮긴이)와 켈트 음악을 연주하길 좋아했는데, 두 장르 모두 뮤지션들이 모여 즉흥 연주를 하는 전통이 있었어요. 어느 날 마리아는 뮤지션들과 함께 즉흥 연주를 하겠노라 결심했어요. 마리아의 어머니는 깜짝 놀라기는 했지만 딸이 원하는 바를 지지해주었어요.

이런 뮤지션들이 으레 모이는 바bar에 가기엔 마리아가 너무 어렸기 때문에 모녀는 다른 형식의 무대를 찾아봤어요. 그렇게 해서 처음에 찾아낸 곳이 일요일 오후마다 바이올린 주자들이 모여 연주를 하는 공원이었어요. 모녀는 그곳으로 차를 몰고 찾아갔어요.

"따님이 벙어리라면 어머님이 대신 말을 좀 해주시죠."

한 멤버가 연주가 끝난 후에 말했어요.

"마음 같아서는 기쁘게 받아들여주고 싶지만, 말 못 하는 장애가 있고 뭣도 잘 모르는 꼬마와 함께 연주하긴 너무 힘들겠는데요."

"제 딸은 벙어리가 아니에요. 그냥 수줍음을 타는 것뿐이에요."

마리아의 어머니가 말을 정정해주었어요. 그 뒤로 모녀는 다른 곳을 또 찾아봤어요. 그러다 이번엔 집에서 멀지 않은 예술적 분위기의 카페에서 열리는 바이올린 연주 무대를 찾아냈어요. 어느 주말 오후에 모녀가 카페 안으로 들어가자 한 무리의 뮤지션들이 이미 연주를 하는 중이었어요. 마리아는 음악을 듣다가 마음이 동하면 끼어들어 연주하기에 적당할 만큼 가까운 곳의 테이블에 자리를 잡고 앉았어요.

연주단의 멤버들은 나이와 인종이 모두 달랐지만 마리아는 그중 가장 어린 멤버보다도 40살은 더 어렸어요. 마리아는 의자를 앞으로 당겨 앉으며 연주할 준비를 했어요. 밴조(미국 민속 음악이나 재즈에 쓰는 현악기-옮긴이) 주자가 키를 바꾸자 다른 모든 주자도 따라서 바꾸었고, 이후 뮤지션들은 그 키에 맞춰 돌아가며 선곡을 했어요. 그렇게 얼마쯤 지나자 연주단의 악장인 나이 지긋한 노부인이 마리아를 돌아보더니 말했어요.

"자, 이번엔 네 차례야. 아는 B키 곡 뭐 없니?"

"괜찮아요. 저는 됐어요."

노부인은 고개를 가로저었어요.

"그럴 수야 없지. 뭐든 B키로 생각나는 곡이 없어?"

"없어요."

마리아가 대답했어요. 마리아의 어머니는 딸이 그렇게 짧게 대답할 때에는 정말로 없다는 의미라는 걸 알았어요. 다그쳐봐야 아무 소용이 없다는 것도요. 하지만 이 노부인은 마리아를 잘 몰랐고, 그 단답형의 대답에도 단념할 마음이 없었어요.

"좋아, 그럼 내가 몇 가지 곡을 연주해볼 테니까 네가 아는 곡이 나오면 연주를 멈춰달라고 말하렴. 그런 다음에 네가 그 곡을 리드하는 것으로 하자."

노부인은 연주를 시작했고 마리아는 열심히 들었어요. 그렇게 몇 곡이 연주되고 나서 어느 순간, 마리아가 고개를 끄덕이며 말했어요.

"그 곡은 저도 알아요."

"좋아, 그럼 네가 리드해보렴."

노부인이 말했어요. 마리아의 어머니는 마리아가 뮤지션들을 리드하며 연주하는 모습을 뿌듯한 마음으로 지켜봤어요.

혼자만의 연습이 빛나는 무대를 만들어줘요

즉흥 연주를 마치고 집으로 돌아온 마리아는 방으로 후다닥 달려들어가 자신이 아는 곡들을 키별로 나누어 리스트로 만들었어요. 마리아는 그 리스트를 다음 바이올린 연주회에 가져갔어요. 악장을 맡은 노부인이 그것을 알아보고 물었어요.

"그 리스트는 뭐야, 마리아?"

마리아는 많은 사람들 속에서 주목받는 것을 좋아하지 않았지만, 음악 연주는 창의성과 흥분을 느끼게 해주는 동시에 멜로디로 자신을 표현할 수 있어서 좋았어요. 그래서 있는 힘을 모두 끌어 모아 수줍음을 이겨냈어요.

마리아의 내향적 성향은 그런 상황에서 단점으로 여겨졌을지 모르지만, 사실은 그런 성향이 연주단에 쉽게 어우러지게 해준 근원이었어요. 바이올린에 빠져들고, 매일같이 혼자 연습하며 느끼는 즐거움이 마리아로 하여금 음악을 듣는 귀가 열린 연주자로 만들어준 거예요.

마리아는 조용한 성향에도 불구하고 성인 연주단에 섞이게 되었던 게 아니에요. 내향형인 덕분에 섞이게 되었던 거죠. 마리아의 팬층도 점점 늘어났어요. 마리아의 바이올린 실력에 대한 소문이 학교에까지 퍼지자 학생들이 음악 선생님을 찾아가 부탁하기도 했어요. 마리아에게 잘 말해서 자신들의 밴드에 들어올 수 있게 해달라고요.

창의성을 활짝
펼치기!
QUIET POWER

내향형의 남다른 슈퍼파워 중 한 가지는 어떤 일에 깊이 몰두하여 장시간 동안 집중하는 능력이에요. 이 능력에 창의적인 동기가 더해지면, 어마어마한 결과로 이어지면서 여러분을 예상치 못했던 황홀한 여정으로 데리고 가기도 해요. 이런 여정의 결과물을 자물쇠를 채워 자신만의 세계에 안전하게 보관하든가, 아니면 세상과 함께 나누든가 둘 중에 하나를 선택할 수 있어요. 어느 쪽을 택하든 솔직하고 자신 있게, 또 진심으로 자신을 표현하는 법을 배운다면 그만한 보상이 따르게 될 거예요.
다음의 몇 가지 조언을 마음에 담아두고, 여러분도 한번 시작해보세요.

매개체 찾기

비트를 짤 수 있는 앱이나, 완전히 새로운 빵을 만들어낼 만한 영감을 주는 레시피를 발견하면 그런 것들이 좋은 매개가 될 수 있어요. 아니면, 단지 글을 쓰거나 그림을 그릴 수 있는 잘 깎은 연필이 필요한지도 몰라요. 나에게 자연스러우면서 흥미를 일으키는, 자신만의 표현 방법을 찾아보세요.

🢒 행동하기

동기를 찾고 나면 행동력과 열정으로 실행에 옮기세요. 적극적으로 뛰어드세요. 연습하고, 연습하고, 또 연습하세요.

🢒 롤모델에게서 영감 얻기

여러분처럼 내향적인 성향의 롤모델을 찾으면 여러분의 목표 달성에 길잡이로 삼을 수 있어요. 창의력, 카리스마, 지성으로 널리 인정받아온 이들 중에는 여러분과 똑같이 내향적인 사람들이 많아요.

🢒 나만의 공간에서 할 수도 있어요

세상에는 누구에게 읽히기 위한 것이 아닌 일기처럼, 오로지 나만을 위한 활동도 있어요. 다른 사람이 어떻게 생각할지 걱정하지 않고도 글을 쓰거나 창작 활동을 펼칠 만한 안전지대를 만드세요. 혼자만의 프로젝트를 갖는 즐거움을 꼭 느껴보시길….

🢒 단, 공유하기를 잊지 말 것

여러분의 머릿속 세계를 다른 사람들에게도 보여주고 들려주세요. 대체로 사람들이 공유하길 주저하는 이유는 비판에 대한 두려움 때문이에요. 그렇더라도 용기를 내서 한두 명의 친구에게 여러분의 활동을 보여주세요. 유익한 피드백을 얻을 수도 있고, 사람들이 크게 지지해주거나 인정해주어 놀라게 될지도 몰라요.

집중력 강한
스포츠 스타들

내향형의
에너지 발산

66

    매기라는 이름의 여대생은 한때 스포츠를 인기 있는 운동선수들이나 하는 활동으로 생각했어요. 책벌레로 사는 자신에게는 출입 금지 구역이려니 했던 거죠. 하지만 이것은 9학년 때 요가를 접하기 전까지의 얘기였어요. 팟캐스트를 듣고 의욕이 생긴 매기는 아침마다 자기 방에서 태양 경배 자세와 스트레칭 동작을 연습했어요. 그러면 등교하기 전부터 활기가 북돋워졌어요.

    우리 같은 내향형은 때때로 머릿속으로 너무 깊이 빠져들기 때문에 몸을 움직이는 일이 건강에도 좋고 여러모로 바람직해요. 운

동으로 땀을 흘리는 일은 사회적 불안과 좌절감을 해소해 정신건
강을 유지하는 데 큰 도움이 돼요. 운동을 하면 엔도르핀이 분비되
기 때문이에요. 엔도르핀은 특정 종류의 자극에 대한 반응으로 뇌
에서 분비하는 화학물질인데, 고통의 감정은 억제하고 기쁨의 감정
을 증진시켜줍니다.

　그리고 운동은 시끌벅적한 응원이나 팀스피릿(단체정신)이 다가
아니에요. 달리기, 수영, 펜싱 같은 개인 스포츠는 내향형에게 에너
지를 발산하면서 스포츠 활동의 행복감을 맛보기에 아주 적당하답
니다.

함께 땀 흘리면 어색함도 사라져요

그러면 지금부터 브리타니라는 이름의 내향적인 소녀가 어쩌다 춤
에 관심을 갖게 되었는지, 그 이야기를 들려줄게요.

　브리타니는 예전부터 쭉 춤추는 것을 좋아했지만 학교의 전통적
인 댄스파티는 너무 북적거리고 소란스러워 거북하게 느껴졌어요.
그러다가 열네 살 때 오빠에게 스윙댄스를 배웠어요. 파트너와 함
께 추는 1940년대 스타일의 춤인 스윙댄스가 당시에 다시 유행하
고 있었는데, 브리타니는 이 스윙댄스의 매력에 완전히 매료되고
말았어요.

브리타니는 잘 아는 어른에게 차로 데려다달라고 부탁해서 금요일 밤마다 친구와 함께 스윙댄스 파티장에 갔어요. 그곳에 온 사람들은 열두 살부터 아흔 살까지 연령층이 다양했지만 수줍음 많은 브리타니는 그 사람들 모두와 파트너로 어울리며 춤을 추었어요.

"분위기가 친근했고 춤을 추다 보면 동질감도 생겼어요. 무슨 말을 해야 하나, 따위는 신경 쓸 필요도 없었어요. 말하고 싶지 않으면 아무 말도 안 해도 상관없었어요. 그냥 춤을 추면서 웃고 넋 놓고 있으면 되는 분위기였죠."

춤을 추고 난 뒤 브리타니와 친구는 다른 사람들 몇 명과 같이 간식을 먹으러 가곤 했어요. 댄스 플로어에서 함께 땀을 흘리며 걱정은 털어버린 채 춤을 추다 보면 어색함 같은 건 어느새 날아가고 말아요. 그럴 때면 브리타니도 여러 사람들과 한 테이블에 둘러앉는 일이 전혀 초조하지 않고 자연스럽기만 했어요. 브리타니는 단지 재치 있는 말발이나 멋진 외모를 통해서가 아닌, 새로운 방식의 유대를 느꼈어요.

시각화 방법 활용하기

제프는 코흘리개 적부터 혼자 운동 연습하기를 좋아했어요. 혼자서 축구공을 드리블하거나 야구공으로 캐치볼을 하며 놀 때가 많았죠.

그렇게 운동을 하면서 놀면 확실히 엔도르핀이 마구 분출되었지만, 제프는 다른 무엇보다도 그런 혼자만의 시간이 즐거웠어요. 제프는 뉴욕주 올바니 외곽의 소도시에서 자라면서 웬만한 스포츠는 거의 다 섭렵했고 축구 실력은 꽤나 수준급이었어요. 그런데 뭔가 느낌이 팍 왔던 것은 라크로스(그물 모양의 라켓을 사용하는 하키 비슷한 게임-옮긴이)를 시작하면서였어요.

당시 열세 살이었던 제프는 남들에 비해 실력이 뒤처져 있었어요. 이미 몇몇 또래들은 라크로스 스틱을 왼손과 오른손 양손으로 자유자재로 다루는 수준에 올라 있었어요. 그래서 그 애들을 따라 잡아야 한다는, 아니 어쩌면 능가해야 한다는 다급함이 생겼어요.

제프는 날마다 연습에 매진했어요. 예전에 다니던 초등학교로 달려가 혼자 콘크리트 벽 앞에 서서 하루에 수백 번, 심지어 수천 번까지도 공 던지기를 연습했어요. 그렇게 얼마간 연습에 집중하자 제법 실력과 자신감이 붙었어요. 같이 경기하는 상대 중에 자기보다 열심히 연습하는 애들이 없을 거라는 자신감과, 이제는 자기가 한 수 위라는 배짱이 생겼지요. 고등학교 상급생이 되어서는 학교의 시즌 최다 득점 기록을 세우더니, 최고 학년 때는 고등학교 선수로서 최대 명예로 꼽히는 전미 대표선수로 선발되기까지 했어요.

그 다음 해에 제프는 훈련이 혹독하기로 유명한 4년제 육군 사관학교 웨스트 포인트West Point에 들어갔어요. 이곳에서도 라크로스를 향한 제프의 열정은 식지 않았어요. 아니, 오히려 더 뜨거워졌죠. 두세 시간씩 하는 라크로스 연습은 사관생도의 혹독한 생활 속에 반가운 휴식이 되었고, 제프는 공식 연습이 끝난 후에도 혼자 연습을 이어갈 때가 많았어요.

3학년에 올라가서 제프는 실력 향상에 도움을 얻기 위해 웨스트포인트 전담 심리학 전문가에게 상담을 받았어요. 이때 그는 심리학의 매력에 눈을 뜨며 놀라움을 금치 못했어요. 심리학에는 긍정적 사고의 힘, 목표 설정의 중요성, 압박 속에서도 침착함을 지키며 경기를 잘 풀어나가는 요령 등 유용한 지식이 아주 많았거든요.

제프가 심리학 중에서도 특히 관심을 가졌던 부분은 조용한 집중과 상상력이 꼭 필요한 '시각화'라는 기술이었죠. 제프는 머릿속으로 경기장에서 일어나길 바라는 상황이 플레이되는 동영상을 돌리곤 했어요. 심리학 전문가의 사무실에 있을 때는 자신이 펼쳤던 경기 중 하이라이트 장면을 떠올리며 자신의 플레이를 상상으로 다시 펼쳐보기도 했어요.

큰 게임을 앞두고 제프는 상대편 팀의 경기 방식을 보다 잘 파악해두기 위해 부코치와 함께 그 팀의 경기 동영상을 봤어요. 이때 제프는 팀의 수비 체계에서 나타나는 허점이나 선수들의 약점을 보면서, 자신이 그런 빈틈을 이용해 상대 팀 선수들을 제치고 골을 넣거나 팀 동료에게 어시스트해주는 모습을 머릿속으로 상상했어요.

또 경기 시작 직전에는 팀 동료들 몇 명이 소리를 지르거나 악을 쓰며 경기에 임할 각오를 다지는 와중에 혼자 헤드폰을 끼고 조용히 앉아 시각화에 들어갔어요. 예전의 하이라이트 경기 장면을 떠올리기도 하고 머릿속으로 상대 팀의 수비 모습을 몇 번씩 돌려보기도 하면서요. 제프는 이런 시각화에 숙달되면서 대학 마지막 2년 동안 자신의 선수 생활의 전성기를 누렸어요. 그는 전미 대표 선수 팀에 또 한 번 선발되었는가 하면 웨스트 포인트의 시즌 최다 어시스트 기록을 새로 썼어요.

조용함을 잘 견디는
아이를 위한 운동

어떤 스포츠 분야든 내향형이 있기 마련이지만, 우리 내향형은 대체로 수영, 크로스컨트리 경주, 골프처럼 혼자 경기하거나 혼자 연습할 수 있는 스포츠에 끌리는 경향이 있어요. 어렸을 때의 저도 예외가 아니었죠.

저는 열 살 때 피겨스케이팅 선수 생활을 시작했어요. 당시에는 피겨스케이팅에 특별한 끌림을 느꼈어요. 스케이터가 빙판을 미끄러지듯 가르며 빙글빙글 돌고 점프하는 모습을 보고 있으면 마술처럼 신기했어요.

저는 그 아름다운 세계의 일원이 되고 싶었어요. 올림픽 출전을 꿈꾸기에는 너무 늦게 시작했지만 실력 향상을 위해 노력하는 것만으로도 설렜어요. 빙판 위에서 하는 몇 시간씩의 고독한 연습은 황홀 그 자체였어요. 머릿속으로 그날 연습에서의 연기를 떠올리면 삶의 걱정과 스트레스가 그리 대수롭지 않게 느껴지기도 했어요.

"어떤 면에서 보면, 운동은 일종의 명상이 되기도 해요. 머리가 자기 성찰의 시간을 갖도록 운동이 몸을 점유해주죠."

심리학자 엘리자베스 미카Elizabeth Mika의 말입니다.

시애틀에 사는 조용한 십대 소녀, 제니도 수영의 명상적 매력을 즐겼어요. 제니는 자라면서 여러 가지 스포츠를 해봤어요. 중학교 때는 친구와 어울려 목소리 크고 기운 넘치는 여자애들 천지인 축구팀에 들어가기도 했죠. 축구팀은 골을 넣으면 흥분해서 발광했지만 제니는 도저히 그 애들처럼 미친 듯이 날뛸 수가 없었어요.

"어떤 애는 골을 넣을 때마다 저한테 화를 냈어요. '넌 우리 팀 아니야? 왜 그렇게 상관없는 애처럼 굴어?' 이런 식으로요."

얼마 후에 제니는 수영이 좋아져서 축구를 그만뒀어요.

"물속에서 혼자만의 생각에 잠겨 있으면 정말로 평온했어요. 처음 몇 바퀴를 돌 때는 머릿속이 시끌시끌해서 이런저런 생각이 다 나요. 그러다 어느 순간에 이르면 머릿속이 텅 비는 그런 상태가 돼요. 친구와 싸워서 정말 우울할 때도 수영을 하면 잠깐 그 일을 잊어버릴 수 있어요. 수영을 통해 정신을 가다듬거나, 수영을 하면서 생각을 좀 해보면 도움이 될 때가 많았어요."

아마추어 선수와 올림픽 대표 선수들을 두루 상담해왔던 스포츠 심리학자 앨런 골드버그Alan Goldberg는 수영 부문에 내향형 선수가 많은 편이라며 이렇게 말했습니다.

"수영은 조용함을 잘 견디는 사람들이 끌릴 만한 스포츠예요. 본래 수영이란 스포츠는 오로지 자신과 마주하며 사실상 상호 교류 없이 오랜 시간을 견딜 수 있는 능력이 필요한 분야이니까요."

경청하는 운동선수들

내향적 선수들은 고독한 스포츠에 끌리는 경향이 있지만, 경기장이나 코트에서 펼쳐지는 그 어떤 분야에서도 뛰어난 실력을 발휘할 수 있어요.

가령 NBA의 최고 포인트 가드로 손꼽히는 두 사람, 데릭 로즈 Derrick Rose와 라존 론도Rajon Rondo는 내향형으로 알려져 있어요. 감독의 말에 따르면 로즈의 최고 기술 한 가지가 뛰어난 경청력이라고 해요. 마찬가지로, 지독한 연습벌레로 유명한 두 축구 스타 리오넬 메시와 크리스티아누 호날두는 더 좋은 경기를 펼치기 위해 신중한 훈련의 원칙을 활용하고 있는 선수들이에요.

2012년 한 신문에, 야구팀 워싱턴 내셔널스Washington Nationals에

속한 선수들의 성격 스펙트럼이 내향형 쪽으로 쏠려 있다는 기사가 나왔어요. 이 팀의 선수들은 대체로 사교적이었지만 분석적·집중적·내향적 성향도 띠고 있었어요. 선수들은 팀에서 늘 자신이 최종 결정권을 가져야 직성이 풀리는 목소리 큰 사람을 떠받들지 않았어요. 게다가 당시의 감독 데이비 존슨Davey Johnson조차 클럽하우스에서 하는 일반적인 팀 전체 회의보다 선수들과의 일대일 면담을 더 좋아한다고 밝힌 바 있어요.

오하이오주의 고등학교에서 소프트볼 선수로 뛰고 있는 니나는 뛰어난 소프트볼 선수가 되기 위해 필요한 고독한 연습에 대해서라면 정통해 있어요. 니나는 더 어렸을 때 축구와 농구를 비롯해 여러 가지 스포츠를 해봤지만 언제나 소프트볼이 제일 좋았어요. 니나는 소트프볼 투수예요. 그것도 위력적인 공을 던지는 투수죠. 한번은 뒤뜰에서 아버지와 캐치볼을 하다가 공을 너무 세게 던져서 아버지의 손가락을 부러뜨린 적도 있대요.

니나는 매일같이 연습을 빠뜨리지 않아요. 집 근처의 동산에 올라 달리기를 하는가 하면, 팀 연습 후에도 늦게까지 남아 단점을 개선하기 위해 노력하죠. 심지어 집에서 TV를 보며 앉아 있을 때도 기술을 연마해요. 새로운 피칭을 마스터하기 위해 손에 소프트볼 공을 쥐고 여러 가지 그립과 스핀을 잡아볼 정도예요. 아니면 아령 운동을 하면서 손목의 힘을 키우기도 하고요.

이처럼 끝없는 연습 덕분에 니나는 상급생이 되었을 때 노히트 경기를 기록했어요. 다시 말해, 시합이 끝날 때까지 상대 팀의 타선을 꽁꽁 틀어막아 안타를 친 선수가 한 명도 나오지 않게 하는 대단한 활약을 펼쳤다는 이야기예요. 또 그 다음 해에 최고 학년에 올랐을 때는 거의 모든 부문에서 실력이 더 향상되었어요.

자책을 넘어
금메달로 향하기

"

내향적 성향의 운동선수에게는 단점도 있다고, 스포츠 심리학자 앨런 골드버그는 밝히고 있어요. 골드버그가 말하길, 내향형 선수들은 대체로 시합 중에 자신을 지나치게 의식하고, 실수를 하거나 골을 넣지 못하는 것에 대한 자책의 강도가 더 높다고 해요.

저도 그런 경향이 있어요. 피겨스케이터로 활동하던 시절을 돌아보면 연습할 때와 달리 대회만 나가면 고전을 면치 못했거든요. 연습 때는 아이스링크에서 완벽한 스케이팅을 했는데 중요한 대회 날이 되면 완전히 엉망진창이었어요. 전날 밤에는 잠도 제대로 못

잤고 제 차례가 되어 연기를 펼치면 연습 때는 잘만 하던 동작에서 넘어지기 일쑤였어요. 연기도 경쟁도 편안하게 펼치기까지는 수년의 시간이 필요했답니다.(부디 여러분은 그렇게 오래 걸리지 않기를 바라요! 다시 그때로 돌아간다면 나 자신을 더 잘 간파해서 연기 연습에만 더 많은 신경을 썼을 거예요. 그리고 큰 대회를 앞두고 사전 준비하는 기간 중에는 스포트라이트를 받으며 스케이팅하는 기분에 적응이 되도록 드레스 리허설도 여러 번 해볼 거예요.)

태권도 검은 띠 유단자인 한스 롬바우트도 비슷한 문제에 시달렸어요. 한스는 열 살 때 처음으로 무술에 빠져들게 되었어요. 집단 괴롭힘을 당해 자기방어 차원에서 관심을 가진 경우는 아니었고, 이소룡과 〈닌자 거북이〉에 푹 빠져서 무술을 배우고 싶어 했죠. 그의 나라 벨기에에서는 축구와 사이클링이 최고의 인기 스포츠였지만, 한스가 무술을 너무 하고 싶어 하니 부모님도 마지못해 허락을 해주었어요. 열네 살 무렵 한스는 날마다 몇 시간씩 연습에 매달릴 정도로 태권도에 열성을 보였어요.

한스는 오랜 시간 열심히 연습에 매달리는 것을 즐겼고, 태권도의 부문 중에서도 비교적 고독한 형식을 선택해 품새 대회 쪽에 주력하게 되었죠. 품새 대회는 상대와 맞붙어 싸우는 게 아니라, 다른 경쟁자와 나란히 서서 일련의 동작을 펼쳐 보이는 대회였어요. 심사위원들은 두 선수 중 누가 기술이 더 좋은지, 발차기가 더 날카로운지 등을 기준으로 점수를 매겼고, 토너먼트 방식에 따라 더 높은 점수를 얻은 선수가 다음 라운드로 올라갔어요.

이 부문은 고독한 연습과 연기가 필요했기 때문에 내향적인 한스에게 더할 나위 없이 잘 맞았어요. 한스는 꾸준히 실력이 좋아졌고 몇 년 뒤 벨기에의 국가 대표로 발탁되었어요. 하지만 얼마 지나지 않아 승승장구할 것 같던 한스의 선수 생활에 제동이 걸렸어요.

"국가 대표 팀에 들어간 뒤로 항상 동메달에만 그쳤어요. 오죽하면 사람들이 저를 미스터 동메달로 불렀겠어요!"

한스는 대회에 나가면 초반 라운드에서는 무난히 이겼지만 결승전에 가까워지면 압박에 짓눌렸어요. 수백 명 관중 앞에서 경기할 생각을 하면 너무 부담스러워서 견딜 수가 없었어요. 결국 시합을 지나치게 의식하다 몸이 굳어서 준결승전에서 떨어지고 말았죠.

수년에 걸쳐 실망스러운 결과에 씁쓸해하던 끝에 한스는 이런 정신적 문제에 관심을 두고 있던 코치에게 상담을 받기 시작했어요. 그 여성 코치는 한스에게 관중도, 심사위원도 신경 쓰지 말라고 설득했어요.

"저는 시합 때 스스로에게 이렇게 말하곤 했어요. '여기엔 아무도 없다. 나와 코치님뿐이다. 그리고 지금 나는 코치님 앞에서 내 있는 그대로의 실력을 보여주는 거야.' 그렇게 정신적 압박을 낮추고 나자 비로소 최선의 결과를 얻게 되었어요."

1년이 채 지나지 않아, 한스는 유럽 선수권 대회에서 우승했어요. 심사위원들이 한스의 승리를 발표하자 한스의 팀 전원이 시합

매트로 우르르 몰려나와 환호해주었어요. 그 순간, 한스는 자신에게 쏠린 스포트라이트가 조금도 신경 쓰이지 않았어요.

"사람들이 몰려들고 모두들 저를 보고 있었어요. 하지만 신경 쓰이지 않았어요. 그냥 행복하기만 했어요."

한스처럼 경쟁의 스트레스를 극복하고 과도한 의식의 덫을 피할 수 있다면 내향적 성향은 운동선수로서 큰 강점이 될 수 있어요. 여러분에게는 고독한 연습을 견뎌내는 인내력, 완벽함을 추구하는 열정, 강한 집중력, 이 세 가지의 중요한 슈퍼파워가 있으니까요.

스포츠가 꼭 경쟁이 필요한 게 아니에요

한편 스포츠에 반드시 경쟁이 필요한 건 아니에요. 피아노에서부터 사진까지, 또 가장 최근에는 무술에 이르기까지 다양한 분야에 관심을 갖고 있는 줄리안의 예를 살펴볼까요? 줄리안은 요즘 파쿠르(도시나 자연 어디서나 주변에 있는 높고 험난한 건축물이나 장애물들을 장비 사용 없이 맨몸으로 붙잡고 오르고 뛰어넘는 익스트림 스포츠─옮긴이)를 연습하면서 몸을 단련시키고 있어요.

"파쿠르는 지금 내가 있는 환경에서 몸을 최대한 활용하는 요령을 배우는 거예요. 그러니까 벽이 있다면 뛰어넘고 구르고 넘어지면서 요령을 배워 그 벽을 극복하는 일이죠. 저는 파쿠르가 혼자 힘으로 할 수 있는 스포츠라서 정말 좋아요. 다른 사람과 경쟁하지 않으면서도 자신의 힘을 테스트해볼 수 있잖아요. 저는 파쿠르 관련 책을 읽고 동영상도 찾아보면서 따라 해보고 있어요."

순전히 몸을 움직이는 즐거움 때문에, 또는 뛰어난 실력을 키우기 위해 어떤 활동을 좋아한다면 그 열의를 표출할 방법이 경쟁밖에 없다는 생각의 덫에 빠지지 마세요. 경쟁은 하나의 방법일 뿐, 유일한 방법은 아닙니다.

청소년기는 신체에 변화가 일어나는 시기입니다. 자기 몸에 애정을 보여주세요. 여러분에게 어떤 운동이 잘 맞는지 시험해보세요. 운동을 통해 심박수를 높이고 땀을 흘리면 긴장이 풀리면서 떨치고 싶은 생각에서 벗어날 수도 있어요. 운동을 시작할 때는 다음을 명심하세요. 중요한 것은 몸무게나 어떤 얼토당토않은 미의 기준이 아니라, 정신적 명료함과 엔도르핀 분비가 가져다주는 행복감이랍니다. 여러분은 경기장에서 목소리가 제일 큰 선수는 아닐지 몰라도, 가장 큰 환호를 얻는 선수가 될 수 있어요.

혼자 몰두하는 시간

운동 시간을 실력을 키우는 동시에 정신 에너지도 회복시키기 위한 시간으로 삼으면서 고독을 받아들이세요.

내 경기 검토하기

자기가 가진 특유의 집중력에 주목하면서, 그 집중력을 활동 중인 그 운동에 적용시키세요. 경기나 연기에 더 깊이 있는 이해력을 쌓으세요. 의도적인 연습의 원칙을 활용해 실력을 향상시키고 월등해지세요.

🏳 성공을 시각화하기

경기가 잘 풀리는 모습을 떠올려보며 자신감을 북돋는 식으로, 분주하고 상상력 풍부한 여러분의 머리에 할 일을 주세요.

🏳 나의 세계를 축소하기

한스가 그랬던 것처럼 관중 앞에서 무너지지 마세요. 관중은 잊어버리세요. 여러분의 세계를 시합 매트나 경기장이나 수영장으로 축소시키세요. 외부의 방해거리는 차단하고 여러분의 실력을 발휘하는 일에만 집중하세요.

🏳 혼자 하는 운동 찾기

요가, 달리기, 걷기, 등산, 윗몸 일으키기. 이것들은 모두 여러분의 방이나 바깥에서 돈 하나 안 들이고 혼자서 하기 좋은 운동들입니다.

내향형이 운동하는 방식

운동을 명상처럼

조~ ~용

침묵의 댄스

헉 헉 헉

연습 파고들기

시각화 활용하기

마인드 컨트롤

나와의 경쟁

CHAPTER
11

인내심 강한
지구별 모험가

QUIET **1** POWER

고독에 맞선
조용한 소녀의 모험

❝ 호주에 사는 소녀 제시카 왓슨과 형제들은 홈스쿨링이 아닌 보트스쿨링을 하며 자랐습니다. 제시카가 5학년 때 부모님은 아이들과 함께 5년간 호주 해안 일주를 모험하기로 결심하고 약 16미터 길이의 배를 구입하셨거든요.

제시카는 조용한 소녀였지만 수줍음을 타는 겉모습 이면에는 모험 정신이 피어나고 있었어요. 그녀는 제시 마틴Jesse Martin이라는 사람이 1999년 겨우 열여덟 살의 나이에 전 세계를 혼자 항해했다는 이야기를 듣고 굉장한 충격을 받았어요. 어린 나이였음에도 제시카는 그런 여행이 자신에게 맞다는 걸 깨닫고, 전 세계를 항해하고 싶다는 마음이 들었어요. 그것도 혼자서요.

처음에 제시카는 그 꿈을 혼자만 간직하고 있었어요. 말을 해봐야 아무도 진지하게 받아들여줄 것 같지 않아서였죠. 그렇지만 남몰래 유명한 단독 항해 사례들을 조사해보면서, 아무 도움 없이 혼자 힘으로 범선을 조종하는 어려운 기술을 최대한 배워나갔어요. 망망대해에서 폭풍우에 갇히는 위험한 상황을 상상해보며 이런저런 생각도 해봤어요. '그런 위험에 닥치면 어떤 느낌일까? 내가 과연 그런 도전에 나설 만한 준비가 되어 있을까? 전 세계를 도는 내내 혼자서 버텨낼 수 있을까?'

제시카는 어느새 날씨, 항해, 장비에 관한 한 전문가 수준에 이르렀어요. 게다가 그렇게 조사를 하며 공상에 잠기는 날들이 늘어갈수록 자연이 어떤 상황을 던져주든 혼자서 헤쳐 나갈 수 있을 것 같다는 자신감도 늘어났어요.

결국 제시카는 세계 일주 항해에 나서기로 결심을 굳혔고, 부모님을 설득해 허락을 받아냈어요. 항해를 떠나려면 진지한 계획이 필요했어요. 제시카는 후원자들을 모으고, 자신이 나아가는 방향을 해도에 표시하며 추적해줄 전문가 팀도 모집했어요. 또 안전을 위해 '엘라의 핑크 레이디Ella's Pink Lady'라고 이름 붙인 배에 거칠고 예측 불가능한 날씨에 대비하기 위한 장치도 부착했어요.

열여섯 살에 9개월 항해를 떠나다

2009년 10월 18일에 제시카는 혼자서 항해에 나섰어요. 겨우 열여섯 살 나이에, 9개월을 홀로 보낼 예정으로 말이에요. 놀라운 통신 장비들 덕분에 와이파이도 터져서 친구들과 가족, 지원팀과 대화를 나누는 일이 가능했어요. 심지어 이따끔씩 페이스북도 확인할 수 있을 터였어요. 하지만 그렇다 해도 망망대해에 완전히 혼자 있게 되리라는 사실에는 변함이 없었죠.

더 이상 육지가 눈에 들어오지 않게 되었지만 고독이 괴롭진 않았어요. 물론, 바람이 부는 방향을 관측하는 풍향계에 ('파커'라는 이름까지 붙여주면서) 말을 걸기는 했어요. 바닷새나 인형과 대화하고, 배에도 격려의 말을 건넸죠. 그 배가 앞으로 닥칠 폭풍우에 대비해 응원이 필요한 진짜 사람이라도 되는 것처럼요.

감정적으로 처질 때도 있었어요. 휴대전화로 친구들과 가족의 소식을 확인하면서도 침묵이 더 좋아서 (놀랍게도) 통화를 거절한 적도 있었어요. 그 와중에 오빠가 수천 킬로미터 떨어져서도 자신을 성가시게 만들 수 있다는 걸 알게 되었죠. 그래서 한번은 태평양 한가운데에 홀로 떠 있는 동안 블로그에 이런 글을 올렸어요.

아빠와 브루스 오빠에게

지난 며칠 동안 전화가 안 돼 애태우면서도 잘 참아준 점 고마워. 또 십대 소녀에게는 가끔 말하고 싶지 않을 때도 있음을 이해해줘서 고마워!

제시카는 항해 중에 꿈만 같은 신기한 일들을 겪기도 했어요. 돌고래 무리가 배 주위를 헤엄쳐 지나가는가 하면, 어찌된 영문인지 모르겠지만 밤에 오징어 모양의 조그만 가짜 미끼가 배 갑판으로 떨어지기도 했어요. 어느 날은 폭풍우 사이로 달빛이 비칠 때, 달빛의 굴절로 생긴다고 하는 밤 무지개도 봤어요.

항해 중에 유조선과 가까이 붙는 바람에 배에 손상이 생기기도 했어요. 집채만 한 파도에 휩쓸려 배가 옆으로 뒤집어지는 바람에 선실 안에서 물먹은 인형처럼 데굴데굴 굴러다닌 적도 있었죠. 어느 날 밤에는 엉뚱하게 정신이 팔려 파스타 면을 디젤 연료에 넣고 끓이는 사고도 있었고요. 떠나오기 전, 너무나 많은 사람들이 이 항해를 말려야 한다고, 제시카 혼자서 감당할 수 없다고 우려의 말들을 했어요. 하지만 위험에 노출되어 두려움이 밀려오는 순간에도 제시카는 마음 깊이 느꼈어요. 자신은 해낼 수 있다고!

그리고 남다른 열정과 끈기로 견뎌냈어요. 제시카는 210일에 걸쳐 장장 3만 9,083킬로미터를 항해한 끝에 호주 시드니로 들어섰어요. 여러 대의 헬기와 배, TV 프로그램 촬영 팀, 환영객들이 몰려든 가운데 제시카는 가족으로부터 뜨거운 환영을 받았지요. 이로써 제시카는 역사상 가장 어린 나이에 단독으로 전 세계를 항해한 사람으로 기록에 올랐어요.

주의 깊고
신중하게

사람들은 모험가라고 하면 단순히 저돌적이고 대담하며 배짱
이 좋을 것으로만 생각하는 경향이 있어요. 하지만 기나긴 여정에
나서는 원대한 도전에는 예상외의 기술들이 필요해요. 가령 제시카
가 그 대단한 모험을 완수하기까지는 강한 집중력, 고독을 견뎌낸
강인한 끈기, 고도의 정신력이 필요했어요. 내향형인 제시카로선
이런 일에 이상적인 자질을 갖추고 있었던 셈이에요.

하지만 대체로 외향형이 위험 감수에 더 마음이 끌리는 경향이
있어요. 그렇다고 해서 내향형이 위험을 피하려고만 한다는 건 아

니에요. 실제로 보면 내향형도 위험을 감수하고 있으니까요. 하지만 훨씬 더 주의 깊고 신중하게 접근하는 편이죠.

결과에 만족감을 크게 느끼는 외향형

일부 과학자들은 사람들이 위험 감수를 즐기는 이유가 이른바 보상 민감도reward-sensitivity라는 현상과 연관이 있다고 보고 있어요. 사람은 대체로 어떤 보상을 얻는 방법의 하나로 도전을 바라본다는 거죠. 보상은 산 정상에 오른 후의 만족감으로 올 수도 있고, 복권 당첨으로 받은 상금이 될 수도 있어요.

증거로도 입증되고 있다시피 외향형이 목표의 성취나 경쟁에서의 승리, 불가능해 보이던 핸디캡을 극복한 뒤 느끼는 자부심, 흥분을 비롯한 전반적인 긍정적 감정들에 더 민감한 편이에요. 물론 누구나 그런 짜릿한 감정을 즐깁니다. 하지만 과학자들이 밝혀낸 바에 따르면 외향형이 좀 더 강하게 자극을 느낀다고 해요.

인간의 뇌에는 일종의 보상체계가 내장되어 있어요. 좋은 일이 생기면 도파민이라는 화학물질이 지나다니는 신경계가 활성화되며 흥분을 끌어올립니다. 과학자들의 견해에 따르면 이런 도파민 경로가 외향형의 뇌에서 더 활성화된다고 해요.

실제로 한 조사에서 연구가들이 도박에서 이긴 내향형과 외향형들을 비교해서 살펴봤는데, 외향적인 승자들이 내향적 승자들에 비해 뇌의 보상 영역이 더 활성화되었어요. 물론 내향형도 승리를 반겼어요. 하지만 뇌의 보상 경로망이 비교적 덜 활성화되어서 승리의 경험에 대해 조금 더 차분하게 느꼈어요.

또 다른 여러 조사에서는, 외향형이 내향형에 비해 더 성급하게 운전을 하고 자동차 사고를 더 많이 내는 편으로 나타났어요.

위험한 모험에 유리한 내향형의 차분함

전 세계 항해나 산악 등반 같은 위험한 모험에 관한 한 내향형의 차분함은 굉장히 유용할 수 있어요. 수십 년에 걸쳐 익스트림 스포츠 선수들의 성격을 조사해온 노르웨이의 사회학자 군나 브레이빅Gunnar Breivik은 연구 중에 암벽, 눈 덮인 봉우리, 가파른 실내 암벽을 기어오르는 등반가들도 살펴보게 되었어요. 몇 차례 조사를 벌인 결과, 등반가들은 대체로 보다 차분하고 내향적인 유형으로서 달성하려는 바를 조용히 시각화하는 경향을 지니고 있었어요. 또 실내 체육관보다 자연에서의 등반에 흥미를 느끼는 등반가들 사이에서 특히 더 내향적 경향이 높았어요.

브레이빅은 또 다른 연구 프로젝트로, 1985년의 노르웨이 에베레스트 원정대 대원들의 성격도 검토해봤어요. 당시 이 노르웨이 원정대는 다른 에베레스트 등반대들과 비교해서 굉장히 성공적인 등반을 해내며, 총 일곱 명의 대원 가운데 여섯 명이 끝까지 등반해서 정상에 올랐죠. 브레이빅은 이 대원들이 대체로 내향과 외향의 스펙트럼에서 외향형의 맨 끝 쪽으로 쏠려 있으리라고 추정했어요. 혹독한 추위와 바람과 눈에 맞서며 그에 뒤따르는 극한 감정을 감안하면 그럴 것 같았어요.

내향형이 자극에 더 민감하게 반응하며 자극에 보다 쉽게 압도된다는 레몬즙 연구, 기억하나요? 아무튼 에베레스트는 극도로 강한 자극에 해당돼요. 레몬즙이 폭탄 급으로 투입되는 자극이라고 할 만하죠. 게다가 원정대 활동에는 굉장한 협력이 필요했고, 그에 따라 브레이빅은 외향형이 한 팀으로 협력하기에 더 적합한 성향일 거라고 판단했어요. 하지만 조사 결과 원정대의 모험가들은 대체로 내향적이었어요.

"대원들은 독자적이고 자기 의지력이 강하고 상상력이 풍부한 유형들이었어요. 하지만 협동심도 강해서 세계에서 가장 높은 산의 정상까지 서로를 도우며 오를 수 있었어요."

브레이빅의 조사에서 밝혀진 핵심, 즉 모험가들은 강한 집중력을 가진 내향형이 많다는 점은 제시카의 감동적인 단독 항해를 통해서도 충분히 뒷받침되고 있어요. 제시카가 망망대해의 험난한 항해 과정을 그토록 잘 헤쳐 나갔던 한 가지 이유는, 조용한 기질 덕분에 차분함을 잃지 않고 눈앞에 직면한 위험에 집중할 수 있었기 때문이에요. 제시카는 위험천만한 항해의 와중에도 정신을 집중해 방향을 제대로 잡고 사나운 파도를 헤치며 자기 방식대로 스스로를 돌보면서 무사할 수 있었어요.

한편 내향적 모험가들은 타고난 위험 감수형이 아니지만 어떤 열정이나 프로젝트를 위해 기꺼이 자신을 확장해 큰 위험에 맞서려는 의지를 발휘하기도 해요. 역사상 가장 유명한 내향형의 한 사람이라 할 찰스 다윈은 청년 시절에 '모든 종은 환경에 적응하면서 오랜 시간에 걸쳐 발전해왔을 것'이라는 가정에 따라 진화론을 제시했어요. 인간의 본성과 생물학에 대한 이해를 완전히 바꾸어놓은 이론이었죠.

진화론의 창시자인 다윈은 청년 시절 혼자서 오랜 시간 산책하기를 좋아했고 몇 시간씩 혼자 낚시를 즐기기도 했어요. 이따금씩 내향적인 성향 때문에 낭패를 당할 때도 있었죠. 한번은 고국인 잉글랜드의 시골길을 걷는데, 생각에 너무 깊이 몰두해 있다가 길을 벗어난 곳으로 발을 내디뎌 2미터가량을 굴러 떨어지기도 했어요.

젊은 과학도였던 다윈은 영국 너머 세계를 보고 싶은 열망이 너무나 컸는데, 1831년 여름에 좋은 기회가 찾아왔어요. 당시 영국 정부는 남미 대륙의 해안 탐사를 위해 비글Beagle호를 출정시킬 계획이 있었어요. 선장인 로버트 피츠로이Robert FitzRoy는 지형을 살피기 위해 지질학자를 탑승시키고 싶어 했어요. 그런데 예전에 다윈을 가르쳤던 교수 한 명이 다윈을 추천했죠. 다윈은 처음엔 조금 망설였으나 결국 배에 오르기로 했어요.

하지만 선장은 젊은 청년을 데리고 가는 게 내키지 않았고 다윈의 내향적 성향도 못 미더웠어요. 그는 겉모습, 특히 얼굴 생김새를 보면 그 사람이 어떤 사람인지 알 수 있다면서 다윈 같은 코를 가진 관상은 그런 항해를 끝까지 버티는 데 필요한 에너지와 결의가 없을 거라 단언했다고 해요.

하지만 마침내 다윈을 데려가기로 결정했고, 1831년 12월 비글호는 출항 길에 올랐습니다. 애초 2년 예정이던 항해는 5년으로 늘어났고 다윈은 그 시간의 대부분을 바다와 육지에서 본 모든 것을 세심하게 기록하며 보냈어요. 매일같이 비좁고 갑갑한 선실에서 일기를 쓰며 그가 본 땅의 지형, 나무, 강, 꽃 등의 현지 생물과 사람들에 대해 적었어요. 때때로 고국의 교수와 친구들에게 일기 몇 장을 편지에 동봉해 보내기도 했죠.

다윈 본인은 몰랐지만 이렇게 보낸 일기를 여러 과학자들이 돌려가며 보게 되었어요. 그래서 1836년 잉글랜드로 돌아왔을 때 다윈은 이미 학계의 유명 인사가 되어 있었어요. 한편 항해 중에 보았던 신기한 생물들은 다윈에게 세계에 대한 이해를 바꾸어놓게 될 진화론을 전개시켜 나가는 계기가 되기도 했어요.

선장은 다윈의 외모를 보고 모험 가득한 항해를 잘 이겨낼지 의혹을 가졌지만, 결과적으로 다윈은 비글호에서 가장 중요한 역할을 했어요. 따지자면 비글호 항해가 과학계 역사상 가장 중요한 탐사로 꼽히게 된 것은 다윈이 예리한 관찰력을 발휘해 자신이 본 모든 것을 주의 깊게 기록했다가 나중에 책과 강의로 설명한 덕분이잖아요. 다윈이 비글호에 타지 않았다면 그 탐사는 그냥 평범한 항해로 남았을 거예요.

QUIET **2** POWER

어린 과학자의
잠수함 실험

66 　　이번에 들려줄 모험 이야기는 '보기만 하고 따라 해서는 안 될' 그런 유에 해당되는 얘기지만, 전부 다 사실이에요. 이야기의 주인공은 저스틴이라는 이름의 십대 소년이에요. 저스틴은 아주 꼬맹이 때부터 무엇이든지 뚝딱 만들어내는 재주가 있었어요. 블록 쌓기와 나무 조각품 만들기를 아주 좋아했고, 열 살 때부터는 혼자서 무선 조종 보트나 자동차를 만들어냈어요.

　　저스틴의 부모님은 일찌감치 아들의 이런 열정을 알아봤어요. 그래서 아들을 인근 폐품 처리장으로 데리고 가서 고물 컴퓨터와 모터 등 저스틴이 흥미로워할 만한 온갖 물건을 집어오게 해줬어요. 폐품 처리장의 관리인은 그런 고물들을 온갖 탈것과 로봇으로 변신시키는 꼬맹이가 신통해서 흥미로운 물건이 있으면 따로 빼놓기까지 했죠.

저스틴은 배포가 점점 커지더니, 잠수함을 만들 수 있다는 확신으로까지 이어졌어요. 그렇게 해서 열네 살 때 처음으로 잠수함 만들기에 도전했지만 벽 사이로 물이 새어 들어와 실패로 끝나고 말았어요. 1년 후에 다시 도전했지만 두 번째 도전 역시 실패했어요.

결국 저스틴은 지금까지 해온 방법이 완전히 틀렸다고 결론짓고는 아버지에게 길이 182센티미터에 폭 60센티미터인 플라스틱 배수관을 사달라고 부탁했어요. 그 무렵 저스틴이 별난 실험을 진행하고 있음을 익히 알고 있던 아버지는 안전과 관련해서 꼬치꼬치 확인을 받고 난 후 배수관을 사주기로 했어요.

배수관이 도착하자 저스틴은 고물 전자부품, 모터, 전선, 케이블 등이 잔뜩 쌓여 있는 지하 작업실로 끌고 내려갔어요. 그리고 무엇부터 시작할지를 차근차근 생각해봤어요. 그 뒤로 6개월에 걸쳐 하나부터 열까지 모든 것을 혼자서 작업한 끝에, 그 커다란 플라스틱 배수관을 실제로 작동되는 1인용 잠수함으로 변신시켰어요. 그것도 고물 낚싯배에서 가져온 모터, 장난감 차에서 빼낸 배터리, 고장난 제트스키 장치, 망가진 탄산음료 기계에서 빼온 압력 장치 들을 부품으로 사용해서요.

중간 중간에 친구들과 가족들이 찾아와 잘되어가는지 보기도 하고 도움도 제안했지만 그 잠수함은 저스틴 혼자 힘으로 완수해낸 프로젝트였어요. 폭설로 휴교가 되었을 때도 같이 놀 친구들을 찾아다니기는커녕, 온종일 잠수함의 여러 구성 부분과 제어판의 전선을 이어주는 일에 매달렸어요. 저스틴에게는 이 일이 하기 싫고 따분한 일이 아니었어요. 오히려 자신의 시간을 기꺼이 쏟고 싶은 일이었지요.

집중력이 되는 모험심과 의지

봄에 잠수함이 완성되자 저스틴은 부모님의 허락을 받은 뒤 가족의 주말 별장 뒤쪽 호수에서 잠수함을 타고 수면 아래로 들어갔어요. 그렇게 물속에 혼자 들어가 오레오 쿠키를 오물오물 먹으며 물고기를 구경하고, 무전기로 부모님에게 물이 새지 않는다고 안심도 시켜주면서 30분을 보냈어요.

그날 잠수를 마침 즈음, 저스틴은 아버지에게 무전을 보내 문제가 생겼다고 알렸어요. 아버지는 가슴이 철렁 내려앉았어요. 저스틴이 그 문제가 뭔지 말하기 전까지는요.

"오레오가 다 떨어졌어요."

십대 청소년이 혼자 힘으로 잠수함을 만들 수 있었던 데는 여러 가지 이유가 있었어요. 먼저 저스틴은 굉장히 명석한 아이였어요. 더구나 집중력이 대단했고 긴 시간 동안 열심히 몰두할 줄도 알았어요. 폭설로 인한 휴교일에도 온종일 혼자서 전선 잇기에 열중했다니까요. 저스틴은 자신의 내향성이 성격상의 결점이라고 느낀 적이 한 번도 없었어요. 내향성은 저스틴에게 하나의 재능이었고, 저스틴은 잠수함이나 무선 조종 자동차를 만들면서 즐거움과 함께 모험심도 느꼈어요.

두려움이 도둑처럼
들어오게 내버려두지 않기

모험이 언제나 역사적이거나 기술적으로 영향을 미쳐야 하는 것은 아니며, 그래야 할 필요도 없습니다. 한 사례로, 한때 수줍음이 많았던 인디애나주의 소녀 리타 얘기를 해줄게요.

리타는 고등학교 2학년 때 에콰도르에서 1년간 외국 생활을 했어요. 그렇게 에콰도르에서 지내면서 현지 아이들과 친구가 되어 살사 댄스를 배우고 자신이 살던 문화보다 더 훈훈하고 친근하고 시끌시끌한 그곳 문화에 적응하게 되었어요.

고국으로 돌아온 리타는 교환학생 제도에 대해 연설하면서 다른 학생들에게도 자신처럼 외국에 다녀오기를 권했어요. 리타는 모든 학생들이 모여 있는 앞에서 말한다는 것이 초조했지만 자신이 전하려는 메시지의 가치를 믿었어요.

보통 교환학생 제도를 운영하는 어른들은 외향적인 아이들이 외국 생활을 더 잘할 것으로 생각했지만, 리타는 연설에서 내향적 성향이 실제로 외국 생활에 유리하다는 점을 강조했어요. 사실, 리타는 사람들의 하는 말을 아주 편하게 들어주는 편이에요. 그것도 아주 잘 귀담아들어주기 때문에 홈스테이 가정의 어른들은 물론 학교에서 만나는 아이들 모두와 친밀한 우정을 맺을 수 있었어요. 물론, 가끔씩 외향형의 가면을 썼지만 자신이 변했다고는 생각하지 않았어요. 리타의 말마따나 '덜 내향적이 된 게 아니라, 그냥 수줍음을 덜 타게' 된 거였죠.

모험이 모험으로 연결되는 경험

학교에서는 리타에게 또 한 번 연설을 부탁하며 경험담을 이야기해달라고 했어요. 이번에는 더 많은 사람들 앞에서 말해야 했어요. 리타는 많은 사람 앞에서 말하기가 겁났지만, 그 나라 말도 할 줄 모르고 아무도 아는 사람이 없는 외국으로 모험을 떠났다가, 스페인어를 할 줄 알게 되고 새로운 사람들과 깊이 있는 우정을 맺고 돌아올 수 있었다면 사람들 앞에서 잠깐 연설하는 일도 무난히 해내리라는 논리로 스스로에게 용기를 북돋웠어요.

언젠가 이웃 사람이 해주었던 얘기도 떠올렸어요. 리타가 에콰도르로 떠나기 전에 리타의 친구들과 이웃들이 좋은 말들을 적어 작은 공책을 선물해주었대요. 거기에 대한 리타의 말을 들어볼까요?

"'두려움은 도둑이란다.' 한 이웃이 이렇게 시작되는 조언을 써줬어요. 저는 그 조언을 신조로 삼아 지내기로 결심했어요. '두려움이 도둑처럼 들어오게 놔두어서는 안 된다. 그랬다간 두려움이 수많은 소중한 것들을 훔쳐가고 너에게 올 수많은 멋진 순간들을 빼앗아 갈 테니까.'"

리타는 그 조언을 가슴에 새기며 대담하게 외국으로 떠났고, 다시 한 번 그 조언에 기댔어요. 그녀는 영어 선생님의 도움을 받아 연설문 준비를 한 뒤, 학교 연극 선생님과 연습하며 더 크게 말해야 할 때와 강조해야 할 대목을 따로 메모해놓았어요. 하지만 연설일 아침이 되자 긴장감에 사로잡혔어요. 천 명이 넘는 사람들이 자신을 뚫어져라 마주보고 있었어요. 하지만 리타는 메모를 흘끗 본 다음 입을 떼었어요.

"첫 문장을 말하고 나자마자 모든 것이 조금씩 속도가 느려지는 것처럼 느껴지더니 점점 차분해졌어요."

앞에는 아주 많은 청중이 앉아 있었지만 그 사람들 모두 이유가 있어서 그곳에 온 것이었어요. 다시 말해, 리타가 하려는 말에 관심이 있어서 나온 거예요. 그렇다면 그 자리는 리타로선 자신의 생각과 경험담을 공유할 기회였어요. 새로운 문화로 떠나서 그 문화를 체험해보고 싶은 아이들에게 자극을 주는 기회가 될 수도 있고요. 리타는 두려움이 그런 기회를 훔쳐가게 내버려두고 싶지 않았어요.

리타가 에콰도르 생활을 통해 얻은 자신감은 대중 연설을 넘어선 차원으로까지 이어졌어요. 비교적 만만치 않은 사회적 장애물을 뛰어넘고 나니, 이제는 더 쉽게 새로운 친구를 사귈 수 있게 되었어요. 사실, 리타는 그 모험으로 크게 달라져서 1년간 대학 입학을 미루더라도 교환학생 프로그램에 다시 한 번 참가하기로 결심했어요. 이번 목적지는 러시아였어요. 이번에도 역시 그 나라에 대해 아는 것이 별로 없었어요. 러시아어를 할 줄 몰랐고 아는 사람도 없었어요. 거리상으로도 에콰도르보다 훨씬 더 멀었어요.

다시 말해, 여행을 떠나기에 완벽한 조건이었죠.

끈기! 있는
모험가 되기!
QUIET POWER

어디로 갈 것인가, 갈 것인지 말 것인가, 간다면 어떤 식으로 갈 것인가 등을
정하는 일은 전적으로 여러분에게 달려 있어요. 하지만 독자적인 모험을 시
작하려 한다면 제시카와 리타를 비롯한 여러 사람의 모험을 귀감으로 삼으
며 다음의 몇 가지 팁도 참고해보세요.

열정을 따르기

이번 장에서 만나본 모험심 강한 내향형들은 하나같이 뭔가에 큰 흥미를 느
껴서 탐험에 나서고픈 끌림을 뿌리치지 못했어요. 호기심을 자극하는 것에
주목하면서 그 이끌림을 따라 인생 반전의 경험을 선사할지도 모르는 방향
으로 들어서보세요.

경청력과 관찰력 활용하기

여행을 나서든 새 분야를 개척하는 중이든, 내향형으로서의 강점을 살리면
잘 적응하게 돼 있어요. 리타는 홈스테이 가정의 어머니 말을 열심히 듣고 새
로운 급우들을 잘 관찰하면서 에콰도르의 문화에 적응하게 되었어요. 다윈
의 관찰력은 역사에서 잊히기 쉬운 탐험을 역사상 가장 위대한 탐험으로 탈
바꿈시켜주었어요. 이처럼 내향형은 모험에 잘 맞는 자질을 갖추고 있어요.

⤏ 재충전을 잊지 않기

아무리 모험심이 강해도 정신의 배터리를 재충전하기 위한 혼자만의 시간은 필요해요. 수영 선수인 제니는 일본 문화를 공부하기 위해 몇 주 계획으로 일본에 간 적이 있는데, 민박집 가족은 처음에 혼자의 시간이 필요한 제니를 이해하지 못했다고 해요. 하지만 결국엔 제니가 매일 학교를 마치고 돌아오면 혼자 조용히 앉아 있을 시간을 잠깐이나마 내주었어요. 그 뒤로 제니의 기분은 훨씬 좋아졌다고 해요.

⤏ 엘리너 루스벨트의 말을 신조로 삼기

"날마다 당신이 두려워하는 일에 도전하세요." 수업 중에 손 들기나 모임에 가서 잘 모르는 사람 옆에 앉기 같은 사소한 일도 괜찮으니 도전해보세요. 편안하게 느껴지는 안전지대를 넘어서서 과감히 스스로를 확장시키다보면 그런 도전에 중독이 될 수도 있어요. 습관이 붙고 나면 어느새, 어렵지만 보상이 뒤따르는 일들을 일상처럼 도전하게 될지 몰라요.

⤏ 자신을 믿기

야심찬 여행이나 탐험은 물론, 단순한 해외여행조차도 외향형과 내향형 가릴 것 없이 누구나 신경을 초조하게 만들 수 있어요. 하지만 리타가 깨달은 것처럼, 두려움이 도둑처럼 자리를 잡게 해서는 안 됩니다.

조용히 세상을
바꾸는 힘

콰이어트 파워로
세상을 변화시킨 여인

" 1955년 12월 1일의 이른 저녁, 앨라배마주 몽고메리에서 일어난 일이었어요. 버스가 정차하자 멋이라곤 없는 평상복 차림을 한 40대 흑인 여성이 버스에 올라탔어요. 여인의 이름은 로자 파크스였죠. 하루 종일 몽고메리 페어 백화점의 어두침침한 지하 양복점에서 다리미판 위로 허리를 구부리고 있었음에도 그녀는 가슴을 펴고 당당하게 걸었어요.

로자 파크스는 발은 퉁퉁 붓고 어깨는 욱신욱신 쑤시는 몸을 이끌고 버스의 '유색인' 칸 첫 번째 줄에 앉아서 버스 안이 승객으로 만원이 되어가는 모습을 조용히 지켜보고 있었어요. 운전기사가 백인 승객에게 자리를 양보하라고 명령조로 말하기 전까지는요. 그 말을 듣고 여인은 20세기에 가장 큰 의의를 갖는 민권운동을 촉발시키면서, 미국을 변화시키는 데 일조한 한마디를 내뱉었어요.

"싫어요."

그러자 운전기사는 당장 신고해서 체포시키겠다고 위협했어요. 로자 파크스가 대꾸했어요.

"그러시든가요."

잠시 후 경찰관이 도착했어요. 경찰관은 파크스에게 왜 일어나지 않느냐고 물었어요.

"당신들은 왜 이렇게 우리를 못살게 구는 건가요?"

파크스가 되묻자 경찰관이 대답했어요.

"그건 모르겠고, 어쨌든 법은 법이니 당신을 체포하겠소."

파크스에게 치안 문란 행위로 유죄가 선고된 그날 오후, 몽고메리 지위향상협회Montgomery Improvement Association는 몽고메리 빈민가의 홀트 스트리트 침례교회에서 파크스를 위한 집회를 열었어요. 파크스가 외롭게 펼친 그 용기 있는 행동을 지지하기 위해 무려 5천 명의 사람들이 이 집회에 몰려들었어요.

교회 안은 사람들로 빼곡히 들어차 발디딜 틈도 없었어요. 안으로 들어오지 못한 사람들은 밖에서 참을성 있게 기다리며 확성기 소리에 귀를 기울였어요. 안에서는 마틴 루터 킹 목사가 청중에게 연설을 하고 있었어요.

"쇳덩이 같은 압제의 발에 짓밟히는 이런 일을 참을 만큼 참았습니다."

킹 목사는 파크스의 용기를 칭송하며 그녀를 안아주었어요. 파크스는 말없이 서 있었지만, 그 존재만으로도 청중들을 고취시키기에 충분했어요. 협회는 몽고메리시 전역에서 버스 안 타기 운동을 벌여 381일 동안 이어갔어요. 그동안 사람들은 수킬로미터를 터벅터벅 걸어서 직장에 출근했어요. 모르는 사람들과 카풀을 하기도 했지요. 그리고 이러한 행동 끝에 결국 미국 역사의 흐름을 바꾸어 놓았어요.

조용하고 강인한 힘

나는 늘 로자 파크스를 대담한 기질을 가진 풍채 당당한 여성으로 상상해왔어요. 그런 사람이기에 만원 버스에서 험악한 표정으로 노려보는 승객들에게 선뜻 맞설 수 있지 않았을까 싶었어요. 하지만 2005년 파크스가 92세의 나이로 세상을 떠났을 때 쏟아져 나온 수많은 부고 기사를 보면 그녀를 부드러운 말투에, 다정다감하고 체구가 작은 여인으로 회고하고 있었어요. 특히 '소심하고 수줍음 많은' 편이었으나 '사자와 같은 용기'가 있었다는 식으로 묘사된 기사

문구들은 마치 이렇게 묻는 것 같았어요. '조용한 성품이면서 강인함을 지니고 있다는 것이 말이 될까? 어떻게 수줍음을 타면서도 용기를 가질 수 있을까?'

파크스 본인도 이런 역설을 의식했던 듯 자서전의 제목을《조용한 힘Quiet Strength》이라고 붙였어요. 사람들의 통념에 반박하며 '조용하다고 해서 강하면 안 되나요?'라고 묻는 것처럼요.

제대로 주목받지 못하고 있지만, 조용함이 할 수 있는 일로 또 뭐가 있을까요? 이번 장에서 곧 구체적 사례를 들려주겠지만 '조용함'으로 세상을 변화시킬 수도 있어요.

QUIET **2** POWER

성격의
고무줄 이론

❝ 몇 년 전에 저는 인격 심리 과학 분야 일인자로 꼽히는, 하버
드 의과대학의 칼 슈워츠**Carl Schwartz** 박사를 만날 기회가 있었어요.
슈워츠 박사는 우리의 인격이 태어날 때부터 어느 정도는 뇌와 신
경계에 내장되어 있다고 설명해주었어요. 앞에서도 이야기했다시
피, 우리의 기질(특정 방식으로 행동하고 느끼는 경향)은 타고 나는 것
이며 마음대로 바꿀 수 없다는 얘기였어요.

  하지만 우리 자신을 고무줄처럼 늘릴 수는 있어요. 민감하고 신
중한 사람도 요령을 배우면 대담하게 행동할 수 있고, 충동적이고

직선적인 사람도 만족감을 미루며 상대방의 기분이 상하지 않도록 듣기 좋게 말하는 법을 배울 수 있어요.

저는 이것을 성격의 고무줄 이론이라고 생각하고 싶어요. 내향형도 원하면 고무줄처럼 늘어나서, 활달하게 굴거나 과도하게 자극적인 환경에서도 잘 어울릴 수 있어요. 하지만 너무 당기면 툭 끊어질 위험도 있지요. 여기에서는 한계를 아는 것이 비결이에요.

제가 고무줄 이론을 설명할 때 즐겨 꺼내는 사례는, 프린스턴 대학 동창이자 미국의 교육 개선을 위해 대담한 아이디어를 생각해낸 웬디 콥이라는 여대생 이야기예요. 미국의 빈민가에 위치한 학교들은 운영자금이 모자라 쩔쩔매고 있어요. 또 학급당 학생 수가 많고 선생님은 부족한 형편이에요. 콥은 대학 재학 당시 똑똑한 동급생들 가운데 기회만 있다면 그런 낙후된 지역의 아이들을 가르쳐보겠다고 나설 사람들이 있지 않을까, 하는 생각이 들었어요.

그 생각이 맞다면, 필요한 것은 그런 마음이 있는 대학 졸업반 학생들에게 기회를 제공해줄 단체였어요. 이 아이디어를 구체적으로 구상해나가기 시작하면서, 콥은 이 단체가 수많은 아이들이 처해 있는 열악한 교육 여건을 개선시키는 한 방법이 될 수 있겠다는 확신이 들었어요.

하지만 자금이 필요하다는 사실도 의식했어요. 그것도 적지 않은 돈이 필요하다는 것을요. 이것저것 따지며 조사해보니, 훗날 티치 포 아메리카Teach for America로 이름 붙은 그 단체를 제대로 운영하려면 초기 자금이 대략 250만 달러(약 27억 원)가 필요했어요. 대학생들을 모집해서 교사로 훈련시키려면 그 정도 돈이 들 것 같았지요. 하지만 당시에 콥은 학생이었고 지인 중에 그만한 재력을 가진 사람도 없었어요. 다시 말해, 사람들에게 기부를 부탁하는 방법밖에 없었어요.

스스로 확장해내는 준비

어떤 사람들에게는 쉬운 일이었을지 모르지만, 웬디 콥은 달랐어요. 콥은 스스로를 활달한 판매 사원 스타일이 아니라고 여겼고, 그래서 사람들의 마음을 끌어 자신의 아이디어에 지지를 얻어낼 자신이 없었어요. 콥은 자부심 있는 내향형이었고 고독을 소중히 여겼어요. 대학 시절에도 인기 있는 사교 클럽에 가입하길 거부했고, 아침마다 조깅을 하면서 생각을 정리하길 즐겼어요.

저는 그 단체를 창설하기 한참 전에 콥이 캠퍼스를 가로질러 걷던 모습이 아직도 생생해요. 목적의식과 결의가 느껴지던 그날의 모습을 앞으로도 잊지 못할 거예요. 결국 콥은 의욕 넘치고 근면한 내향형들 대다수가 그런 상황에서 할 법한 행동을 했어요. 도서관으로 가서 조사에 매달리는 일이었죠. 그렇게 그 문제와 관련해 최대한 공부하면서 단체를 세우는 데 필요한 사항들을 알아봤어요.

얼마 지나 콥은 코카콜라와 델타항공을 비롯한 30개의 대기업 대표들에게 편지를 보내기 시작했어요. 대부분 콥의 제안을 거절했고, 아예 답장조차 안 하는 경우도 있었죠. 하지만 콥은 포기하지 않고 밀고 나갔어요. 대학을 졸업한 뒤, 남은 여름을 작은 사무실에서 혼자 수백 통의 편지를 쓰면서 보냈어요.

그러던 어느 날, 말솜씨 유창한 텍사스주의 억만장자 로스 페로Ross Perot를 설득해 직접 만나기로 했어요. 페로는 그 자리에서 온갖 질문을 퍼부었고 콥은 모든 질문에 차분히 대답했어요. 결국 자신이 도전하려는 일이 얼마나 유익한지 납득시키는 데 성공했고, 페로가 콥의 첫 번째 기부자가 되었어요.

콥이 나머지 자금을 모아 단체를 세우고 나자, 이번엔 그룹 리더로서의 책무 때문에 애를 먹었어요. 제1기 교사진이 사우스캘리포니아대학교에서 모여 훈련을 받는 동안 콥은 사람들을 피하려고 애썼어요. 학생 식당에서 다들 밥을 먹을 때도 사무실에 남아 있었어요. 수십 명을 파티에 초대해놓고 자기는 방에 틀어박혀 나오지 않는 어이없는 상황과 마찬가지였어요! 예비 교사들은 콥을 아주 거북해했어요. 훗날, 콥 자신도 그 8주의 훈련 기간이 평생 가장 길게 느껴졌던 시기라고 회고했어요.

해가 지날수록, 그리고 단체의 규모가 커질수록 콥은 계속 그런 식으로 해서는 안 되겠다는 생각이 들었어요. 이제는 자신을 늘려서 확장시켜야 할 때였어요. 아무리 사람들과의 접촉을 좋아하지 않는다 해도 대의를 위해서는 나서야 했어요. 콥은 결국 사무실에서 나왔어요. 토론 자리를 피하는 대신, 토론을 직접 소집하기 시작했어요. 대체로 아침 9시부터 저녁 8시까지 여러 차례 모임을 가졌어요.(이 정도면 내향형과 외향형 모두에게 장시간에 해당돼요!)

그렇게 하루를 보낸 다음 집에 가서 몇 시간 눈을 붙이고는 꼭두새벽에 일어났어요. 그런 식으로 콥은 자신이 좋아하는 방식으로 일하는 시간, 그러니까 혼자 일하는 시간을 몇 시간으로 줄였답니다. 그 노력이 헛되지 않게, 티치 포 아메리카는 미국에서 가장 유력한 교육기관으로 성장했습니다.

선한 영향력을
발휘하는 아이들

여학생 로빈은 선생님들에게 늘 똑같은 소리를 들었어요.

"수업 중에 더 크게 얘기해봐! 다른 애들하고 어울리려는 노력도 좀 하렴."

사실, 로빈은 혼자 있거나 친한 친구들 중 한 명과 단둘이 있기를 더 좋아했어요. 특히 사람들이 많이 모여 있는 자리라면 질색을 했어요. 학교에서 프레젠테이션을 해야 할 때는 바닥만 내려다봤어요. 누군가와 눈이 마주치면 덜덜 떨게 될까 봐 겁이 나서였어요. 또 잡담 같은 건 영 재미가 없었어요. 친구들과 어울릴 때는 가족,

믿음, 사교 생활 같은 중요한 고민거리를 놓고 차분히 깊은 대화를 나눴어요.

로빈의 취미는 독서였어요. 글을 쓰고 피아노를 치는 것도 좋아했지만 충전이 필요할 때는 자기 방으로 들어가 소설 속으로 사라지는 것이 보통이었어요. 좋아하는 작가도 찰스 디킨스부터 존 그린에 이르기까지 다양했어요.

로빈의 단짝 친구도 책벌레였고 둘은 '문학 사랑'이라는 공통점 때문에 서로 잘 통했어요. 두 친구는 어느 날부터 자신들의 열정을 다른 사람들과 공유할 만한 최선의 방법을 의논하기 시작했어요.

"저는 '책을 읽을 기회가 없는 사람들을 위해 도서 기부 운동을 해보면 어떨까?' 하는 의견을 내놓았어요."

로빈이 그때를 떠올리며 말했어요. 친구는 정말 좋은 아이디어라며 공감해주었고, 두 사람은 책을 기부하기에 어디가 가장 좋을지 알아봤어요. 꼭 필요한 사람들에게 직접적인 도움을 줄 수 있는 정말로 신뢰할 만한 자선단체를 찾고 싶었어요.

아프리카 도서관 프로젝트

처음엔 그 지역의 여러 단체들을 알아보았는데, 어느 날 우연히 로빈이 '아프리카 도서관 프로젝트African Library Project'를 알게 되면서 그곳으로 마음을 정하게 되었어요. 아프리카 도서관 프로젝트는 책에 목말라 하는 학교들을 위한 운동에 아이들이 직접 참여할 수 있도록 도와주는 비영리 단체예요. 프로젝트 단체에서 두 사람에게 정해준 도서 기부 대상지는 아프리카 남동쪽 귀퉁이에 자리 잡은 작고 가난한 나라, 말라위의 한 도서관이었어요. 이 프로젝트에 동참하기 위해서 로빈은 친구와 같이 최소한 1,000권의 책과 500달러(약 550만 원) 이상의 운송비용을 모아야 했어요.

로빈이 가장 먼저 도움을 청한 사람 중에는 친척 어른도 있었어요. 그분은 근처 학교의 교장 선생님이셔서 좋은 조언을 해주리라는 기대를 걸고 찾아갔죠. 역시 기대대로 친척 어른은 몇 가지 좋은 제안도 주고 자신의 학교 도서관을 통해 책 800권을 기부하기로 약속도 했어요. 뿐만 아니라 로빈에게 로빈의 학교 교장 선생님에게 찾아가 프로젝트를 도와달라고 말해보라는 격려의 말도 해주었어요.

친척에게 도움을 구하기는 비교적 쉬운 일이었어요. 어쨌든 가족이었으니까요. 하지만 자신이 다니는 학교의 교장 선생님 앞에서 말을 꺼낸다는 것은 로빈으로선 완전히 다른 차원의 도전이었어요. 아무튼 한 가지 도움을 구하고 싶은, 자선 모금 아이디어가 있기는 했어요. 로빈의 학교는 학칙에 따라 학생들이 거의 매일 교복을 입고 등교했는데, 예전에는 학교가 사복 입는 날 행사를 열어 자선 모금을 한 적이 있었어요. 말하자면 사복 입는 날 행사를 열고 10달러를 기부하는 학생들에게 입고 싶은 옷을 마음껏 입을 수 있도록 허용하는 거예요.

사복 입는 날 행사를 한 번만 개최하면 책을 보내는 운송비를 충당할 만한 돈을 모으고도 남을 것 같았어요. 그러자면 먼저 로빈이 교장 선생님의 허락을 받아야 했는데 교장 선생님에게 가서 말을 꺼내기가 겁이 났어요. 하지만 아무리 생각해도 도서 기부 운동을 계획대로 해내려면 직접 찾아가서 부탁하는 길이 최선이었어요.

로빈은 더 설득력 있게 말하려면 그 자선 단체에 대해 더 많이 알아두어야겠다는 생각이 들었어요. 그래서 더 조사하고, 자신이 돕고 싶은 지역에 대해서도 조사했어요. 가령 그 지역 사람들의 식자율(글을 읽고 쓸 줄 아는 사람의 비율)을 비롯해 설득에 유용한 정보들을 힘닿는 데까지 숙지해두었어요. 불쑥 질문을 받을 때 당황하지 않게 예상 질문과 답변을 미리 생각해보고, 친구에게 말해서 교장 선생님과의 면담 자리에 같이 가서 응원해달라고도 했어요.

교장 선생님은 이 수줍음 타는 학생 앞에서 소리를 지르지도 않고 불을 내뿜지도 않았지만, 안타깝게도 로빈의 제안을 허락해주지도 않았어요. 교장 선생님은 사복을 입고 등교하는 것을 탐탁히 여기지 않아 허락하지 않았던 거였어요.

하지만 로빈은 이 계획을 포기할 마음이 없었어요. 이번에는 학교의 지역 봉사 책임자를 찾아가 도움을 청했고, 책임자는 다른 방법 몇 가지를 제안해주었어요. 조언에 따라 로빈과 친구는 일명 '동전 전쟁'이라는 모금 운동을 시작했어요. 두 친구는 학생 식당에 각각 여학생용과 남학생용으로 모금함 두 개를 설치해놓고, 어느 쪽이 더 많은 돈을 기부하는지 경쟁을 붙였어요. 학생들은 게임처럼 여겨 모금 운동에 기꺼이 참여해주었답니다. 또한 로빈의 친구들은 모금 운동 소식을 널리 알리기 위해 전단지를 예쁘게 꾸며 학교와 동네 여기저기에 붙이면서 돈이나 도서, 또는 그 둘 모두를 기부해 달라고 호소했어요.

어느 날 로빈은 오빠가 속한 보이스카웃 모임에 가서 20명이 조금 넘는 남학생과 학부모들에게 직접 호소하기도 했어요. 긴장이 많이 되었지만 그 프로젝트를 향한 열정에 의지해, 말라위의 낮은 식자율을 설명하며 그곳의 변화에 도움을 보태고픈 자신의 간절한 바람을 전했어요. 로빈이 호소를 마치자 보이스카웃 단원들은 용돈을 기부금으로 내놓았어요.

그렇게 해서 책과 돈이 조금씩 들어오기 시작했어요. 프로젝트에 착수한 지 6개월이 지난 그해 여름에 이르자 로빈과 급우들이 모은 책은 모두 1,177권에 이르렀어요. 그 무렵 해상운송비가 600달러 정도 필요하다는 사실을 알게 되었는데, 모금한 돈이 그 액수에 조금 모자라자 남은 책 일부를 중고 서점에 팔아서 차액을 메웠어요.

그 후에는 친구 몇 명과 가족들을 불러 모아 집을 우체국으로 변신시키다시피 하며, 음악을 틀어놓고 다 같이 손발을 척척 맞춰

23개의 커다란 책 상자를 포장했어요. 모인 책들은 동화책과 교재부터 근사한 지도책까지, 종류가 다양했어요.

　마침내 상자들을 우체국으로 보내며 그동안의 모든 노고의 결실을 넘겨주는 순간, 로빈은 굉장한 안도감을 느꼈어요. 다른 어떤 일보다도 뿌듯함이 컸고, 그 뿌듯함은 어느새 자신감으로 변했어요. 자기 스스로에 대해, 또 자신의 목표 달성 능력에 대해 자신감이 붙은 거예요.

대의를 생각하면 협력이 쉬워요

맨해튼 사립학교의 외향적인 브라이언과 내향적인 제임스는 공동 학생회장으로서 대의를 진척시키기 위해 서로 상호 보완적인 재능을 모았어요.(앞의 제8장에서 자세히 알아봤다시피, 두 사람은 환상적인 파트너십을 과시하는 단짝이에요.) 두 사람은 학생회장직을 맡고 있는 동안 놀이공원 소풍, 집회, 장기 자랑 대회 같은 재미있으면서도 교육적인 행사를 여러 가지 개최했어요.

하지만 두 사람이 가장 자랑스러워했던 업적은 뭐니 뭐니 해도 지역 봉사 활동을 확대시킨 부분이었어요. 브라이언과 제임스가 지역 봉사 활동을 위해 진행했던 일 한 가지는, 학생들에게 지역의 푸드 팬트리food pantry(저소득층 가정에 생필품을 기부하는 프로그램–옮긴이)에 참여하도록 장려하는 일이었어요. 그래서 전교생 집회를 소집해 750명의 아이들 앞에서 푸드 팬트리의 활동 내용과 도움이 필요한 이유를 설명했어요. 외향형인 브라이언은 무대에 오르는 것에 신나 했어요.

"올라가서 농담도 하고, 재미있었어요."

브라이언이 당시를 떠올리며 말했어요. 내향적인 제임스는 어땠을까요? 그다지 신나지 않았어요. 하지만 묵직하게 내려앉는 긴장을 떨치고 무대에 올라 입을 뗐어요. 제임스는 가장 싼 음식이 대체로 몸에는 가장 안 좋은 음식이라고 지적하면서, 그 결과로 뉴욕시

인근 지역 저소득층 사람들이 적절한 음식을 못 먹고 있다고 강조했어요. 그리고 이어서 자신들이 돕고 있는 푸드 팬트리가 건강에 좋은 식품들을 무료로 제공해주고 있지만 더 많은 자원 봉사자가 필요하다고 힘주어 말했어요.

결국 제임스의 조용한 열정과 브라이언이 발산하는 활달한 매력 덕분에, 30명이 넘는 학생들이 자원 봉사자로 신청했죠.

섬세한 손을 내밀 수 있어요

내향적인 뮤지컬 배우 칼리는 졸업을 앞두고 자신이 초등학교에서 중학교, 또 중학교에서 고등학교로 올라오는 사이에 얼마나 발전했는지 되돌아보았어요. 칼리가 느끼기엔, 다른 무엇보다도 고등학교 때의 지역 봉사 프로그램을 통해 자신이 얼마나 마음이 넓어질 수 있는지를 깨달은 일이 자신의 성장에 큰 도움이 된 것 같았어요.

그 고등학교에서는 학생들에게 마지막 두 학년 동안 24시간 지역 봉사 활동 시간을 채우도록 의무화했어요. 칼리는 말했어요.

"지역 봉사 활동이 저를 완전히 바꿔놓았어요. 저는 의무 시간을 크게 넘기며 자원 봉사를 했어요."

칼리는 버몬트주의 한 마을에서 아동과 십대를 위한 약물 저항 훈련 프로그램에 자원했어요. 그곳에서 유치원에서 8학년까지를 대상으로 한 방과 후 프로그램을 진행했고, 여름 방학 프로그램에서 상담 봉사를 담당했어요. 칼리가 이곳에 자원하면서 정한 다짐은, 약물 사용의 위험에 처한 아이들을 무비판적으로 지원해주자는 것이었어요.

"상담을 해줄 때는 늘 그 아이들의 이야기를 들으며 일어나는 감정에 주의했는데, 저는 그것이 중요하다고 생각해요. 그렇게 감정에 공감해주는 일은 놀라운 변화를 가져왔어요. 미처 깨닫지 못하는 사이에 자연스럽게 아이들에게 멘토가 되어줄 수 있었거든요. 아이들과 상담을 하며 뭔가 영향을 주는 일은 정말 기분 좋은 일이었어요."

칼리도 깨달은 것처럼, 조용한 성향은 칼리를 훌륭한 자원 봉사자가 될 수 있게 해준 하나의 요소예요. 아이들의 얘기를 끈기 있게 들어주면서 그 애들과 공감할 수 있었으니까요. 내향형인 칼리는 조용한 아이들에게 특히 더 관심을 기울였어요.

"워낙에 참여 인원이 많은 프로그램이라, 가끔 그룹 활동이 있었어요. 그땐 일부러 수줍음이 많고 내향적인 아이들을 함께 모아놓으려고 했어요. 그 아이들에게 자신과 비슷한 아이들이 여러 명 있다는 사실을 느끼게 해주려고요. 여름 프로그램 중에는 매일 점심 식사 후에 수영을 하러 가곤 했어요. 수영을 가면 아이들이 각자의 취향대로 신나게 놀게 해줘요. 자유롭게 친구들과 놀아도 되고 혼자 놀아도 돼요. 어떤 애들은 그냥 모래 위에서 놀며 책을 읽기도 하는데, 저는 그런 애들의 성향을 잘 알아서 애써 말리려고 하지 않았어요."

조용히 세상을
바꾸기!
QUIET POWER

비폭력과 절제를 주장했던 가냘프고 평화로운 현인 마하트마 간디는 역사의
흐름을 바꾸어놓은 위대한 혁명을 이끌었어요. 그 결과 200년 가까이 억압
을 받던 인도는 1947년, 마침내 영국의 부당한 식민 지배로부터 해방되었어
요. 인도를 독립으로 이끈 주요 인물이 바로 내향적인 성향의 간디였답니다.
그러나 여러분은 세상을 바꾸기 위해 여러 나라와 싸우지 않아도 돼요. 로빈
과 칼리 같은 청소년이 잘 보여주었다시피 목표를 달성하기 위해서는 한 번
에 한 단계씩 나아가도 되고, 큰 소리를 내거나 활달해지지 않아도 돼요. 자,
그러면 지금부터 자기만의 방식으로 변화를 만드는 요령에 대해 몇 가지 팁
을 알려줄게요.

≫ 의미 깊은 대의 찾기

아무리 고귀한 이상을 품은 일도, 때때로 시험에 들 수 있기 마련이므로, 꼭
마음 깊은 울림을 주는 대의를 선택하도록 하세요. 못 말리는 독서광이던 로
빈에게는 그것이 아프리카 도서관 프로젝트였지만, 여러분에게는 완전히 다
른 무언가일 수도 있어요.

⪧ 자신의 강점 활용하기

웬디 콥은 빈민가 학교들의 여건 개선을 위해 나설 때 조사부터 벌였어요. 그녀는 최대한 꼼꼼히 공부하면서 문제에 몰입했어요. 여러분도 조용한 성향의 강점을 잘 활용해보세요.

⪧ 의미 있는 유대 맺기

여러분이 사명감을 느끼는 일에 동참할 만한 사람들을 찾아보세요. 사람 수는 중요하지 않아요. 몇몇 사람과 진정성 있고 깊은 관계를 맺는 것이 많은 사람과 피상적인 관계에 있는 것보다 훨씬 유익할 수 있어요.

⪧ 자신의 고무줄 늘리기

내향형으로서의 강점에 기대는 일도 중요하지만, 자신의 안전지대를 벗어나야 할 때도 반드시 생기기 마련이에요. 로빈은 보이스카웃 단원들 앞에 나섰어요. 제임스는 자원 봉사자와 기부금을 모으기 위해 급우들을 불러 모았어요. 콥은 리더로서의 역할을 받아들여 직원들을 만났어요. 안전지대를 벗어나는 일이 쉽지는 않겠지만 여러분은 할 수 있어요!

⪧ 끈기

계속 전진할 수 있을지 확신이 서지 않을 때도 있을 거예요. 그러나 올바른 대의를 추구하고 있다면 노력을 기울이고 현재의 어려운 순간을 이겨내야 해요. 로빈은 학교 교장 선생님의 무관심을 극복해야 했어요. 웬디 콥은 단체를 세울 때 셀 수 없이 많은 거절을 견뎌내야 했고요. 로자 파크스는 비범한 용기를 발휘해 억압적인 법에 순종하길 거부하면서 권리 침해에 맞섰지요. 이들은 자신의 사명에 확신을 가지면서 끝까지 밀고 나갔고, 그렇게 해서 성공했어요.

한계를 뛰어넘는
예술가들

QUIET **1** POWER

스포트라이트를
받는 아이들

"내향형이 목소리가 크거나 주목 끌기를 좋아하는 성향이 아니긴 하지만, 자신의 재능을 다른 사람들과 함께 펼치고 공유할 방법을 찾는 경우도 많아요. 특히 무대에 올라 공연하는 방식은 같은 내향형이라도 저마다 다 달라요.

어떤 내향형은 수줍음을 안 타고 스포트라이트를 즐겨서 대사를 까먹지 않고 무대 위에서 능숙하게 소통할 수 있어요. 또 어떤 내향형은 수줍음이 많지만 무대에서 연기할 때만큼은 예외가 되기도 해요. 흔히 이렇게들 말하지요.

"무대에 오르면 다른 사람이 돼요!"

한편 무대라면 아예 질색을 하는 내향형도 있는데, 그렇다 해도 괜찮아요. 알다시피 저만 해도, 사람들 앞에서 편하게 연설을 하게 되기까지 몇 십 년이 걸렸어요. 여러분은 나보다 더 빨리 가능해지길 바라지만, 언제나 자신의 속도에 따르는 게 중요하다는 점도 말해주고 싶어요. 그와 더불어, 여러분에게 감동을 줄 만한 사연을 가진 어린 연기자들의 이야기도 소개하고 싶어요.

칼리는 자신을 굉장히 내향적인 성격이라고 생각했지만 그다지 수줍음을 타진 않았어요. 단체 활동에도 적극 참여했지요. 신입생 때는 학교 합창단에 들어가는가 하면, 카네기 홀과 링컨 센터에서 공연 무대에 오른 적도 있어요. 고등학교 내내 사시사철 가리지 않고 팀 스포츠 활동을 하기도 했고요.

그런데 상급생 때 교내 봄철 뮤지컬 공연에서 주연을 맡게 되었어요. 합창단에 섞여 노래를 부르거나 스포츠 팀 선수들과 섞여 경기장에서 뛸 때는 마음이 편했는데, 무대에서 스포트라이트를 받으며 독백을 암송하고 솔로곡을 불러야 한다고 생각하니 아찔했어요! 너무나 겁나는 일이었지요.

하지만 칼리의 학교는 예술 프로그램이 훌륭히 짜여 있었고, 특히 뮤지컬은 감독과 안무가가 모두 브로드웨이를 거친 실력자들이었어요. 그래서 칼리는 자신의 연기와 노래에 피드백을 받을 수 있는 기회로 여겨져 마음이 설레기도 했어요.

5회 공연이 전부 매진되었어요. 칼리는 공연 첫날에 정말 피가 마를 정도로 긴장이 되었어요. 하지만 자신조차 놀랍게도, 합창단과 운동선수로 활약했던 경험에 의지해 환상적인 공연을 해냈을 뿐만 아니라 긴장감도 물리칠 수 있었어요.

"가장 힘이 되었던 조언은 관중을 보지 말고 발코니나 조명실을 보라는 얘기였어요. 두 번째 공연이 열릴 때쯤엔 긴장 같은 건 털어냈어요. 운동선수로 뛰었던 경력이 도움이 되었던 것 같아요. 감독님이 계속 그러셨거든요. 스포츠와 공연은 사실상 연결되어 있다고요. 둘 다 연습을 무지 많이 해야 하고, 어떤 면에서 보면 관중 앞에서 경기를 뛰는 거나 공연을 하는 거나 서로 비슷하다면서요."

재능을 발견하고 조금씩 확장하기

리엄도 공연을 좋아하는 내향형 남학생이에요. 신입생 때부터 연극의 매력에 푹 빠졌고 그 뒤로 매년 학교 연극에서 재미있는 캐릭터를 낚아채왔어요. 반에서 오락 반장을 자처하진 않지만 연기할 때만큼은 끼를 잘 표출하는 스타일이에요.

"저는 평소엔 아주 조용히 있는 편이에요. 공연을 통해 사람들을 웃기는 게 재미있어요. 애들하고 어울릴 때나 수업 중에는 농담을 별로 안 해요."

리엄에게는 배역의 옷을 입을 때가 활달하고 재미있는 사람이 되기가 제일 쉬워요. 그것이 본인의 성향이고, 성향에 맞게 자신이 어떻게 행동하면 좋을지 알고 있었어요. 무대에 오를 때 자신에게 맞는 역할이라는 확신을 느끼죠.

이 어린 배우는 무대 밖에서 사람들과 직접 마주보고 대화를 나눌 때는 제 옷을 입은 듯한 편안함이 사라졌어요. 리엄은 같은 반 아이들을 대부분 다 좋아하지만 신입생 때부터 단짝 친구인 엘리엇과 단둘이 어울리길 가장 좋아해요. 두 사람은 개그에 공통 관심사가 있어서 서로 잘 통해요. 같이 있으면 그냥 이야기하며 놀 때도 있지만, 리엄의 아이패드로 동영상을 찍기도 해요. 그 영상 속에는 가끔 두 사람이 주인공으로 등장하기도 하고, 어떤 때는 개 두 마리와, 거북이, 고양이 등 리엄의 애완동물들이 귀여운 주인공이 되기도 해요.

"저희는 엉터리 광고를 만들거나 스토리를 만들어내면서 놀아요. 대사를 미리 써서 할 때도 있지만 대부분이 즉흥 애드리브예요. 코미디에 대해 알아갈수록 더 잘하고 싶어져요. 책도 웃음을 유발하는 책을 좋아하고, 다른 유튜브 유저들이 찍은 웃기는 영화와 패러디 영상도 즐겨 봐요."

두 친구는 자신들이 찍은 동영상을 유튜브에 올리기 시작했고 점점 더 많은 팬을 얻으며 짜릿함을 느끼고 있어요. 리엄은 무대 위에서나 온라인에서나 자신의 개그에 긍정적인 피드백을 받으면서,

전혀 다른 형식의 공연에도 도전해볼 자신감을 얻었어요. 바로 드럼 연주였어요.

"저는 드럼이 정말 좋아요. 하지만 연습은 정말 힘들어서 드럼을 치는 내내 마냥 신나기만 하는 건 아니에요. 드럼을 치면서 제일 신이 날 때는 시간이 지나면서 실력이 늘고 있다는 게 느껴지는 순간이에요. 그때는 신이 나서 향상된 실력을 모두에게 보여주고 싶어져요."

교내 록밴드에 들어가 학교의 음악 축제에서 공연을 하는 것이야말로 모두에게 실력을 보여줄 완벽한 방법이었죠. 1년에 한 번 열리는 그 축제는 학부모들까지 모두 참석하는 큰 행사였어요. 공연 날에는 밴드 멤버 모두가 실수라도 할까 봐 긴장했지만, 설령 실수를 하더라도 "음악 소리가 너무 시끄러워서 아무도 눈치 채지 못할 거야."라는 리엄의 농담에 모두들 긴장을 풀 수 있었어요. 이제 내향형이면서 배우이자 코미디언인 리엄은 점점 늘어나는 정체성 목록에 뮤지션을 하나 더 추가하게 되었어요.

QUIET **2** POWER

동기를 찾으면
강점이 극대화된다

" 칼리와 리엄은 그다지 수줍음을 타지 않는 내향형 사례예요. 두 사람은 혼자 있거나 가까운 친구들하고만 어울리는 시간이 많은 내향적인 성격이지만 다른 사람들 앞에서 대담하게 행동할 수 있어요.

하지만 조지아주의 소년 라이언은 내향적인 동시에 수줍음도 많아요. 라이언에게는 스포트라이트를 받는 것이 수년간의 연습이 필요한 어려운 일이었어요. 장난 삼아 장기 자랑 대회에 나가긴 했지만 공연을 하면서 신난다고 느낀 적은 없었어요.

하지만 고등학생 때 연극 동아리에 들어가 남북전쟁을 배경으로 한 연극 〈앤더슨빌 트라이얼The Andersonville Trial〉에서 배역을 맡으면서 무대의 매력에 끌렸어요. 라이언이 맡은 역할은 북부연방군 포로 1만 3,000명이 목숨을 잃었던 남부연합군 진영 앤더슨빌 감옥에 갇힌 포로 수감자였어요. 공연에 대한 긴장감은 라이언으로 하여금 맡은 배역을 더욱 깊이 있게 연구하는 자극제가 되었어요.

첫 번째 리허설에서 라이언은 대사를 별 감응도 없이 읽는 수준이었어요. 하지만 얼마 후 동아리에서 실제 감옥으로 견학을 갔어요. 그곳에서 라이언은 '그 포로들의 심정이 어땠을까?' 하는 생각이 들기 시작했어요. 비참하게 갇힌 채 주위 사람들이 하나둘씩 죽어나가는 상황 속에서 어떻게 하루하루를 살아갔을지 차츰 상상이 갔어요. 그래서 자신이 연기할 인물을 이해하기 위해 더 깊이 있게 공부했고, 실제 공연을 할 때 연기는 단순히 대사를 암송하는 차원을 넘어서 있었어요. 그 상황에 너무 몰두해서 마치 진짜 포로인 것처럼 연기를 펼쳤지요.

라이언은 어떤 면에서는 연기가 장기 자랑 대회보다 쉽게 느껴졌어요. 조명과 관중의 시선은 여전히 부담스러웠지만 자기가 맡은 캐릭터를 속속들이 연구해 무대에 올라와 있는 게 자신이라고 느껴지지 않을 정도였어요. 많은 사람들이 바라보고 있는 건 배역이지 라이언 자신이 아닌 것 같았어요. 라이언의 이런 훌륭한 연기력 뒤에 숨은 원동력은 조용한 관찰력과 공감력이었어요.

할리우드 스타가 된 소심한 아이

내향형은 사람들의 눈길이 자신에게 쏠리면 대체로 초조함을 느끼지요. 하지만 라이언, 리엄, 칼리의 사례가 보여주다시피 내향형이라고 해서 반드시 관중 사이에 섞여 관람하는 것에 만족하는 건 아니에요. 때로는 스포트라이트를 받으며 갈채를 받고 싶어 하는 경우도 있어요. 또 내향형의 관찰력은 인상적인 공연을 펼치는 데 도움이 되기도 해요.

사실, 유명한 연예인들 가운데도 내향형들이 있어요. 앞에서도 얘기했듯, 비욘세는 무대에 올라가면 놀라운 카리스마를 뽐내는 자신감 넘치고 재능 있는 인기 스타지만 여러 인터뷰에서 자신은 수줍음 많고 내성적인 사람이라고 밝혔어요.

팝의 제왕 마이클 잭슨도 마찬가지예요. 수만 명 이상이 지켜보는 무대에서 문워크 댄스를 추며 능숙하게 공연을 펼쳤지만, 무대에서 내려와서는 집에 돌아와 가까운 친구들이나 가족들과 시간을 보내고 싶어 했어요.

시끄럽고 학교의 오락 반장 같은 행동으로 유명한 스탠드업 코미디언, 스티브 마틴도 "저는 본래 수줍음이 많은 성격이고 아직도 과도한 주목을 받으면 조금 거북해요."라고 말한 적이 있어요.

엠마 왓슨도 그런 연예인이에요. 영화 '해리 포터 시리즈'에서는 외향형의 대표 같은 인상을 주고 있지요. 그녀가 맡은 배역, 헤르미온느 그레인저는 늘 적극적으로 손을 들고, 자신뿐 아니라 친구들도 지켜주니까요. 하지만 현실의 왓슨은 내향적인 성격이라고 해요. 그녀는 한 인터뷰에서 이렇게 말했어요.

"연기를 하며 제 안에 힘이 있다는 것을 깨닫게 되었어요. 왜냐하면 전에는 이런 생각을 했거든요. '어떡해. 나한테 문제가 있나봐. 왜 나는 다른 친구들처럼 밖에 나가 놀고 싶지 않지?'"

왓슨은 이렇게 덧붙였어요.

"대중의 주목을 받아야 한다면 주목받을 만한 일로 주목받자고 생각했어요."

이런 발언을 듣고 보니 2014년에 왓슨이 UN여성친선대사를 맡아 UN에서 남녀평등을 옹호하는 연설을 할 때, 대담하고 침착한 모습을 보였던 것에 고개가 끄덕여져요.

공연을 즐기는 내향형이라는 말이 개념적으로 모순되게 들릴지 모르겠지만 소아과 의사인 마리앤 쿠주야나키스는 내향적인 배우, 뮤지션, 코미디언들에게는 공연이 선택이라기보다 필수라며 이렇게 말했어요.

"그런 사람들에게는 노래든 춤이든 연기이든, 표출되어야 할 끼와 열정이 있어요. 그래서 대중의 주목을 받는 것이 자신의 영혼을 표현하는 최선의 방법이라고 여겨질 때는 위험을 감수할 만하다고 결심하기도 해요. 공연을 마치고 나면 다시 진짜 자기로 돌아가고, 필요하면 고독 속에서 재충전을 하기도 하지요."

좋아하는 것에 도전해 만든 완벽한 무대

똑똑하고 학구적인 열네 살의 소녀 빅토리아는 어릴 적부터 노래 부르길 좋아했어요. 빅토리아는 학교 뮤지컬 공연에 여러 번 참가했지만 내성적이라 주역에 도전한 적은 한 번도 없었어요. 무대 중앙보다는 코러스 중 하나로 노래 부르길 더 좋아했어요.

"저는 제 실력이 뒤처진다고 생각했어요."

그러던 어느 날 빅토리아는 중대한 도전에 직면했어요. 어머니가 뮤지컬 공연 당일에 중요한 모임이 있다면서, 한 가지 조건을 들어준다면 모임에 안 나가고 공연장에 가겠다고 했거든요. 엄마가 내세운 조건은 바로 빅토리아가 주역을 맡는 것이었어요.

빅토리아의 어머니는 더는 코러스 속에서 딸의 목소리를 찾기 위해 안간힘을 쓰고 싶지 않았어요. 또한 자신이 딸의 재능을 믿고 있음을 빅토리아에게 알려주고 싶었어요. 딸이 스스로를 믿고 능력을 펼치는 모습도 보고 싶었고요. 빅토리아는 도전을 결정했어요.

"사람들에게 저의 실력을 보여주고 싶었어요."

빅토리아는 당시의 다짐을 이렇게 떠올렸어요. 공연 예정 작품이던 스티븐 손드하임Stephen Sondheim의 〈숲속으로Into the Woods〉에는 수많은 배역이 있었는데, 빅토리아는 주연을 맡기엔 아직 준비가 되어 있지 않아서 신데렐라의 대모요정 역에 도전했어요.

그리고 빅토리아 자신도 놀랄 일이었지만, 그 역을 따냈어요. 하지만 이내 긴장이 되기 시작했어요. 앞으로 소프라노를 불러야 할 텐데, 빅토리아의 음역대보다 몇 음이나 더 높았거든요. 게다가 대본을 보니 무대 위 1.8미터 높이에 달랑달랑 매달려 있어야 하는 장면이 있었어요! 그 파트는 절대 코러스도 아니었어요.

하지만 우리가 그동안 만나봤던 아이들과 마찬가지로 빅토리아는 내향적인 성향 덕분에 실력을 월등히 키울 수 있었어요. 라이언이 캐릭터를 깊이 있게 연구함으로써 특유의 신중함을 활용했다면, 빅토리아는 집중해서 연습하는 능력을 강점으로 활용했어요. 몇 달 동안 훈련에 매진하면서 음역대를 끌어올리고, 관중석의 모든 눈과 귀가 자신에게 쏠리는 순간에 대비해 마음의 준비도 했어요. 빅토리아는 공연 무렵의 기분을 이렇게 말했어요.

"1주일 전부터는 실수할까 봐 계속 걱정이 되고 너무 떨렸어요."

하지만 한편으론, 주역 중 한 명에 들어갔다는 감격도 있었어요. 마이크를 달 때는 마음이 들뜨기도 했지요. 그간의 걱정이 무색하게도 모든 것이 완벽히 진행되었어요.

"막상 무대에 오르자 마음이 더없이 평온했어요."

어머니가 뿌듯한 마음으로 관람석에 앉아 있는 그 무대에서, 빅토리아는 자신이 가진 가창력을 모두 발휘하며 맡은 역을 완벽하게 해냈어요. 빅토리아의 어머니 귀에 관람석의 남학생과 여학생들이 놀라면서 속닥거리는 얘기가 들려왔어요.

"쟤가 저렇게 노랠 잘했어? 여태 몰랐네."

하버드대학교에서 만난 자유특성이론

인간의 생각과 감정이 작동되는 복잡한 방식을 연구하는 데 전념해온 연구 심리학자, 브라이언 리틀Brian Little 박사의 얘기를 하려고 해요. 몇 년 전에 저와 만났을 당시 그는 하버드대학교 교수였어요. 그것도 교내에서 가장 인기 있는 교수로 꼽혔고, 학생들 사이에서 열정적이면서도 자상한 스승으로 유명했어요.

대학에는 학생들이 교수실에 잠깐 들러서 학교생활이나 개인적인 문제에 대해 개별적으로 상담할 수 있는 '학생 상담 시간'이 있어요. 브라이언 리틀 박사가 학생 상담을 열면 복도에 긴 줄이 늘어서기 일쑤였어요. 누가 보면 무료로 슈퍼볼 표라도 나눠주는 건가 싶은 생각이 들 만큼 학생들이 몰려들었죠.

박사는 학생들 앞에서 외향형처럼 활달하게 행동했어요. 하지만 개인적으로는 내향적인 자신의 취향에 따라 혼자만의 시간을 충분히 즐겼어요. 이 두 가지를 병행하는 게 가능할까요? 저는, 자신이 정말로 좋아하는 사람들이나 프로젝트를 위해서는 안전지대를 벗어나 자신을 늘리는 게 가능하다고 봐요.

리틀 박사는 자신의 경험을 바탕으로 '자유특성이론Free Trait Theory'이라는 새로운 심리학 이론을 내놓으면서 그것이 가능하다는 걸 증명했어요. 자유특성이론에 따르면 우리는 타고난 성격 특성을 따르지만 '중대한 개인적 프로젝트'에 정말로 필요하다고 한다면 새로운 성향을 채택할 수도 있다고 해요.

따라서 외향형이어야만 무대에 올라 매력을 발휘할 수 있는 것은 아니에요. 반대로 내향형이어야만 조용히 앉아서 신문 기사를 탐독하거나, 몇 시간씩 혼자 악기 연습을 할 수 있는 것도 아니지요.

내향적인 엠마 왓슨이 연기한 외향적 캐릭터, 헤르미온느 그레인저의 얘기로 다시 돌아가 볼까요? '해리 포터 시리즈'에서 헤르미온느는 교실에서 늘 남보다 먼저 이야기하려 기를 쓰지요. 이런 특성은 책벌레의 특성과 대조적으로 보일지 모르지만, 헤르미온느가 공부할 때의 모습은 자유특성이론의 좋은 예가 됩니다. 학구열을 불태우며 혼자서 지치지 않고 책을 읽잖아요.

누구나 필요할 땐 필요한 성격이 될 수 있어요

리틀 박사의 이론은 우리 모두에게 해당됩니다. 즉, 우리는 누구나 의욕을 크게 자극받으면 반대의 특성을 띨 수 있어요. 스포트라이트와 얽힌 나의 인생사도 자유특성이론의 하나의 예에 속해요.

지금의 저는 자주 무대에 올라가 수백 명, 아니 때로는 수천 명 앞에서 말을 하고 있어요. 미소를 띠기도 하고 강조를 위해 제스처도 취하면서 제 에너지와 열정을 모두 끌어내 연설을 해요. 제가 연설할 때 어떤 사람은, 그 많은 청중들 앞에서 내향성에 대한 이야기를 자기 이야기인 양 하는 것을 특이하게 생각할지도 몰라요. 또 누군가는 무대 위에서 그렇게 말하는 저를 보면서 사실은 외향형이 아닌가 생각할 수도 있어요.

제가 느끼기에도 무대 위 저는 편안해 보여요. 때로는 사람들을 웃기기도 하는데 그럴 땐 정말 신나요. 하지만 제가 이렇게 행동할 수 있는 이유는 정말로 마음 깊이 좋아하는 얘기를 꺼내기 위해 무대에 오르기 때문이에요. 저는 조용한 아이들과 어른들에 관한 모든 이야기가 좋아요. 그리고 우리 내향형이 마땅히 인정받아야 하며, 그럴 수 있다는 사실에 대해 열정과 관심을 갖고 있어요. 그래서 그 얘기를 할 때만큼은 제게서 빛이 좀 나는 것 같아요!

굳이 말하지 않아도 짐작이 갈 테지만 저도 예전엔 스포트라이트를 받는 일이 지금처럼 편하진 않았어요. 지금도 친한 친구들과 같이 영어 수업을 듣던 8학년 때가 기억에 선해요. 주위에 친한 친구들이 있으니 평상시보다 더 편해서 수업 중에 큰 목소리로 말하곤 했거든요. 그래서 그 여자 선생님은 제가 수줍음 타는 아이인 줄 전혀 몰랐어요.

어느 날 셰익스피어의 《맥베스》를 가르치던 선생님이 저와 제 친구 한 명을 교실 앞으로 불러냈어요. 선생님은 우리에게 단막극을 연기해보라며, 저에게는 맥베스의 부인 역을, 친구에게는 스코틀랜드의 불운의 왕 맥베스 역을 맡기며 주요 장면 중 하나를 연기해보라고 했어요. 게다가 책을 보고 읽는 게 아니라 즉흥적으로 대사를 만들어 연기해야 했어요.

선생님은 재미있게 수업을 하려는 의도였지만 저는 호명을 받자마자 바로 패닉 상태에 빠졌어요. 재미는커녕 흔적도 없이 사라질 수 있다면 정말 그러고 싶었어요. 얼굴이 시뻘개졌고 입이 조금도 떨어지지 않았어요. 덜덜 떨다 급기야 자리에 주저앉자 선생님은 깜짝 놀라셨어요. 저는 남은 수업 시간 동안 한마디도 하지 못했고, 수업이 끝나고 복도를 걸을 때는 앞에 나가서 아무렇지 않게 굴지 못한 게 말할 수 없이 창피했어요.

선생님의 발상은 흥미로웠고 저 아닌 다른 학생을 지목하셨다면 새로운 실험이 성공했을지도 몰라요. 하지만 저는 그때 부담감이 너무 치솟아서 그 순간이 마치 죽느냐 사느냐의 심각한 상황처럼 느껴졌어요.

물론, 이제는 알아요. 스포트라이트를 받으면 알레르기 반응처럼 밀려들던 부담감도 마음먹기에 따라 극복이 가능하다는 사실을요. 또 제 내향적 성향이 무대에서는 장점이 될 수 있다는 사실도요. 그때도 이 사실을 알았더라면 얼마나 좋았을까요? 부디 여러분은 나와 같은 곤란을 겪지 않길 바랍니다!

QUIET **4** POWER

내향적이기에
가능한 완벽한 준비

> 열 살 소녀 케이틀린은 많은 사람들 앞에서 말하는 걸 생각만 해도 덜컥 겁이 났어요. 수줍음이 아주 많고 내향적인 데다 목소리가 너무 작아서 가족들도 겨우 알아들을 정도였어요. 어떤 사람들에게는 아예 말을 하지 않았죠. 2학년 담임선생님이 어쩔 줄 몰라 쩔쩔 맬 정도로 케이틀린이 말을 안 하자, 학교 측에서는 특별반에 들어갈 것을 권하기도 했어요. 하지만 케이틀린은 뒤처지기 싫었어요. 사실, 모든 과목에서 성적이 좋았어요. 단지 정말로 조용했을 뿐이에요.

5학년 때는 케이틀린네 반 모든 학생에게 5분 발표 과제가 주어졌어요. 케이틀린은 걱정이 돼서 당장 준비에 들어갔어요. 먼저, 자신이 선택한 주제인 아멜리아 에어하트Amelia Earhart(미국의 여류 비행사-옮긴이)에 대해 가리지 않고 자료를 읽은 다음, 쌓은 지식을 바탕으로 프레젠테이션 자료를 만들었어요. 용감한 비행사의 삶에 대한 이야기와 요점을 잔뜩 넣어서요.

발표 자료가 준비되자 케이틀린의 아버지가 도와주었어요. 아버지도 내향형이었지만, 케이틀린과 달리 필요하다면 그런 면을 감추는 노하우를 터득하고 있었어요. 잡담의 요령을 통달했고, 많은 사람들 앞에서 말을 잘하고 싶어 하는 성인들을 돕는 단체인 토스트마스터스Toastmasters의 열혈 회원이 되었죠. 그는 자신의 비결을 딸에게 전수해주고 싶었어요.

부녀는 거실 한가운데 자리를 잡고 노트북에 발표 자료를 띄웠어요. 처음엔 케이틀린이 앞에 앉은 아버지만 보고 아멜리아 에어하트의 생애에 대해 이야기했어요. 그 다음엔 아버지가 동물 인형 열 개를 거실에 빙 둘러놓으며 반 아이들이라고 생각하고 발표해보라고 말해주었어요. 케이틀린은 우스꽝스럽고 유치한 것 같아 깔깔 웃었지만 아버지는 장난하는 게 아니라며 모든 인형들과 눈을 맞추며 발표해보라고 했어요.

아버지는 반 아이들을 마주보면서 발표할 때 시선 처리를 자연스럽게 하는 연습을 시킨 거예요. 케이틀린은 아버지와 인형 청중들 앞에서 발표 연습을 열두 번이나 했어요! 그 결과 수업에서 작은 실수 하나 없이 훌륭히 발표하면서 높은 점수를 받았어요.

충분히 연습하면 준비된 상태를 만들 수 있어요

케이틀린의 사례는 스포트라이트를 받는 상황에 잘 대처하는 가장 좋은 비결을 알려주지요. 즉 철저한 준비가 얼마나 중요한지 잘 보여주고 있어요.

저는 2012년에 캘리포니아에서 열리는 TED 강연회에서 청중 1,500명을 마주 보며 연설해달라는 초대를 받았어요. 처음엔 덜컥 겁이 났지만 강연회 날까지 거의 1년 동안 연설 실력을 쌓기 위해 훈련했어요. 케이틀린의 아버지처럼 저도 토스트마스터스에 가입했지요.(나중엔 토스트마스터스 측으로부터 대중 연설상을 수상하는 영예를 얻기도 했어요!)

연설 코치의 도움도 받았고, 연기 코치를 찾아가 생각을 더 자신감 있게 표현하는 법을 배우기도 했어요. 연기 코치는 보디랭귀지와 음성 조절 요령은 물론이고, 심지어 연극의 소도구들이 연설에 생기를 더해줄 수 있다는 것도 알려주었어요.

그런데도 연설 당일까지 긴장이 떨쳐지지 않았어요. 그날 청중 속에는 마이크로소프트의 창업자 빌 게이츠, 전 부통령 앨 고어, 배우 캐머런 디아즈도 있었어요. 하지만 저는 준비가 되어 있었고 결국 연설을 멋지게 마칠 수 있었어요. 긴장돼서 또렷이 기억나지는 않지만 전해들은 바로는 기립 박수가 쏟아졌고, 1주일이 채 지나지 않았을 때 이미 온라인에서 조회수 100만 건을 돌파했어요.

이 일에서 얻을 수 있는 교훈은 간단해요. 또 강연회뿐 아니라 연극, 장기 자랑, 교실 내 발표에도 똑같이 적용할 수 있습니다. 제가 연설을 잘해낸 건 타고난 자질 덕이 아니었어요. 준비가 되어 있었기 때문이죠. 그리고 준비가 되어 있었던 이유는, 역설적이게도 내향적 성향 덕분에 준비가 반드시 필요했기 때문이에요.

무대에서
빛나는 법
QUIET POWER

앞으로 많은 사람들 앞에 서야 할 상황이 생기면 다음의 팁을 참고하세요.
스포트라이트를 잘 견뎌낼 수 있는지 초조해하며 걱정할 필요 없어요. 차근
차근 단계를 따르면 여러분은 빛을 발하게 될 테니까요.

✍ 준비하기

실력을 가다듬기 위한 사전 노력을 많이 해둘수록 더 자신감 있게 많은 사람
들 앞에 나서게 될 거예요. 먼저, 말할 내용을 확실히 숙지한 뒤 연습에 들어
가세요. 거울 앞에 서서 연설이나 연기 연습을 해보거나, 직접 동영상을 찍
어놓고 다시 돌려보며 어떤지 한번 보세요. 그렇게 보면 대체로 연설이나 연
기를 하는 자신의 목소리와 모습이 생각보다 훨씬 괜찮기 마련인데, 그렇게
확인하고 나면 기분도 훨씬 나아질 거예요.

✍ 전문가를 보고 배우기

가능하다면 온라인에서 뛰어난 공연자들의 실제 공연 모습을 찾아보세요.
여러분과 비슷한 성향을 가진 사람들을 찾아서 연구해보세요. 그 사람들이
어떻게 서 있고, 어떤 몸동작을 취하고, 음성을 어떤 식으로 변화시키는지
유심히 살펴보세요. 단, 여러분 자신이 아닌 다른 사람이 되려고 애쓰지는

마세요. 유머 감각이 뛰어나다면 그 유머 감각을 활용하세요. 하지만 대단히 진지한 스타일이라면 무리해서 코미디언 흉내를 낼 필요는 없어요. 진지하게 흥미로운 이야기를 전하는 방향으로 초점을 맞추세요. 흡인력 있는 연설의 핵심은 무대 위에서 전적으로 여러분 자신이 되는 것과, 정말로 말할 만한 가치가 있는 이야깃거리입니다.

서서히 압박 높이기

처음엔 혼자 연습을 하다가 지켜보는 친구나 가족의 인원을 점점 늘려가세요. 늘려갈 때마다 초조함이 느껴지는 강도를 1~10 사이로 매겨보세요. 연습 때의 긴장 강도는 7~10이 아닌 4~6 정도가 바람직해요. 사람들 대신 여러 인형들을 두고 눈을 맞추며 연습해도 괜찮아요.

익숙해지기

그곳이 강당이든, 교실이든, 아니면 가본 적 없는 낯선 곳이든 간에 가능하다면 공연 장소에 미리 가보세요. 가서 그곳에 모일 관중의 모습을 시각화시켜보세요. 십여 개, 심지어 수백 개의 눈이 여러분에게 쏠릴 때 기분이 어떨지 상상해보세요. 긴장이 심하다면 안심과 격려가 되는 친구나 가족들 앞에서 연습을 해보세요.

심호흡하기

사람들 앞에 나갈 순간이 되면 깊게 심호흡을 하세요. 말이나 노래, 공연을 하는 중에도 몰래몰래 심호흡을 하며 긴장을 푸세요. 천천히, 그리고 깊게 공기를 들이마시면서 배를 풍선처럼 부풀리세요. 숨을 내쉴 때는 풍선처럼 부풀린 배를 평평하게 가라앉히세요. 코로 숨을 들이쉰 후 참기 거북할 때가지 최대한 참고 있다가 입으로 내뱉으세요. 식상한 조언으로 들릴지 몰라도, 해보면 정말 효과가 있어요!

미소 짓기

가장 간단하면서도 가장 중요한 비결이에요. 미소 짓기는 어색함을 누그러뜨리는 데 정말 효과적이에요. 아무리 긴장이 심하거나 불편한 상황이라도 시작하기 전에 관중에게 미소를 지어보세요. 말을 이어가는 중에도 잊지 말고 미소를 짓고, 말을 마치고 나서도 한 번 더 미소를 지어보세요. 그러면 기분이 더 느긋해지고 자신감도 상승할 거예요. 더불어 관중석에서 누군가가 화답 미소를 보내주며 기운을 북돋워줄지도 몰라요.

유대를 맺기

발표하는 동안 호의적인 반응을 보이는 관중 몇 사람과 눈 맞춤을 해보세요. 어떤 사람이 인상을 찡그리거나 하품을 하면 시선을 돌려 더 생기 넘치고 열심히 들어주는 관중을 찾으세요. 여러분의 말에 흥미를 보이는 사람과 시선을 맞추면 신기하게도 자신감이 솟게 돼요.

바깥으로 시선 돌리기

사람들을 리드하려면 여러분 자신만 살펴서는 안 돼요. 여러분이 리드하는 사람들을 살피는 일도 중요해요. 스스로 자문해보세요. 여기 모인 관중들이 어떤 사람들이지? 이 사람들에게 최대한 유용한 시간이 되도록 해주려면 내가 어떻게 해야 할까? 저 사람들에게 깨우침이나 도움을 주려면, 혹은 편안함을 느끼게 해주려면 어떻게 하는 게 최선일까? 잊지 마세요. 관중들은 여러분의 흠을 잡기 위해 그 자리에 있는 게 아니라, 뭔가를 배우려고 나온 거예요. 여러분이 그들에게 롤모델이라고 생각하세요. 그 사람들을 도와주고, 새로운 아이디어를 소개해주는 그런 사람이라고요.

PART
4

QUIET

집에서의
콰이어트 파워

POWER

안식을 주는
회복 공간 만들기

QUIET **1** POWER

재충전할 수 있는
나만의 공간

" 자기 방, 베란다, 농구장, 도서관의 구석 자리, 초등학교의 나무 위 오두막, 친구 집의 지하실…. 이런 곳들은 긴장을 늦추고 재충전을 하기에 좋은 조용한 피난처가 되어줍니다. 안심을 주는 이런 공간을 '회복 공간restorative niche'이라고도 불러요.

혹시 어릴 때 비밀 요새를 만들었던 기억이 나나요? 어떤 때는 베개와 이불로, 또 어떤 때는 식탁 밑에 만들던 그런 요새 말이에요. 회복 공간도 본질적으로는 그런 비밀 요새와 똑같아요.

여러분의 회복 공간을 찾으세요! 그곳은 비밀일 필요도 요새일 필요도 없지만, 안심이 되고 편안하면서 나만의 공간으로 느껴지는 곳이어야 해요. 회복 공간은 침실의 의자처럼 작아도 되고, 모래사장처럼 넓고 장대해도 되며, 그 사이의 어디쯤이어도 좋아요.

'회복 공간'은 앞서 말한 하버드대학교 심리학자 브라이언 리틀 박사가 처음 만들어낸 용어예요. 소음과 세상의 소란으로부터 벗어나 혼자 생각하고 느끼면서, 지친 마음을 충전할 수 있게 해주는 그런 물리적 공간이나 정신적 공간을 가리켜요. 회복 공간은 본연의 자신으로 돌아가게 해준답니다.

앞에서도 이야기했다시피 내향형은 외부의 자극에 아주 민감하지요. 회복 공간은 우리 내향형에게 최적화된 자극 지대이기도 하며 활력도 되찾게 해줘요. 이곳으로 들어가는 것은 '리셋' 버튼을 누르는 것과 같아요.

방은 소중한 안식처예요

몇 년 전에 오하이오주의 한 학교를 방문해 내향형의 강점을 주제로 강연을 하게 되었어요. 그때 게일이라는 여학생은 제 이야기를 들으며 자기 얘기 같다는 느낌을 받았어요. 다들 즐거워하는 환경에서도 거북할 때가 많았던 이유와, 혼자 있거나 친구 몇 명하고만 있을 때 마음이 편안했던 이유도 이해됐어요. 특히 회복 공간 얘기를 듣자 번뜩하는 깨우침이 들었어요.

생각해보니 게일은 살면서 그런 공간을 가진 적이 없었어요. 집에 있을 때는 대부분 거실에서 시간을 보냈는데, TV가 켜져 있기 일쑤여서 공상이든 독서든 숙제든 몰입해서 하질 못했어요. 자기 방이 있긴 했지만 어둡고 침침했어요. 방이 완전 난장판이기도 했고요.

게일은 회복 공간이라는 개념을 알고 난 뒤 뭔가 변화를 주기로 마음먹었어요. 자기 방이 안식처, 그러니까 본연의 자신으로 돌아갈 수 있는 리셋 버튼 같은 공간이 되려면 분위기를 좀 더 기운 나게 변화시켜야 할 것 같았어요.

게일은 옷을 정리해서 걸고 오래돼 누리끼리해진 종이 뭉치들을 내다버렸어요. 침침한 조명 문제도 해결했어요. 낡은 크리스마스트리 전구를 방으로 가져와 천장에 핀으로 길게 고정시키고 구석의 콘센트에 연결했죠. 아주 살짝 변화를 주었을 뿐인데도 방이 훨씬 분위기 있게 느껴져, 게일은 감격하고 말았답니다.

롤라의 회복 공간도 자신의 방이에요.

"저는 혼자 노는 걸 좋아해요. 그럴 땐 넷플릭스에 접속해서 특이한 다큐멘터리를 보거나, 한 감독을 정해서 그 감독의 영화를 몰아서 봐요. 저는 딱 정해놓지 않고 되는 대로 이것저것 조사하면서 새로운 내용을 알아가는 걸 좋아해요. 저에게는 그런 식으로 긴장을 풀고 재충전할 공간이 필요해요. 정말 그런 공간이 없으면 안 돼요. 스마트폰을 충전하지 않은 채로 집에서 나가는 사람이 없듯이, 저 자신도 그렇게 충전해줘야 해요."

이런 회복 공간은 계절에 따라 달라질 수도 있어요. 롤라는 겨울이 되면 거의 자신의 방에 틀어박혀 지내요. 그러다 여름이 오면 스케이트보드장에 가거나, 스무디와 책을 들고 비상계단으로 나가곤 한대요.

회복을 위한
칸막이 만들기

　　브라이언 리틀 박사도 회복 공간을 자주 이용하고 있어요. 리틀은 열띤(그리고 대개 마지막에는 기립 박수가 쏟아지는) 강연을 많이 펼치지만 외향적으로 행동하는 것에 기진맥진 지치곤 했어요. 학생과 임원 등 다양한 청중들에게 재미있고 통찰력 있는 연설을 하고 나면 잠시 혼자만의 시간을 가질 평온한 공간으로 피하고 싶어질 때가 많았어요.

　　몇 년 전에 리틀은 캐나다의 왕립사관학교Royal Military College Saint-Jean로부터 강연을 요청받았어요. 리슈리외강Richelieu River의

강자락에 위치한 학교였죠. 굉장한 성원 속에서 오전 강연이 끝나고 주최 측 사람들이 같이 점심 식사를 하자고 청했어요. 리틀은 말을 많이 하고 난 뒤라 혼자서 재충전할 시간이 절실했지만 무례해 보이고 싶지는 않았어요. 그래서 악의 없는 거짓말로, 배를 아주 좋아하기 때문에 괜찮다면 점심시간에 강가를 거닐며 구경을 하고 싶다고 둘러댔어요.

주최 측 사람들은 기꺼이 호의를 보여주었어요. 고맙게도 리틀이 혼자 산책을 할 수 있도록 거짓 열정에 아무도 동참하지 않았고요. 덕분에 점심시간을 마칠 때쯤에는 다시 오후 강연에서 말할 준비가 되어 있었지요.

리틀의 강연이 큰 호응을 얻자 학교에서는 매해 그를 초청했어요. 매년 점심시간마다 그는 강가를 산책했고요. 얼마 뒤 사관학교가 도심지로 이전한 뒤에도 강연에 초청되었지만 이제 그곳에 강은 없었어요.

그래서 그는 점심식사 중에 화장실로 살그머니 빠져나갔어요. 동료들과 같이 점심을 먹는 것보다 화장실 칸막이 안에 앉아 있는 것이 더 마음 편했거든요. 누가 자신의 신발을 알아보고 문 사이로 말을 걸까 봐 발을 들고 앉아 있기도 했어요.

회복 공간은 내향형에게 행복의 필수 요소예요. 우리 내향형은 학교에서, 그리고 가족과 친구들과 어울려 긴 하루를 보내고 나면 자기만의 휴식을 갖고 싶어 해요. 하지만 안타깝게도 청소년들은 고독의 기회를 갖기가 항상 쉽지만은 않아요.

점심시간마다 도서관으로 숨었던 루시의 사례를 다시 생각해봐요. 오전 내내 활달하게 행동하다 지쳐서 혼자 점심을 먹으려 한 일로 친구들에게 적대감을 사고 말았잖아요. 친구들은 루시가 자기들에게 화가 나 있는 줄로 생각할 뿐, 혼자만의 시간이 필요하다는 걸 이해하지 못했어요.

그런데 최근의 과학적 연구를 통해 밝혀진 바에 따르면, 친구들의 그런 반응이 평범한 것이었을지도 몰라요. 고독을 선호하는 건 대체로 편 가르기와 무리 짓기를 중시하는 중학생의 사회규범과는 충돌하니까요.

실제로 8학년 학생 234명과 고등학교 최고 학년 학생 200여 명에게 설문조사를 실시했어요. 그 결과 8학년 학생들은 '고독을 갈망하는 것'을 불쾌해한 반면, 고등학교 최고 학년 학생들은 훨씬 호의적 태도를 보였어요.

숨는 것과 휴식은 달라요

사실, 타인들과 잠시 떨어져 회복하기 위해 혼자만의 휴식을 갖는 것과 반사회적 행동 사이에는 중요한 차이가 있어요. 조사에 참여한 아이들 가운데 일부는 사교성이 부족해서 또래와 어울리기보다

고독을 더 좋아했어요. 저는 실제로 비슷한 이유로 애를 먹는 아이들을 만나 이야기를 듣기도 했는데, 베일리라는 여학생은 중학생 때 매일 화장실 안에서 혼자 점심을 먹었다고 해요. 이 방법은 브라이언 리틀이 추천하는 식의 휴식이 아니었어요. 베일리의 방식은 회복이 아니라 숨는 것이었으니까요.

그러나 베일리에게는 학생 식당, 끼리끼리 어울리는 것, 친구들의 시선 등이 모두 감당하기 버거운 압박이었어요. 그러다 나중엔 학교생활을 못 견디고 잠시 휴학까지 했어요. 다행스럽게도 베일리는 결국 자신의 두려움과 직면했어요. 많은 사람들 속에서 자신을 추스르는 요령을 끈기 있게 키워갔거든요.

그러기 위해서는 차이를 이해해야 해요. 제가 권하는 회복 공간은 숨을 곳을 말하는 게 아니에요.(물론 때때로 숨어야 할 필요도 있지만요.) 그날의 일상적 압박에 직면할 수 있도록 호흡을 가다듬고 긴장을 풀며 재충전을 할 수 있는 곳을 말하는 거예요.

당연한 얘기일 테지만, 회복 공간으로 삼기에 가장 쉬운 곳은 집일 거예요. 학교에서는 아이들을 피해 다니면 사회적 손실을 겪지만, 집에서는 혼자 있을 필요를 설명하는 한 대체로 비난을 들을 걱정 없이 평온함을 누릴 수 있으니까요.(가족과 가정생활에 대해서는 다음 장에서 따로 더 이야기해줄게요.)

적당한 회복 공간을 만들어놓으면 긴장 완화와 재충전 외에 또다른 이점도 생길 수 있어요. 레몬즙 실험 기억하죠? 이 실험 결과에 따르면 내향형은 외부 자극에 더 민감한 것으로 나타나는데, 이 연구를 진행한 과학자 한스 아이젱크는 우리 내향형이 이상적 자극 강도를 가지고 있다고도 믿었어요. 그래서 외향형이 시끄러운 소리와 많은 사람들을 갈망하는 편인 반면, 내향형은 평온과 사생활을 갈망해요. 내향형의 이런 갈망은 단지 긴장을 푸는 것만이 아니라, 더 명료한 생각을 하는 데도 도움이 돼요.

또 다른 유명한 연구에서는 내향형과 외향형의 그룹에게 중간중간 잡음이 나오는 헤드폰을 낀 채로 어려운 단어 게임을 해보게 했어요. 참가자들에게 잡음의 크기를 선택할 수 있도록 한 상태에서는 내향형이 외향형보다 더 낮은 데시벨을 선택했고, 두 그룹 모두 좋은 성적을 냈어요. 하지만 내향형의 헤드폰 볼륨은 높이고 외향형 헤드폰의 볼륨은 낮춘 상태에서 다시 해보니 두 그룹 모두 이전보다 성적이 떨어졌어요.(이런 결과는 성격 유형과 똑똑한 것과는 상관이 없다는 개념을 뒷받침해주고 있어요. 내향형은 상황에 따라 느끼는 게 외향형과 다르고 민감할 뿐이에요.)

이 실험 결과가 보여주고 있다시피, 우리 모두는 저마다 이상적인 자극 강도가 있어요. 적절한 음악, 알맞은 소리 크기, 심지어 이상적인 조명과 기온, 집단의 크기가 한데 어우러지는 최적의 접점이 사람마다 다르기 마련이에요. 바로 그 최적의 접점을 찾을 때 우리의 정신적 예리함과 잠재적 행복이 더 높아질 수 있어요.

QUIET **2** POWER

고독한 요새에서
충전하기

> 제아무리 슈퍼 히어로라고 해도 회복 공간이 필요해요. 망토를 걸치고 범죄와 싸우는 배트맨을 생각해봅시다. 배트맨은 사악한 악당들과 싸우며 긴 밤을 보낸 뒤 지하 비밀 기지인 동굴로 칩거하죠. 웨인 저택의 그 많은 방들 어디로든 슬그머니 들어가 문을 닫고 있을 수도 있지만, 배트맨에게는 비밀 기지가 진정으로 혼자가 될 수 있는 공간이에요.
>
> 이처럼 비밀 은신처를 두고 평안을 얻는 슈퍼 히어로는 배트맨뿐만이 아니에요. 슈퍼맨 역시 칩거가 필요한 존재예요. 인류의 안

전을 떠맡은 외계인으로서의 압박이 너무 커지면 자신의 비밀 얼음 동굴, 고독의 요새로 날아가죠.

슈퍼 히어로가 아닌 우리는 날지도 못하고 비밀 기지도 없으니 집이나, 안정감과 아늑함이 느껴지는 다른 곳에 고독의 요새를 만들어야 해요. 한 예로, 5장에서 만나봤던 수학 소년 라지의 내향적인 여동생 러펠도 학교에서 돌아오면 곧장 자기 방으로 들어가 한 시간쯤 나오지 않고 음악을 듣거나 책을 읽거나 숙제를 했어요. 러펠의 어머니는 러펠에게 하루를 어떻게 보냈는지 묻고 싶어 안달이 났지만 딸에게 그런 혼자만의 시간이 중요하다는 점을 이해해주었어요. 러펠은 회복의 시간이 절실했고, 보통 한 시간 후에는 말을 해도 좋을 만큼 느긋해진 상태로 방에서 나왔어요.

러펠의 오빠인 라지는 다른 방법을 택했어요. 라지 역시 학교에서 돌아오면 긴장을 풀고 싶어 했지만 혼자만의 공간이 필요하진 않았어요. 다만 식탁 앞에 앉아서 말없이 책이나 게임에 빠져들곤 했어요. 어머니는 현명하게도 그런 아들에게 성가시게 참견하지 않았어요. 라지는 항상 혼자 있길 좋아했던 게 아닌 만큼, 회복 공간역시 어머니와 조금 떨어진 자리인 셈이었어요.

안식처의 선택은 여러분의 생활 공간과 여러분의 독자적 욕구모두에 따라 좌우됩니다. 미네소타주의 7학년 남학생 타일러는 주변에 나무가 있기만 하다면 바깥 공간도 좋은 안식처가 된다고 해요. 타일러는 자연 속에서 차분함과 안정감을 느끼는 경우예요. 늘

북적거리는 학교에서 내향적 아이로 지내는 타일러에게는 취미생활이 두 가지 있는데, 둘 다 조용히 이루어지는 활동이에요. 바로 낚시와 사냥이죠. 타일러는 탁 트여 있고 공기가 맑은 숲과 호수에 나가면 친구들이나 공부로 받은 스트레스가 모두 날아간대요.

"여름에는 아빠와 할머니를 따라 아침 일찍 오리를 잡으러 가거나, 배를 타고 나가 낚시를 하기도 해요."

타일러가 긴장을 풀 때 즐겨 이용하는 또 다른 공간은 허공이에요. 트램펄린이 놓인 널찍한 뒷마당을 가진 행운 덕분이죠. 열을 식혀야 할 때면 트램펄린 위에서 뛰며 멀리 지평선을 바라보면서 신선한 공기를 들이마신다고 해요.

한편 세계 곳곳으로 여행을 즐기는 리타는 집의 뒤쪽 베란다를 이상적인 회복 공간으로 삼고 있어요. 이때 리타는 꼭 고독을 필요로 하지 않아서, 가족 모두와 함께 앉아 있죠. 가끔은 서로 이야기를 나누기도 하지만 대체로 그냥 새소리나 나무 사이로 부는 바람 소리를 들으며 앉아 있어요.

노아는 고등학교 내내 지하실에서 비디오 게임을 하면서 회복을 얻었어요. 부모님은 아들이 게임에 왜 그렇게 빠져 있는지 이해하지 못했어요. 현실 도피가 아닐까 싶어 걱정하기까지 했죠. 하지만 노아는 게임 속 스토리에서 감흥을 얻었어요. 게임을 하다 보면 더 뛰어난 게이머가 되고 싶다는 욕구보다 창의성이 더 자극됐어요. 새로운 이야기를 만들고 싶고 삽화를 그리고 싶어졌죠.

회복 공간에서 시간을 보낼 때에는 긴장을 풀고 나만의 흥밋거리를 탐색하는 일도 중요하지만, 무엇보다 중요한 것은 바로 나 자신이 되는 일이랍니다.

마음속에 고독의 요새 만들기

집에서 사생활이나 평온을 누릴 만한 사정이 안 되는 경우라면 어떻게 해야 할까요? 카리나에게 사생활은 아주 중요한 문제예요. 특히 언니와 한 방을 쓰고 방에 잠금 장치도 없는 처지라 더더욱 절실하죠.

카리나는 헤드폰을 끼고 음악을 들으며 단편소설을 쓰는 식으로 고독을 누려요. 또 언니가 시끄럽게 떠들거나 방 안을 온통 차지하고 있으면 베란다로 나가 책을 읽어요. 주방에 아무도 없으면 노트북으로 TV 프로그램을 다운받아 보며 브라우니를 굽기도 하죠. 조용한 곳을 찾지 못하면 마음속에 그런 공간을 만들기도 해요.

"저는 마음속으로 소리와 사람들에게 흥미를 꺼버리는데, 거의 무의식적으로 그러는 것 같아요. 아무튼 아무도 그 안으론 들어오지 못하니까 그 상태가 되면 안정감이 느껴져요."

회복 공간으로 피할 수 없을 때는 회복에 도움이 되는 물건을 가지고 다니는 방법도 생각해보세요! 실제로 북적이는 스쿨버스 안에 끼어 있으면서도 요령껏 평안을 얻는 사례들이 있어요.

뉴저지주의 십대 소녀인 줄리는 스쿨버스 안에서 오해를 많이 산다고 털어놓았어요. 아이들이 자신을 짜증 나 있는 것으로 넘겨짚으면서 '아침형 인간'이 아니라 그러려니 한다는 얘기였어요. 줄리는 버스에 타면 말을 한마디도 안 하긴 하지만, 그렇다고 기분이 나쁘거나 무례하게 굴려는 의도는 없었어요. 앞으로 펼쳐질 정신없는 하루에 대비하기 위한 혼자만의 시간이 필요할 뿐이었어요.

그래서 창가를 찾아 앉아 이어폰을 끼고 음악을 들으며 버스가 지나갈 때 스쳐가는 차, 나무, 건물을 빤히 응시하곤 했어요. 주위에 아이들이 있지만 머릿속 평화로운 공간에 머물며 하루를 준비하는 거예요.

게일처럼 방으로 피하는 방식도 좋고 책이나 음악으로 빠지는 식도 좋아요. 심지어 리틀 박사처럼 화장실로 피해도 괜찮아요. 하루를 보내다 보면 조용히 회복하는 시간이 꼭 필요해요. 이미 알맞은 공간을 찾았다면 받아들이세요. 아직 못 찾았다면 다음의 몇 가지 조언을 참고삼아 여러분만의 회복 공간을 만들어보세요.

내 방을 안식처로

대체로 자기 방은 재충전을 위해 숨을 만한 최적의 공간이 됩니다. 간단한 변화를 꾀해 여러분의 방을 더 아늑한 공간으로 바꿔보는 것도 좋아요. 대청소를 하고 크리스마스트리 조명을 가져다 꾸며놓았던 게일처럼요.

조용한 구석 찾기

경우에 따라 집에 내 방을 갖지 못하는 경우도 있어요. 아니면 아직 수업이 끝나려면 멀었지만 급히 재충전이 필요할 수도 있고요. 이럴 때는 구석의 조용한 공간을 찾아보고, 그곳에 앉아 책을 읽거나 음악을 듣거나, 그냥 눈을 감고 호흡을 가다듬으세요.

⪧ 자연으로 숨기

나무는 아주 좋은 피난처가 됩니다. 아이들과 물리적 거리를 벌려주는 데다, 그 자체가 마음을 진정시켜주기 때문이죠. 아니면 브라이언 리틀의 방법처럼 잠시 화장실에 숨어도 괜찮아요. 학교의 안뜰이나 운동장을 빙 돌아보는 것도 긴장을 푸는 데 효과적일 거예요.

⪧ 내 머릿속 회복 공간

버스나 학생 식당, 또는 형제자매들로 바글거리는 집에서처럼 북적이는 공간 속에 꼼짝 없이 섞여 있어야 할 때는 머릿속에 여러분만의 안식처를 만들어보세요. 이때는 헤드폰을 끼거나, 책을 읽거나, 눈을 감고 호흡에 집중해보면 도움이 될 거예요.

⪧ 적절한 취미활동 찾기

회복 공간 대신 긴장을 풀어줄 만한 취미활동도 좋아요. 비디오 게임도 괜찮고, 트램펄린 위에 올라가 뛰거나 샤워를 하거나 요리를 하는 것도 좋아요. 시간을 내서 회복 공간을 대체해줄 만한 그런 활동을 해보세요.(그리고 밥을 잘 챙겨먹고 최소한 8시간의 수면을 취하도록 하세요. 이것은 외향형도 새겨들어야 할 조언이에요!)

⪧ 도서관으로 가기

도서관은 이용료도 공짜인 데다, 긴장을 풀며 책들과 벗 삼기에도 이상적인 곳이에요.

⪧ 문 밖으로

많은 사람들 속에서 위압감이 들거나 한동안 사적인 순간을 갖지 못했다면, 잠깐 밖으로 나가보세요. 아니면 화장실에라도 가보세요. 마음을 가라앉히면서 심호흡을 할 수 있는 곳이라면 어디든 효과가 있을 테니까요.

나만의 고독의 요새 찾기

담요 요새

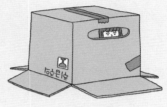

박스 막사

나뭇가지 탑

화장실 벙커

일급 비밀본부

복잡한 세상탈출

가족 안에서의
콰이어트

QUIET **1** POWER

성향이 다른
가족을 위한 솔루션

66

앞에서 만나봤던 수줍음 잘 타는 수영 선수 제니는 어느 여름 몇 주간 유난히 정신없는 나날을 보냈어요. 첫 주말에는 온가족이 함께 지인의 생일 파티에 다녀왔어요. 사교적인 부담이 대단한 주말이었지요. 북적북적한 사람들 사이에서 별의별 질문에 대답해야 했거든요. 제니의 어머니는 당시를 떠올리며 이렇게 말했어요.

"파티 내내 딸애는 사람들에게서 벗어나고 싶다고 했어요. 그리고는 사람들한테 질려서 하루 정도 쉬고 싶어 했죠."

하지만 제니에게는 이미 계획된 일들이 있었어요. 생일 파티에서 돌아온 다음 날 아침, 1주일간 캠프를 가야 했죠. 제가 어렸을 때 참석했던 캠프처럼 소란스럽게 함성을 질러대야 하는 곳은 아니었지만 대체로 비슷한 분위기였어요. 의욕 넘치는 외향적인 아이들 천지였고, 제니 역시 태생부터 발랄하고 거침없이 말하는 아이처럼 행동하느라 안간힘을 쥐어짰어요.

그러다 집으로 돌아왔을 때 가족들은 캠프가 어땠는지 듣고 싶어 안달했어요. 제니의 어머니는 당시를 되짚어보며 말했어요.

"식구들이 일주일 만에 돌아온 딸애를 보고는 반가워서 이것저것 물어보며 붙잡고 놓아주지 않았죠."

제니의 부모님은 다 같이 저녁을 먹고, 영화를 보러 가려고 계획을 짜두었어요. 하지만 제니는 또다시 집단 활동을 할 마음이 조금도 없었어요.

"딸애는 혼자만의 시간을 간절히 원하고 있었는데 우리가 너무 몰라줬어요. 그날 밤에는 결국 자제력을 잃고 말았죠."

제니는 빽 소리를 지르고 문을 쾅 닫으며 폭발했어요. 이런 식의 폭발이 항상 나쁘기만 한 것은 아니에요. 내향형은 감정을 너무 억누르기 십상이라 때때로 건전한 분노에 들 만한 시점에 이렇게 감정을 표출하기도 해요. 그러면 기분이 한결 나아지기도 해요. 풍선의 공기가 빠지는 것처럼 긴장이 확 풀리죠.

하지만 제니도 제니의 어머니도, 이런 식으로 버럭 폭발할 상황을 피할 수 있다는 걸 잘 알고 있었어요. 제니의 어머니는 얼마 뒤 그날 일에 대해 '배터리가 방전됐을 때는 재충전해야 한다'라고 말하며 딸의 바람을 인정해주었어요. 그리고 제니가 한계에 다다른 순간을 더 잘 알아채도록 애쓰겠다고 약속하며, 제니에게도 문제가 생기기 전에 감정을 표현하면 좋겠다고 부탁했어요.

나뿐 아니라 가족의 감정도 살펴주세요

자신의 이런 습관과 감정을 감지하려면 상당히 깊은 수준의 자기 인식이 필요해요. 제니는 십대 초반이었고, 제니의 어머니는 딸이 이제는 책임감을 차츰 높여가야 할 나이가 되었다고 생각했어요. 그 정도는 감당할 만큼 정신이 성숙해졌다고 여겼지요. 그래서 제니가 자신을 깊이 알고 자기 욕구를 스스로 깨우치길 바랐어요. 그러면 그 욕구를 따라 자신만의 고독의 요새로 피해, 그 공간에서 긴장을 푼 뒤 기분 전환도 되고 짜증도 풀린 상태로 나올 수 있을 테니까요. 정말 간단하지 않나요?

그런데 여기에서는 생각해볼 점이 한 가지 더 있어요. 바로 제니가 가족의 일원이라는 점이에요. 가족의 일원일 때는 자신의 욕구와 감정뿐 아니라 다른 가족의 욕구와 감정도 같이 배려해야 하죠. 특히, 제니는 여동생이 있는데 그 여동생의 성격이 제니와는 완전히 정반대라 그런 배려가 더욱 필요했어요.

가족이기에 성향을 더 존중해야 해요

제니의 어머니는 일찌감치 두 딸의 성격 차이를 알아봤어요.

"제니가 고양이 성향이라면 에이미는 강아지 성향이에요. 제니는 책을 보면서 어딘가에 혼자 웅크려 있길 좋아하고 에이미는 강아지 같아서 아주 활달해요."

에이미는 항상 사람들과 어울리고 싶어 했고, 특히 언니인 제니와 함께 있고 싶어 했어요. 제니가 혼자 있고 싶어서 자기 방으로 피할 때마다 몇 분 후면 동생이 쪼르르 달려와서 방 문을 쾅쾅 두드리기 일쑤였어요. 제니는 좋은 언니가 되고 싶었지만 이럴 때는 힘이 들었어요.

"그럴 땐 제가 어떤 기분인가에 따라 달라요. 하루 종일 사람들하고 부대낀 날엔 '알았어, 같이 놀자'라는 말이 잘 안 나와요."

이들 가족의 숙제는 두 딸의 상반된 욕구를 어떻게 채우느냐였어요. 쌓이던 문제가 곪아터진 것은 가족의 휴가에서였지요. 오리건주를 거쳐 워싱턴주까지 굽이굽이 이어진 지상낙원 같은 콜롬비아강 협곡에서, 수영, 배타기, 수상스키, 하이킹 등을 하기로 야심찬 계획을 세우고 떠났지만 하루 종일 비가 내리는 바람에 모든 계획이 틀어져버렸죠. 제니로선 궂은 날씨가 전혀 신경 쓰이지 않았어요. 펜션 방에서 준비해온 책을 읽고 스케치북에 그림을 그리며 즐거운 시간을 보냈죠. 반면에 에이미는 날씨 때문에 짜증이 났어요.

실랑이를 벌이던 자매는 마침내 합의를 봤어요. 우선 제니가 책을 읽을 수 있도록 에이미가 언니를 혼자 놔두기로 했어요. 하지만 그 다음에는 제니가 시간을 내서 동생과 같이 비를 맞으며 수영을 하기로 약속했어요. 인상 쓰지 않고 놀아주기로요. 덕분에 자매는 비가 와서 엉망이 된 가족 여행을 어렵사리 넘겼어요.

그 다음 휴가 때 부모님은 새로운 전략을 찾아냈어요. 제니와 친한 친구 중에 외향적인 성격의 친구를 데려가는 것이었죠. 덕분에 누구와 함께 놀기를 좋아하는 에이미의 욕구도 채울 수 있었고, 제니도 혼자만의 시간을 더 많이 가질 수 있었어요.

"두 딸 사이에 다른 사람이 끼어들자 제니의 부담이 조금 덜어졌어요."

제니의 어머니는 이렇게 말하며 의외의 결과도 말해주었어요. 다른 사람이 끼자 자매가 어울리는 시간이 줄어드는 게 아니라, 오히려 더 잘 어울리게 되었다고요.

서로의 문
열어놓기

❝ 앞에서도 얘기했다시피 저는 조용하고 명상적인 가정에서 자랐어요. 우리 가족은 모두 스펙트럼으로 볼 때 내향형의 맨 끝에 치우친 편이었고, 저는 그와 비슷한 분위기를 가진 다른 가족들의 얘기도 많이 들어왔어요.

한 예로, 그러한 가족 안에서 자란 쌍둥이 자매인 소피와 벨라는 집에서 사이좋게 잘 지냈는데, 그 이유는 가족 모두가 내향적인 편이라 조용히 지내는 것을 좋아했던 덕분이었죠. 엄마인 아만다는 말했어요.

"저희 가족은 모두 차분한 편이에요."

하지만 카버 씨 가족은 아주 달랐어요. 가족의 성격이 반으로 갈렸거든요. 엄마인 수잔나와 작은딸 게이비는 외향형이었지만, 아빠와 큰딸 마리아는 내향형이었어요. 제니의 가족처럼 카버 씨 가족은 서로 다른 욕구 사이에서 균형을 잡느라 애를 먹어왔어요.

엄마 수잔나는 남편이 조용해지면 화가 난 줄 알고 걱정하기 일쑤였어요. 반면 수잔나가 시도 때도 없이 말하길 좋아하는 통에 남편인 카버는 조용하고 사색적인 시간이 절대적으로 부족했어요. 큰딸인 마리아는 아빠와 똑같았고, 작은 딸인 게이비는 엄마처럼 언제나 자극과 놀 거리와 대화를 원했어요.

방 주인이 원하는 방식으로 교감하기

이들 가족이 효과를 본 한 가지 방법은 문 열어놓기였어요. 특별한 경우가 아닌 한 자기 방의 문을 닫지 말고 다른 식구를 못 들어오게 막지 않기로 가족 규칙을 정해놓고 가족이 다 함께 지키기로 했죠. 수잔나의 설명을 들어보면 여기에 한 가지 중요한 조건이 붙었다고 해요.

"각자 자기 방에서 할 수 있는 일의 한도를 정하는 조건이었어요. 방 주인이 조용히 책을 읽고 있으면 다른 사람이 들어와서 조용히 책을 읽을 수는 있지만, 들어와서 음악을 틀거나 춤을 추면 안 되는 식으로요."

이 방법은 마리아와 아빠가 그토록 원하던 조용한 시간을 누리게 해주었을 뿐만 아니라, 마리아의 동생에게도 중요한 교훈을 가르쳐주었어요.

"저희는 쉴 새 없이 얘기를 해야만 관계가 유지되는 것이 아니라는 사실을 게이비에게 가르쳐주고 싶었어요."

누군가와 한 방에서 가까이 앉아 그냥 같이 있는 것도 아주 귀중한 시간이 된답니다.

내향형이 동화처럼 가족들과 오래오래 행복하게 잘 살 수 있으려면 어떻게
해야 할까요? 제니, 마리아를 비롯한 여러 가족들의 이야기가 보여주고 있
듯이 그런 행복은 늘 쉽지만은 않아요. 저절로 이루어지는 일도 아니고요.
하지만 다음의 중요한 팁을 따르기만 한다면 충분히 가능한 일이랍니다.

⤳ 소통하기

이따금씩 문을 닫는 것은 괜찮지만, 가족과 같이 있으면서 문을 닫을 때는
사랑하는 가족에게 상처를 주지 않도록 신경 써야 해요. 그렇게 문을 닫는
일은 때론 가족들을 기분 상하게 만드는 일이기도 하거든요. 제니는 철이 들
면서부터, 혼자 있고 싶을 때는 부모님과 동생에게 어떤 식으로 말해야 하는
지 알게 되었어요.

⤳ 각자의 욕구 존중하기

우리 내향형이 남들로부터 조용히 혼자 있고 싶은 욕구를 존중받고 싶어 하
듯, 우리도 형제나 부모님이 나와는 정반대를 원할 수도 있다는 사실을 인정
해야 해요. 싫어도 억지로 이야기해야 할 때도 있는 거예요. 가족 모두에게
는 자신의 욕구를 충족시킬 권리가 똑같이 있어요.

⫸ 타협하기

서로 공통점이 아무리 많더라도 여러분과 가족들 간에도 여러 면이 다르기 마련이에요. 자신의 욕구와 형제나 부모님의 욕구 사이에 적절한 균형점을 찾는 요령을 배우세요. 그것이 가정의 행복을 열어주는 열쇠랍니다. 가족 안에서의 생활은, 그리고 이 세상 모든 생활은 '기브 앤 테이크(주고 받기)'의 과정이에요.

⫸ 함께하는 시간 소중히 여기기

대체로 가족들은 함께 있을 때 여러분을 가장 진실된 자신이 될 수 있게 해주는 사람들이며, 가족이 주는 편안함은 정말로 소중합니다. 그토록 소중한 가족과의 시간을 스스로에게 허용해주세요.(다른 재미거리들로 돌아갈 기회는 언제든 있어요. 가족들과 함께한다고 해서 그런 재미거리들이 어디로 도망가는 것은 아니에요.)

⫸ 또 다른 가족 찾기

부모님이나 형제가 여러분의 성향을 이해해주지 못하면 사촌이나 할아버지, 할머니 등 친척들과 소통해보세요. 여러분을 마음 깊이 걱정해주면서 공감과 조언을 해줄 만한, 또 다른 가까운 사람들이 주변에 반드시 있을 거예요.

⫸ 무거운 짐 덜기

우리 내향형들은 어려운 일이 생기면 혼자 처리하고 싶어 하는 경향이 있어요. 힘들 때는 가족에게 지지와 격려, 사랑을 받으세요. 필요할 때는 도움을 청하거나 안아달라고 말하세요. 가족은 그러라고 있는 거예요!

콰이어트 파워 플러스⁺

QUIET POWER PLUS

제가 어렸을 때는 내향형이나 외향형이라는 말이 있지도 않았어요. 그런데도 만약 당시의 내가 성격과 관련된 과학과 심리학을 잘 알았더라면, 그래서 내가 조금도 이상한 게 아니라는 걸 알았더라면 참 좋았을 텐데, 하는 아쉬움이 있어요. 내가 어떤 성향이고, 무엇을 필요로 하는지 깊이 있게 이해하면 자신감이 크게 북돋워지니까요. 저를 보세요. 사람들 앞에서 말도 잘 못 해 쩔쩔매던 수줍음 많은 소녀가, 이제는 그 넓은 경기장에서도 능숙하게 강연을 하고, 잘나가는 작가에다 사업가로 성장했잖아요.

이 책을 쓰기 위해 수많은 청소년의 이야기를 들으면서 '자기 인식이 중요하다'는 제 신념은 더욱 탄탄해졌어요. 여러분이 내향형이든 외향형이든 간에, 부디 이 책에 담긴 사례와 통찰력이 자신과 친구들, 가족들, 나아가 매일 복도에서 스치는 친구들을 이해하는 데 도움이 되길 간절히 바라요.

책을 위해 조사를 하는 동안 저와 동료들은 자신의 경험담을 털어놓으며 깊은 인상을 준 십대들을 많이 만나봤어요. 그중 한 명은

13장에서도 소개했던, 수줍음 많은 배우 라이언이에요. 라이언은 무대에 오르는 과정에서 겪은 경험담을 자세히 들려주었을 뿐만 아니라, 내향성의 이해를 통해 자신의 삶이 어떻게 바뀌었는지 글로 써서 보내주기도 했어요.

"저는 이제 저의 내향성을 받아들이는 데 조금도 거리낌이 없어요. 내향성은 감추어야 할 비밀도 아니고, 숨겨야 할 결점도 아니니까요. 외향형 이상주의에 대한 집착을 버리고 난 뒤로 저는 상상도 못했던 자유를 누리고 있어요."

오하이오주의 남학생 피터는 한때 흡연을 했는데, 우리에게 이렇게 털어놓았어요.

"저는 혼자 지내는 시간이 많아요. 그렇다고 그것을 부끄러워하진 않아요. 오히려 그런 시간이 여러 가지 사회적 상황을 준비시켜 준다고 생각해요. 제 친구들 대부분은 아는 사람이 별로 없는 파티에는 안 가려 하지만 저는 신경 쓰지 않아요. 혼자서도 잘 대처할 줄 알고, 파티에 가서 스스로 즐길 자신도 있어요."

다행스럽게도 피터는 이제 더 이상 담배를 피운다는 핑계로 파티장에서 빠져나올 필요를 느끼지 않게 되었어요. 인기 많은 내향형 롤라도 여기에 공감했어요.

"다른 사람들처럼 더 사교적이 되고 싶은 때도 있었어요. 그런데 다른 사람들이 사교 생활에서 얼마나 잘 어울리는지를 비교하며 걱정하지 않게 되면서부터 또 한편으로는, 저 자신을 받아들이고 싶기도 했어요. 저는 앞으로도 있는 그대로의 저 자신을 받아들이고 싶어요."

여러분이 내향형이든 외향형이든, 이 책을 통해 눈과 마음이 열렸기를 바랄게요! 이제, 앞으로 학교 생활과 삶의 여정을 헤쳐 나가는 동안 명심해둘 만한 몇 가지 키포인트를 살펴봅시다.

자신의 슈퍼파워 받아들이기

목소리가 크고 사교적인 것이 아주 중요한 사회적 덕목으로 떠받들어지는 경향이 있는 학창 시절에는 조용함이 약점처럼 느껴지기 쉬워요. 하지만 이제는 여러분이 내향형의 진정한 강점을 이해하기 바라요. 실제로 유명 배우, 혁신적 과학자, 뛰어난 작가, 억만장자, 스포츠 스타, 개그맨들을 비롯해 여러분과 심리적 동족으로서 특출함을 펼쳐 보인 수많은 사람들을 생각해보세요. 그 사람들 모두, 그리고 이 책에 소개했던 그 수많은 아이들 모두 내향형으로서 자신의 숨겨진 강점, 즉 깊이 있는 사고, 강한 집중력, 고독에 대한 편안함, 뛰어난 경청 능력을 인정하게 되었어요.

안전지대 확장하기

내향성을 새로운 도전을 피하는 구실로 삼지 마세요. 저는 중학교 때만 해도 나 자신이 유명한 대중 강연가가 될 줄은 꿈도 꿔본 적이 없어요. 하지만 차츰 안전지대의 한계를 시험해보면서 처음엔 소그룹 앞에서 연습을 하다가 청중을 점점 넓혀갔어요. 어떤 일을 도전하든 자신의 한계를 확인한 뒤 적절한 범위 내에서 그 한계를 늘리도록 스스로를 격려해주세요. 내면의 고무줄을 늘리되, 무리는 하지 않으면서요.

📝 적절한 조명 찾기

여러분 중에는 스포트라이트의 강렬한 불빛 속에서 두려움 없이 활약하는 사람도 있을 거예요. 무대에 올라 노래하거나 춤추거나 연기할 때 기량이 펼쳐지는 무대 체질일지도 몰라요. 그런가 하면 코딩을 배우며 들여다보는 노트북의 불빛이나, 혼자 책을 읽거나 글을 쓸 때 옆에서 빛을 밝혀주는 스탠드 불빛이 나에게 더 어울리는 조명일 수도 있어요. 여러분에게 가장 편안한 조명을 찾으세요. 마음이 끌리는 분야, 다시 말해 나를 빛나게 해줄 관심 분야를 찾으세요.

📝 열정을 추구하기

나를 밀어붙여 한계를 시험해보도록 자극해주는 데는 대의, 목표,

관심사만 한 동기가 없어요. 그 구체적 동기는 스포츠나 예술일 수도 있고, 무언가를 만들고픈 타고난 열정일 수도 있어요. 제 경우엔 몇 년 전에 제 사명이 글쓰기와 콰이어트 레볼루션의 전파라는 사실을 깨달았어요. 제가 지금까지 전 세계를 돌며 어마어마한 청중 앞에서 연설을 펼쳐온 이유는 주목받길 좋아해서가 아니에요. 그 많은 사람들 앞에 서는 이유는 그 일이 제 사명이라고 믿기 때문이에요. 사람들에게 조용함의 힘을 전해야 한다는 신념 때문이에요. 여러분도 열정을 쏟을 분야를 찾아보세요. 나 자신과 나의 강점을 충실히 따른다면 언젠가 목표를 이루게 될 거예요.

🖊 배터리 충전하기

외향형 위주의 상황에서 과감히 자신을 시험해볼 때는 차분하고 조용한 시간의 필요성을 잊지 마세요. 다시 기운을 되찾을 시간을 내면서 여러분만의 회복 공간을 찾으세요. 강가를 거닐어도 좋고, 한동안 문을 닫고 있든 아니면 잠깐 눈을 감고 헤드폰으로 음악을 듣든 어떤 식으로든 회복의 시간을 가지세요. 배터리가 방전되면 전자 제품이 작동하지 않듯 우리도 마찬가지랍니다.

📝 진정한 우정을 소중히 여기기

내향형 특유의 성향에서 훌륭한 면 한 가지는, 친밀하고 깊이 있는 관계를 소중히 여길 줄 안다는 점이에요. 우리 내향형은 한두 명의 친구와 보내는 시간을 소중히 여겨요. 사실, 몇 명의 진정한 친구를 두는 것이 수십 명의 가상 친구나 일시적 유대보다 훨씬 더 귀하답니다. 인기 경쟁은 부질없는 짓이에요. 가까운 관계를 소중히 가꾸어가고, 예상치 못한 곳에서 새로운 친구를 찾게 될 가능성에도 마음을 열어놓으세요.

📝 정반대의 성향과 파트너 맺기

내향형인 우리는 활달한 친구나 급우나 형제들에게 많은 것을 배울 수 있어요. 외향형의 사람들은 여러분이 더 성장하면서 안전지대를 확장하는 데 도움이 될 수 있어요. 외향형 역시 우리의 조용하고 사색적인 라이프스타일을 통해 득을 볼 수 있어 서로에게 유익해요. 우리 내향형은 탄탄하고 강한 우정을 잘 맺지요. 또한 어떤 대의나 사명을 위해 파트너를 맺으면 우리의 강점이 상대의 약점에 균형을 잡아주면서 훨씬 더 강력한 힘을 발휘하게 돼요.

🖊 자신을 믿기

혹시 지금 조용한 성향으로 인해 힘든 시기를 겪는 것 같더라도 약해지지 마세요. 세상 인구의 3분의 1 내지 절반은 내향형이에요. 학교에서 그 북적거리고 정신 사나운 복도를 지나가는 아이들 중에 나 같은 아이들이 생각보다 훨씬 더 많다는 이야기예요. 우리는 내향형으로서 뭐든 다 이루어낼 수 있는 가능성이 있어요.

🖊 내 목소리 찾기

매사추세츠주의 내향적인 대학생 클로에가 자신의 조용한 성향을 이해하며 쓴 에세이를 인용하면서 이 글을 맺을까 해요.

"내 목소리를 찾으려면 나 자신이 어떤 사람인지 깨닫는 과정이 필요하다. 나는 자신을 더 잘 알아갈수록 자신감이 생기고, 그와 더불어 목소리도 따라온다고 믿는다. 목소리를 찾는다는 것은 단순히 수업 중에 말을 더 많이 하는 것을 의미하지 않는다. 존재감을 찾고, 내가 옹호하는 바를 발견하면 용기 있게 그것을 옹호하는 일이다. 내가 하는 모든 말이 꼭 완벽해야 하거나 옳아야 하는 것은 아님을 배우는 일이다. … 나는 이제 침묵 속에서만 평안을 얻지 않는다. 나는 더 이상 열심히 듣고만 있을 수 없다. 내 목소리를 내기도 해야 한다. … 나는 서서히 거북함 속에서도 평안을 찾을 줄 알고 있으며, 점점 내 목소리도 좋아지고 있다."

자신의 슈퍼파워를 받아들이기

안전지대 확장하기

내게 맞는 조명 찾기

정반대 성향과 파트너 맺기

배터리를 충전하기

깨우지
마세요

나의 열정을 좇기

우정을 소중하게

나 자신을 믿기

와~~ 와~~~

조용한 아이들의 가능성을 발견해주세요

★

선생님들은 수업 시간에 학생이 발표를 얼마나 하는지에 따라 수업 참여도Class Participation를 평가하곤 합니다. 수업 참여를 북돋는 데는 장점이 있어요. 학생이 생각을 큰 소리로 표현하는 일은 그 자체로 활기를 주기도 하고, 그러한 의사 표현의 방식을 배우면 확실히 평생을 살아갈 때 유용한 기술이 됩니다. 하지만 제가 생각하기엔, 일부 선생님들이 '참여'라는 개념을 너무 멀리까지 밀어붙이는 듯해요.

콜로라도주의 십대 소녀 브리애나가 다니는 학교의 어느 선생님은 수업을 시작할 때마다 학생들에게 아이스크림 막대를 세 개씩 나눠주었다고 해요. 큰 원 모양으로 둘러앉은 아이들은 수업 시간 토론 중에 뭔가 발언을 할 때마다 아이스크림 막대를 하나씩 원 안쪽으로 던졌어요. 물론, 수업이 끝나기 전까지 막대를 모두 던져야 했죠.

"세 개 중에 하나도 던지지 못하면 점수를 팍 깎을 줄 알아."

브리애나는 아직도 선생님의 그 말이 귓가에 맴돈다고 말했어요. 브리애나가 말하길, 아이스크림 막대 활용법은 알찬 토론을 유도하기보다는 실없는 잡담 수준의 의견만 끌어냈다고 해요. 아이들은 그저 막대를 던지기 위해 의견만 내놓을 뿐 토론은 뒷전이었어요. 브리애나 역시 그렇게 치사하게 의견을 말해야 했고, 그 과정에서 묘한 좌절감을 느꼈어요.

"저는 '말을 위한 말'은 좋아하지 않아요. 중요하게 해야 할 말이 있을 때만 말하고 싶어요. 하지만 그 선생님 수업에서는 막대를 던질 만한 이야깃거리를 대충 떠올려 짧게 말할 수밖에 없었어요."

수업 참여도 평가와 수업 몰입도 평가

이 사례 외에도 많은 선생님들이, 수업 참여도를 평가할 때 주제를 제대로 터득했는지와 상관없이 무조건 소리 내서 말하는 학생들에게 높은 점수를 주고 있어요. 하지만 '수업 몰입도Classroom Engagement'를 평가하는 방식도 바람직합니다. 수업 '몰입'은 '참여'보다 훨씬 넓은 개념으로, 더욱 다양한 방식으로 주제를 교류할 여지를 제공한답니다.

수업에서의 그룹 토론은 여러 면에서 좋은 수업 방식이에요. 학생들에게는 다른 사람의 생각을 들어볼 기회를 주고, 선생님들에게는 학생들이 수업을 제대로 따라오고 있는지, 배울 의지가 있는지 등을 가늠하게 해주지요. 토론 수업은 학생들을 하나의 주제에 몰입시키는 훌륭한 방법이 되기도 해요. 여기에서 핵심은 몰입입니다. 별 말 없이 입을 꾹 다물고 있는 조용한 학생도 술술 대답을 잘 내놓는 활달한 학생 못지않게 토론에 몰입할 수 있어요.

교육 연구자 메리 버드 로Mary Budd Rowe는 선생님들이 질문을 던지고 난 뒤에 답변할 학생을 지목하기까지 어느 정도나 기다려주는지 조사해봤어요. 여러 학급 토론을 영상으로 녹화해 살펴봤더니 선생님들이 기다려주는 시간은 평균 1초 정도였다고 해요. 겨우 1초라니! 너무 짧지 않나요?

일부 교육자들은 '생각 시간' 또는 메리 버드 로의 호칭대로 '기다려주기 시간'이라는 개념을 도입해 학급 토론을 더 효과적으로 끌어가려고 애쓰고 있어요. 이를테면 질문을 한 뒤 조용히 생각할 시간을 1~2분 정도 주고 나서 토론을 이어가는 방식이죠.

유사한 방식으로 TPSThink-Pair-Share(생각해보고, 짝과 토론하고, 발표하기)도 있습니다. TPS 토론에서는 학생들이 조용히 앉아 생각을 정리한 다음, 한 명의 짝이나 적은 인원의 친구들에게 먼저 의견을 밝혀요. 그 다음에야 전체 학급 토론을 시작하죠. TPS 토론은 청중을 서서히 확장시킴으로써 부담을 덜고 편안하게 의견을 나누게 해줍니다. 또 학생들이 깊이 사고하며 생각을 발전시킬 여유도 허용해주고요.

교실에서의 조용한 혁명

《콰이어트》가 출간된 직후 저는 코네티컷주 소재의 사립 여학교 그리니치 아카데미Greenwich Academy의 여선생님, 프렌치 선생님에게 짧은 편지를 받았어요. 프렌치 선생님은 지난여름에 이 책을 읽고 나서 많은 학생들을 새로운 렌즈로 들여다보게 되었다며, 학교 차원에서 내향적인 학생들의 욕구를 더 깊이 이해해주면 유익할 것 같다는 결론에 이르렀다고 했어요.

프렌치 선생님은 교내의 리서치 동아리를 감독하고 있기도 했어요. 이 동아리의 여학생들은 학기 초마다 다 함께 모여서 남녀 학생들의 삶과 관련된 주제로 리서치 프로젝트를 선정한 후 밖으로 나가서 그 주제와 관련된 자료를 수집해온다고 해요.

그해 학기 초에 프렌치 선생님은 리서치 동아리 학생들에게 수업 중에 더 적극적인 수업 참여를 격려받은 적이 있는지 서로 물어보라고 했어요. 동아리의 여학생들은 다양한 성격이 섞여 있었지만 특히 조용한 성격의 학생들이 그 질문에 곧바로 흥미를 보였다고 해요. 그 하나의 질문은 토론의 불을 지폈고 동아리 여학생들은 토론 후 바로 추가 조사 작업에 들어갔어요. 그리고 얼마 뒤에는 '내향형 학생들이 학교에서 어떤 기분을 느끼는지 조사해보자'는 결정을 내리게 되었어요.

가을 학기 동안 동아리 학생들은 《콰이어트》의 일부분을 읽어보고 TED 강연 동영상을 본 후 본격적인 리서치를 구상했어요. 1월에 동아리에서는 선생님들을 대상으로 포커스 그룹(시장 조사나 여론 조사를 위해 각 계층을 대표하도록 뽑은 소수의 사람들로 이뤄진 그룹 - 옮긴이)을 선정해 인터뷰를 실시했어요.

이 선생님들은 리서치 주제를 듣지 못한 상태였지만, 동아리 학생들에게 좋은 학생의 자질은 무엇이고, 이상적인 학생상을 어떻게 보느냐는 등의 질문을 받으면서 학생들이 관심 있어 하는 주제가 수업 참여라는 사실을 눈치 챘어요. 결국 이 포커스 그룹 인터뷰는 자유 토론 형식으로 바뀌었고, 선생님들은 각자 이런저런 질문을 던지기 시작했어요.

동아리 여학생들이 조용한 학생들의 특성과 그들의 학교 생활에 초점을 맞추고 있다는 사실이 확실해지고 나자 선생님들은 이제 사뭇 다른 반응을 보였어요. 일부 선생님은 적극적으로 발표하며 수업에 참여하는 것이 중요하다는 주장을 고수했어요. 그런가 하면 내향성에 대해 더 배우면서 지도 스타일을 그에 맞게 바꿔보고 싶다는 의사를 내비친 선생님들도 있었어요.

한편 바로 앞에서 이야기한 문제, 참여를 이끄는 데서 몰입을 중요시하는 수업으로의 전환에 대해 논의할 때는 몇몇 선생님이 조용한 아이들을 위해 나름대로 개척해온 전략을 공유해주었어요. 한 여선생님은 조용한 아이들에게 개인적으로 다가가서 다음번 수업 주제를 알려주는 식으로 수업 준비를 할 수 있게 해준다고 밝혔어요. 그렇게 하면 보통은 미리 수업을 준비해온다면서요.

포커스 그룹 선생님 인터뷰 후에 동아리 여학생들은 상급 학년 학생들 전원을 대상으로, 이 책의 앞부분에 실린 '내향형-외향형 평가'와 유사한 설문지를 나눠주었어요. 조사 결과, 학생의 대략 3분의 1이 내향형인 것으로 나타났어요. 전체 인구 대비 비율과 비슷한 결과였죠. 동아리 학생들은 프렌치 선생님의 지원을 받아 《콰이어트》를 교직원 하계 추천 도서 목록에 올려놓기도 했어요.

제가 얼마 뒤에 그 학교에 방문해서 보니 내향형과 외향형을 공정하게 인식하는 수준이 놀라울 만큼 인상적이었어요. 그렇지만 학교가 크게 변한 것은 아니었어요. 여전히 외향형에게 유리한 요란한 행사들은 그대로였어요. 예컨대 학기 첫날 최고 학년이 된 학생들을 위해 음악, 춤, 함성으로 채워진 열광적인 축하 행사를 열어주는 전통은 여전했어요. 아침 조회 때 강당의 중앙 통로에서 학생들이 팔을 쭉 뻗어 터널을 만들어주면 최고 학년 학생이 한 명씩 달려 나가 연단 앞으로 가서 고함을 치는 거예요.

리서치 동아리 멤버인 외향적 성격의 여학생 매디슨은 그런 소란스런 행사를 고대하며 더할 나위 없이 흥분한 채 말했어요.

"전부터 해보고 싶던 일이었어요! 하지만 제 절친이자 내향적인 친구는 이러더라고요. '싫지는 않지만 내 적성에는 안 맞아.'"

제가 인상 깊었던 것은 이 학교가 두 유형의 욕구를 두루 고려하는 부분이었어요. 선생님들은 비교적 조용한 학생들을 수업에 몰입시키기 위해 수업 참여 방식을 바꾸기 시작했지만, 그렇다고 외향적인 학생들의 희생을 요구하는 건 아니었어요. 오히려 두 성향의 아이들 모두에게 이로운 방식을 찾아가고 있었어요.

이를테면 매디슨이 듣고 있는 한 수업에서는 선생님이 질문을 하고 나서 학생들에게 1분 정도 생각할 시간을 주기 시작했어요. 매디슨은 답이 맞든 틀리든 당장 대답하고 싶어 안달이 나곤 했지만, 솔직히 1분을 기다려야 하기 때문에 어쩔 수 없이 더 주의 깊게 생각하게 된다고 인정했어요.

수많은 학교에서 이런 식의 변화가 시작되고 있고, 저는 이런 콰이어트 레볼루션, 조용한 혁명을 더욱 널리 전파시킬 계획이에요. 우리는 커리큘럼과 학교 문화를 조용하게 바꾸고 싶어 하는 학교들을 위한 파일럿 프로그램을 시작했고, 선생님들께 그 얘기를 들려드리고 싶어요. 저희 웹사이트를 방문하시면 조용한 혁명을 수업에 도입시키는 방법에 대해 더 자세히 알 수 있어요.

한편, 다음은 선생님들이 수업 몰입을 중시하는 수업으로 변화를 꾀할 때 참고할 만한 세 가지 방법입니다.

📝 신기술 받아들이기

온라인 미디어를 놓고 걱정들이 많습니다. 특히 직접 교류를 거북해하는 학생들이 자칫 온라인 미디어를 정신적 의존처로 삼게 될까 봐 우려하는 목소리들이 높아요. 하지만 온라인이 다리 역할을 할 수도 있습니다. 뉴저지주 프리홀드의 고등학교에서 영어를 가르치는 여선생님인 미셸 램피넨의 사례를 살펴볼까요?

램피넨 선생님은 트위터와 라이브 채팅을 활용해서 학생들이 단체로 읽은 책과 참고 영화를 보면서 실험을 해왔어요. 그 결과 (다른 여러 선생님들의 실험 결과와 다를 바 없이) 실제 수업 토론에서는 손을 좀체 들지 않는 아이들이 키보드로는 선뜻 통찰력 있는 의견을 제시했다고 해요.

나아가 모든 학생에게 블로그를 개설하게 하고, 해당 학기에 쓴 글 10개를 올리게 했어요. 또한 학생들끼리 서로의 블로그에 들어가 사려 깊은 댓글을 달도록 했어요. 그 결과 학생들끼리 서로의 생각을 읽고 검토해보았을 뿐 아니라, 온라인에서 시작된 토론이 직접 토론으로까지 이어졌다고 해요.

🖋 생각 시간 만들기

싱가포르의 중학교 남자 선생님인 자비즈 레이즈다나 선생님은 한때 수업 시간에 구두로 참여하는 것이 반드시 필요하다고 생각했다며 솔직히 털어놓았어요.

"저는 내향형이거나 조용한 사람들은 말을 좀 하도록 개선되어야 한다는 고리타분한 생각에 빠져 있었죠."

그런데 한 학생으로 인해 태도와 방식을 모두 바꾸게 되었다며 얘기를 들려줬어요.

"한 남학생이 있었어요. 영화 제작 쪽으로 재능이 뛰어났고, 아주아주 내향적인 학생이었어요."

이 남학생은 수업 시간에 말이 통 없었어요. 선생님은 처음 며칠 동안 그 학생의 수업 참여를 독려해주려고 특정 주제에 대한 의견들을 물어봤어요. 그러다 수업이 진행된 지 2주째에 들어섰을 때 그 학생이 드디어 입을 떼었어요.

"지금은 별로 할 말이 없어요. 할 말이 생기면 제가 말을 할 테니, 그때까지 그냥 좀 놔둬주시면 안 되나요?"

선생님은 그 말에 불쾌감을 느끼기보다는 당황했다고 해요.

"저는 앉아서 속으로 생각했죠. '이 열세 살짜리 아이한테 내가 한방 먹었네!'"

이 학생은 음… 조금 직설적이었고, 대다수 선생님들은 그런 말을 이해심 있게 들어주지 못했을 거예요. 하지만 레이즈다나 선생님은 그 말을 귀담아들었어요. 그 학생의 말에서 중요한 요점을 파악했기 때문이에요.

남학생은 단지 말을 해야 할 이유를 납득하지 못하고 있었어요. 게다가 수업 중에 손을 들지는 않았지만 고심 끝에 잘 정리한 과제를 착실히 제출하고 있었어요. 과제물로 미루어볼 때 선생님의 말 한 마디 한 마디를 귀 기울여 들으면서 수업에 몰입하는 모범생이었지요. 단지 정말정말 조용했을 뿐이에요. 그 학생은 레이즈다나 선생님에게 그동안의 수업 참여도 평가 방식을 다시 생각해보도록 자극을 주었어요.

"아무 말도 하지 않는다는 이유만으로 수업에 몰입하지 않는다고 단정해서는 안 됩니다. 오히려 무턱대고 얘기를 늘어놓는 아이들은 단지 자기 얘기를 들어주길 원할 뿐 하고 싶은 얘기가 뭔지도 제대로 모르는 경우가 많아요."

레이즈다나 선생님은 자기 반에 내향적인 아이들이 많다는 사실을 깨닫고 난 뒤로 지도 방식을 바꿨어요. 토론의 주제를 말한 다음 곧바로 아이들을 호명하지 않고, 그 주제에 대한 생각을 글로 써보게 했어요. 그 다음 몇 분간은 친구들이 쓴 글을 읽어보면서 그 의견에 대해 할 말이 있으면 의견을 덧붙이게 했어요.

"그 다음에야 토론에 들어갔어요. 그때쯤이면 이미 주제에 대해 생각하며 글을 쓰고 다른 애들의 생각까지 읽은 상태이기 때문에 준비 없는 토론에 들어갈 일이 없었죠."

글쓰기, 읽기, 의견 더하기, 토론하기를 결합한 선생님의 수업은 조용한 아이들이 더 목소리를 낼 수 있게 해주었어요. 자유 토론 시간 동안 선생님은 누구에게도 참여를 강요하지 않았는데 내향적인 아이들이 꽤 자주 끼어들었다고 해요.

물론 내향성을 침묵을 지키는 구실로 삼게 해서는 안 됩니다. 이상적으로 볼 때, 청소년은 자기 자신을 확장하기 위해 애쓰며 이따금씩 용기 내 손을 들기도 해야 합니다. 어쨌든 성인이 되어 살아가려면 그런 식의 자기 확장이 필요할 테니 연습이 필요하지요.

워싱턴 D.C.에 있는 어느 고등학교의 케이번 이 선생님은 조용한 아이들의 욕구에 세심히 신경을 써주었지만, 한편으론 이런 조용한 학생들이 수업 중에 편하게 말하는 걸 경험해야 한다고도 생각했어요. 그래서 수업 전에 학생들에게 특정 주제에 대해 의견을 묻겠노라고 미리 공지해주었어요. 주제를 정할 때도 (제출한 과제물이나 개인적 대화를 통해 미루어) 학생들이 흥미를 보이면서 의견을 잘 밝힐 수 있을 법한 주제를 고르려 했어요.

"많은 급우들 앞에서 발표를 하거나 생각을 밝힐 수 있어야 해요. 하지만 학생 각자의 진도와 속도도 중요하다고 봅니다."

🖉 소그룹으로 나눠 토론하기

학급 아이들 전체 앞에서는 편하게 말하지 못하는 학생도 소그룹 속에 있거나 한 명의 짝과 있을 때는 자기 목소리를 내는 경우가 많습니다. 제가 앞서 소개한 TPS 토론 방식을 강력히 지지하는 이유도 바로 여기에 있어요. 이런 토론은 내향적인 아이들에게 자신의 생각을 표현해볼 좋은 기회가 됩니다.

아이의 강점을 믿고 지지해주세요

★

이 책은 청소년을 대상으로 썼지만, 학부모들에게도 유익한 책이
될 것이라고 생각합니다. 학창 시절은 내향형에게는 그 자체로 큰
도전일 수 있으며, 내향형 학부모들에게도 마찬가지일 수 있습니
다. 그런 학부모들에게 제가 해드릴 수 있는 가장 유익한 조언은 이
것입니다. 조용한 아이가 자신의 타고난 강점을 잘 활용하도록 도
와주세요. 경청 능력, 관찰력, 사색 능력, 결의를 품은 조용한 행동
가로서의 자질을 잘 살릴 수 있게 해주세요.

부모로서 해야 할 역할은 아이들이 점점 발전하면서 자신의 한
계를 탐구하도록 이끌어주는 동시에, 있는 그대로의 나를 존중하고
즐길 줄 알게 해주는 것입니다. 내향적인 십대 소년의 어머니인 엘
리너도 다음과 같이 말했어요.

"내향적인 아이에게는 엄마도 한 팀이라고 느끼게 해주는 일이
매우 중요해요. 내향적인 아이는 평범한 십대보다 팀의 멤버, 다시
말해 자신을 정말로 잘 아는 사람들이 더 많이 필요해요."

조용한 십대 아이의 부모 역할에 대해 더 자세히 알고 싶다면 저

희 홈페이지에서 도움을 받을 수 있습니다. 친구나 친척과 협력해서 아이를 지지해주는 방법, 조용한 아이를 둔 다른 부모들과 교류하는 온라인 토론회 등 여러 양육 도구들도 마련되어 있습니다. 더 자세히 알고 싶다면 홈페이지에 방문해주세요.

다음은 당장 활용해볼 수 있는 간단한 전략들입니다.

🖊 숙련과 자기표현을 격려해주기

무언가를 숙련하는 것과 자기를 표현하는 것은 모든 아이들에게 중요하지만, 특히 내향적인 아이들에게는 운동이나, 공연, 연구, 교외 활동, 단순한 놀이 같은 내면을 표현할 수 있는 활동이 반드시 필요하니 격려해주세요. 내향형은 흥미와 열정에 끌리고, 천성적으로 가장 하고 싶은 일을 삶의 중심으로 삼는 경향이 있어요. 이는 큰 혜택입니다. 한두 가지에 집중하면 대체로 특정 영역에 숙련되고, 숙련의 경지에 이르면 자신감이 생기기 때문이에요.

내향형 아이들 대다수는 사교 자체를 위해서보다는 공통 열정을 통해서 친구를 사귀는 편이에요. 심지어 보통의 경우라면 꿈도 꾸지 않았을 일이라도, 열정이라는 이름으로 스스로 리더 자리에 오르기도 해요.

우리가 부모로서 해줄 수 있는 가장 좋은 행동은 방해하지 않는 것입니다. 여러 가지 다양한 주제와 이상을 만나보게 해주되 그냥 내버려두세요. 아이의 열정에 곧바로 불이 붙길 기대하지 마세요. 열정을 꽃피우고 키워나가는 것이 평생 과제가 될 수도 있지만, 기다릴 만한 가치가 충분합니다.

📝 아이의 사회생활 이끌어주기

솔직히 말해서 내향형 아이에게 청소년기와 사회생활은 험난한 자갈길이 되기 쉽습니다. 더군다나 사교적이고 활달한 성향이 높이 떠받들어지는 경향이 있는 학교 문화 속에서는 그럴 가능성이 더더욱 높습니다.

애정 어린 부모로서 아이가 이런 어려움을 잘 헤쳐 나가도록 도와주고픈 마음이 간절할 테지요. 하지만 지원에 뛰어들기 전에 이 점을 명심해두세요. 부모가 내향형이냐 외향형이냐에 따라 부모도 서로 다른 난관에 직면하게 된다는 것을요.

내향형 부모라면 아이의 어려움에 선뜻 공감할 수 있는 강점이 있지만 과도한 감정이입에 빠질 소지도 있어요. 그 경우 친구나 심리치료사를 통해서든 명상을 통해서든 스스로의 내면을 가다듬어야 할지도 모릅니다. 아이가 내향적인 자아를 사랑할 수 있도록 다독이세요. 또한, 아이는 내가 청소년기에 경험한 고통을 되풀이해서 겪을 운명을 짊어진 게 아니란 걸 스스로 깨달아야 합니다.

외향형 부모라면 노련하게 사회생활을 하는 모습을 보여주며 롤모델이 될 수도 있어요. 하지만 아이의 내면에서 일어나는 일과 우려에 공감해주기는 힘들 수 있습니다. 실제로 외향적인 부모는 내향적인 자녀가 친구 모임 같은 사회적 활동에 흥미가 없어 보이는 것 자체를 이해하지 못하는 경우가 많아요.

어떤 부모든 이 문제에 있어서는 아이의 사회생활에 대해 무간섭과 간섭 사이 중간을 지키는 것이 대체로 현명합니다. 아이가 곤란을 겪는 듯하거나 이야기하고 싶다는 신호를 보이면 어떤 방법으로든 아이를 도와주세요. 학생 식당에서 어떻게 행동해야 할지 몰라 쩔쩔맨다면 미리 주방에서 역할놀이를 해보는 것도 도움이 될 거예요.

메릴랜드대학교에서 심리학자 케네스 루빈Kenneth Rubin 등의 연구자들이 밝혀낸 바에 따르면, 한두 명의 절친만 있으면 아이들은 미래를 긍정적으로 보고 안심한다고 합니다. 아이들이 반드시 많은 친구들 무리에 끼어야만 좋은 것은 아닙니다. 부모인 나는 그런 친구들 무리 속에서 행복을 느꼈다고 해도 말이에요.

내향형은 어렸을 때도, 어른이 되어서도 소수의 몇몇 친구와 끈끈하고 의리 있는 우정을 맺는 편입니다. 심리학자 비디샤 파텔Vidisha Patel도 이렇게 말했어요.

"진정한 친구가 한 사람이라도 있다면 세상 최고의 행운아입니다. 진정한 우정을 맺기가 그만큼 어렵기 때문입니다. 한 명의 진정한 친구가 있다면 당신은 정말로, 정말로 성공한 사람입니다."

✎ 발표 도와주기

내향형 중에는 청중들 앞에서 말하는 걸 아주 편하게 여기는 사람도 있습니다. 자녀가 그런 경우라면 더 강한 힘을 갖춘 것입니다! 하지만 무대 공포증이 있다면 세상에서 가장 흔한 공포증을 가진 것뿐입니다. 외향형도 무대 공포에 시달리곤 하니까요. 다음은 자녀의 무대 공포증을 도와줄 몇 가지 방법입니다.

불안 강도를 확인해보세요 _ 아이를 안전지대 밖으로 한 발 나와보도록 유도하는 게 좋지만, 불안을 감당 못 할 정도로 강요하면 안 됩니다. 불안한 정도가 1부터 10까지 사이 어디쯤에 드는지 알아보세요. 안전지대 밖으로 유도하며 성장을 격려하기에는 4에서 6 정도가 바람직합니다. 강도가 7에서 10이라면 패닉에 근접한 상태로 역효과를 낼 위험이 너무 높아요. 4에서 6정도일 때 아이가 특정 임무를 해내는지 보고 나서, 그 다음 더 도전적인 일을 유도하면 됩니다.

탐구를 격려해주세요 _ 학교에서 발표할 주제가 책, 뉴스 기사, 역사, 위인 등 무엇이든 간에, 아이가 그 주제를 깊이 탐구해서 숙달할 수 있도록 옆에서 격려해주세요. 주제를 숙달하면 자신감이 생겨난다는 사실을 잊지 마세요!

아이디어를 이끌어봐주세요 _ 화이트보드나 칠판, 큰 종이 같은 데다가 중요한 사실이나 아이디어들을 쭉 적어보게 해주세요.

사전에 토론해보세요 _ 해당 주제에 대해 다정한 태도로 아이와 이야기를 나눠보세요. 아이는 부모와 대화를 나누는 중에 주제의 핵심을 찾아낼 수 있어요. 또한 이 과정 자체가 주제에 대해 큰 소리로 발표하는 연습의 초반 단계에 해당됩니다.

윤곽 잡기와 발표 준비 _ 충분한 토론 후에는 아이 스스로 발표할 주요 내용을 추려보게 하세요. 시각적 자료도 모으고, 가능하다면 전체 발표문을 글로 적어보도록 합니다.

예행연습을 해보세요 _ 인형이나 장난감을 활용하거나, 가족을 모아놓고 예행연습을 할 수 있게 해주세요. 집이나 지지하는 사람 몇몇이 모인 자리에서 아이가 반복해서 발표 연습을 할 수 있게 해주세요. 이때 미소 짓기, 여러 사람 돌아가며 시선 맞추기, 심호흡으로 긴장감 풀기를 해보도록 곁에서 상기시켜주세요.

📝 회복 공간 만들기

내향형은 조용한 시간이 반드시 필요하므로, 그런 시간을 마련해주는 것이야말로 정서적 건강과 원만한 학교 생활을 위한 열쇠가 됩니다. 내향적인 어린 소녀 러펠의 엄마도 그 사실을 깨달았죠. 러펠이 유치원생이었을 때 러펠의 엄마는 날마다 하교 시간에 맞춰 딸을 데리러 갔어요.

러펠은 방긋방긋 웃는 얼굴로 교실에서 걸어 나왔지만 차에 타기만 하면 별거 아닌 일로 짜증을 냈어요. 엄마는 내가 뭘 잘못했나 싶어 쩔쩔맸어요. '얘가 왜 이러지? 유치원 갈 때 싫어하는 주스를 잘못 챙겨줬나? 간식이 마음에 안 들었나? 신발이 어디가 불편해서 그러나?' 그런 엄마 마음도 모른 채 러펠은 울고 소리소리 지르며 난리를 피우기 일쑤였어요.

러펠의 엄마와 아빠는 딸의 이런 행동이 어렵고 난처했어요. 그 전까지는 줄곧 즐거움을 주던 딸이었기 때문이죠. 엄마와 아빠는 러펠이 학교에서도 그럴까 봐 걱정이 돼서 담임선생님에게 딸의 유치원 생활에 대해 물어봤어요. 그런데 정말로 유쾌하게 잘 지낸다는 대답을 듣고, 놀라우면서도 한편으론 안심이 됐어요.

러펠의 엄마는 딸이 다른 애들과 어울리며 유치원 생활을 하는 것만으로도 아주 힘들어하고 있다는 것을 그제야 눈치 챘어요. 아이는 너무 힘들어서 유치원 일과가 끝날 때쯤 되면 정신적으로 녹초가 되었어요. 그래서 하루를 버티고 엄마 차에 타고 나면, 마음이 놓이면서 엄마에게 그날 쌓인 스트레스를 풀었던 거예요.

러펠이 자라면서 이런 식의 짜증은 사라졌지만 엄마에게 그 시간들은 잊을 수 없는 고통이었어요. 그래도 러펠의 엄마는 유치원에서 하루를 보내며 쌓인 피로를 회복할 시간이 딸에게 필요하다는 사실을 이해하고 있었고, 러팰도 나이를 먹으면서 차차 짜증부리는 버릇을 버리고 새로운 해소법을 찾았어요.

이제 러팰은 학교에서 돌아오면 가족과 말을 하는 둥 마는 둥 하고 곧장 자기 방에 틀어박혀 한 시간쯤 책도 읽고 음악도 듣고 글도 썼어요. 그렇게 활기를 충전하고 대화가 가능한 상태가 되면 방에서 나왔죠. 엄마에게는 딸이 방에 들어가 나오지 않는 시간들이 속상할 수도 있어요. 하지만 러팰의 엄마는 그 시간이 딸에게 절실하다는 사실을 잘 이해하고 있었어요.

러팰의 엄마의 경험담에서 보듯 이런 문제들이 항상 쉽게 풀리는 것만은 아닙니다. 부모는 학교에 다녀온 아이와 대화를 나누고 싶고, 아이가 친구들과 잘 어울리는 모습을 보고 싶기도 하니까요. 하지만 부모의 욕구와 아이의 욕구를 구별하도록 주의해야 해요.

그렇다고 해서 내향적인 아이를 청소년기 내내 자기 방에 틀어박혀 있도록 해주라는 얘기는 아니에요. 잠시 혼자 있고 싶은 아이의 욕구를 존중해달라는 얘깁니다. 남은 하루를 기분 좋게 보내고 주위 사람들과 더 잘 어울리려면 이러한 휴식 시간이 반드시 필요합니다. 심리학자 엘리자베스 미카Elizabeth Mika의 말을 빌려볼게요.

"내향적인 아이들에게는 압박에서 자유롭고, 공상에 빠지고, 아무것도 신경 쓰지 않으면서 아무것도 하지 않을 시간이 필요해요. '공상하기'를 아이들의 계획표에 넣어줘야 합니다."

들어가는 글

"내향형은 전체 인구의 1/3 내지 절반 정도 되니…" : Rowan Bayne, *The Myers-Briggs Type Indicator: A Critical Review and Practical Guide* (London: Chapman and Hall, 1995).

칼 융 : Carl G. Jung, *Psychological Types* (Princeton, NJ: Princeton University Press, 1971; originally published in German as Psychologische Typen [Zurch: Rascher Verlag, 1921]), 특히 330~337쪽 참조.

간디 : *Gandhi: An Autobiography: The Story of My Experiments with Truth* (Boston Beacon Press, 1957), 특히 6, 20, 40~41, 59~62, 90~91쪽 참조.

카림 압둘 자바 : Kareem Abdul-Jabbar, "20 Things I Wish I'd Known When I Was 30," *Esquire,* April 30, 2013.
http://www.esquire.com/blogs/news/kareem-things-i-wish-i-knew

비욘세 : Elisa Lipsky-Karasz, "Beyoncé's Baby Love: The Extended Interview," *Harper's Bazaar,* October 11, 2011. http://www.harpersbazaar.com/celebrity/latest/news/a7436/beyonce-q-and-a-101111/

엠마 왓슨 : Derek Blasberg, "The Bloom of the Wallflower," *Wonderland* magazine, February 5, 2014. http://www.wonderlandmagazine.com/2014/02/the-bloom-of-the-wallflower-by-derek-blasberg/

미스티 코플랜드 : Rivka Galchen, "An Unlikely Ballerina," *The New Yorker*, September 22, 2014. http://www.newyorker.com/magazine/2014/09/22/unlikely-ballerina.

알베르트 아인슈타인 : Walter Isaacson, *Einstein: His Life and Universe* (New York: Simon & Schuster, 2007), 4, 12, 17, 2, 31 등.

제1장

한스 아이젱크의 레몬즙 실험 : Hans J. Eysenck, *Genius: The Natural History of Creativity* (New York: Cambridge University Press, 1995).
러셀 진 : "Preferred Stimulation Levels in Introverts and Extroverts: Effects on Arousal and Performance," *Journal of Personality and Social Psychology 46*, no. 6 (1984): 1303-1312. http://psycnet.apa.org/psycinfo/1984-28698-001.
첼시 그레페 : 직접 인터뷰.

제2장

메리 버드 로 : Mary Budd Rowe, "Wait-Time: Slowing Down May Be a Way of Speeding Up," *Journal of Teacher Education 37*, no. 1 (January 1986).
에밀리 : 2013년 6월 10에 저자에게 이메일을 보내 알려준 이야기.
리엄 : 저자가 직접 인터뷰했던 두 소년의 이름을 합성해 만들어낸 이름임.

제3장

애덤 그랜트 : A. M. Grant, F. Gino, D. A. Hofmann, "Reversing the Extraverted Leadership Advantage: The Role of Employee Proactivity," *Academy of Management Journal 54*, no. 3 (2011): 528-550.
짐 콜린스 : Jim Collins, *Good to Great: Why Some Companies Make the Leap - and Others Don't* (New York: HarperCollins, 2001).

제4장

에일린 피셔 : 에일린 피셔의 페이스북 페이지 참고.
(https://www.facebook.com/EILEENFISHERNY/posts/376227809077218).
엘리너 루스벨트 : Blanche Wiesen Cook, *Eleanor Roosevelt, Volume One: 1884-1933* (New York: Viking Penguin, 1992), 125.236. Also, The American Experience:

Eleanor Roosevelt (Public Broadcasting System, Ambrica Productions, 2000). http://pbs.org/wgbh/amex/eleanor/filmmore/transcript/transcript1.html

제5장

아이라 글래스 : Kathryn Schulz, "On Air and On Error: This American Life's Ira Glass on Being Wrong," Slate.com, June 7, 2010. http://www.slate.com/content/slate/blogs/thewrongstuff/2010/06/07/on_air_and_on_error_this_american_life_s_ira_glass_on_being_wrong.html

제7장

"심리학자들은 사람들이 온라인상에서 현실 생활에서와 똑같이 행동하는지 아닌지 관심을 기울여왔어요" : Samuel D. Gosling, Ph.D., Adam A. Augustine, M.S., Simine Vazire, Ph.D., Nicholas Holtzman, M.A., and Sam Gaddis, B.S., "Manifestations of Personality in Online Social Networks: Self-Reported Facebook-Related Behaviors and Observable Profile Information" *Cyberpsychology, Behavior, and Social Networking 14*, no. 9 (2011). http://www.ncbi.nlm.nih.gov/pmc/articles/PMC3180765/pdf/cyber.2010.0087.pdf

"126명의 고등학생에게 SNS를 통해 어떤 식으로 관계를 맺는지 알아보기 위한 질문을 던져봤더니…" : "Friending, IMing, and Hanging Out Face-to-Face: Overlap in Adolescents' Online and Offline Social Networks," S. M. Reich, K. Subrahmanyam, G. Espinoza, *Dev Psychol*, no. 2 (March 2012): 356-368. http://www.ncbi.nlm.nih.gov/pubmed/22369341.

에이미 여미시 : 직접 인터뷰.

"친구가 많은 학생들이 자기의 삶에 만족하는 경향이 높은 것으로…" : A. M. Manago, T. Taylor, P. M. Greenfield, "Me and My 400 Friends: the Anatomy of College Students' Facebook Networks, Their Communication Patterns, and Well-Being," *Dev Psychol*, Epub (Jan 30, 2012). http://www.ncbi.nlm.nih.gov/pubmed/22288367.

제8장

스티븐 워즈니악 : 제8장 전반에 실린 스티븐 워즈니악의 이야기는 대부분 그의 자서전을 참고함. *iWoz* (New York: W. W. Norton, 2006).
"에이브릴 손이라는 심리학자가 내향형과 외향형의 사회적 교류를 알아보는 실험을…"
: Avril Thorne, "The Press of Personality: A Study of Conversations Between Introverts and Extraverts," *Journal of Personality and Social Psychology 53*, no. 4 (1987): 718-726.

제9장

조앤 롤링 : 조앤 롤링이 셸라 로저스, 로렌 맥코믹과 가졌던 인터뷰를 참고함, Canadian Broadcasting Corp., October 26, 2000.
존 그린 : "Thoughts from Places: The Tour," Nerdfighteria Wiki, January 17, 2012.
피트 닥터 : Jen Lacey, "Inside Out, Buzz Lightyear and the Introverted Director, Pete Docter," ABC.net, June 17, 2015. http://blogs.abc.net.au/nsw/2015/06/pixar-director-pete-docter-.html.
Michael O'Sullivan, "'Up' Director Finds Escape in Reality," *The Washington Post*, May, 29, 2009. http://www.washingtonpost.com/wp-dyn/content/article/2009/05/28/AR2009052801064.html
콘래드 타오 : Justin Davidson, "The Vulnerable Age," *New York* magazine, March 25, 2012.
http://nymag.com/arts/classicaldance/classical/profiles/conrad-tao-2012-4/
미하이 칙센트미하이 : Mihaly Csikszentmihalyi, *Creativity: Flow and the Psychology of Discovery and Invention* (New York: Harper Perennial, 2013), p.177.

제10장

앨런 골드버그 : 직접 인터뷰, 2013년 7월 24일.

워싱턴 내셔널스 : Thomas Boswell, "Washington Nationals Have Right Personality to Handle the Long Grind of a Regular Season," *The Washington Post*, February 17, 2013. https://www.washingtonpost.com/sports/nationals/washington-nationals-have-right-personality-to-handle-the-long-grind-of-a-regular-season/2013/02/17/fd77dfae-793f-11e2-82e8-61a46c2cde3d_story.html.

제11장

제시카 왓슨 : Jessica Watson, *True Spirit: The True Story of a 16-Year-Old Australian Who Sailed Solo, Nonstop, and Unassisted Around the World* (New York: Atria Books, 2010). http://www.jessicawatson.com.au/about-jessica.

"한 조사에서 연구가들이 도박에서 이긴 내향형과 외향형들을 비교해서 살펴봤는데…" : Michael X. Cohen et. al, "Individual Differences in Extroversion and Dopamine Genetics Predict Neural Reward Responses," *Cognitive Brain Research* 25 (2005): 851-861.

"브레이빅은 또 다른 연구 프로젝트로, 1985년의 노르웨이 에베레스트 원정대 대원들의 성격도 검토해봤어요" : 저자와의 인터뷰, 2014년 1월 16일. 다음도 참조. G. Breivik, "Personality, Sensation Seeking and Risk Taking Among Everest Climbers," *International Journal of Sport Psychology 27*, no. 3 (1996): pp. 308-320.

찰스 다윈 : 다윈 관련 자료는 다음을 참조함.
http://darwin-online.org.uk/content/frameset?viewtype=text&itemID=F1497&pageseq=1
Charles Darwin, *Voyage of the Beagle* (New York: Penguin Classics, Abridged edition, 1989)

제12장

로자 파크스 : *Rosa Parks: A Life* (New York: Penguin, 2000).

제13장

스티브 마틴 : Steve Hinds, "Steve Martin: Wild and Crazy Introvert," www.quietrev. com, http://www.quietrev.com/steve-martin-wild-and-crazy-introvert/
엠마 왓슨 : Tavi Gevinson, "I Want It to Be Worth It: An Interview With Emma Watson," *Rookie* magazine, May 27, 2013. http://www.rookiemag.com/2013/05/emma-watson-interview/
자유특성이론 : 자유특성이론의 전반적 개요가 궁금하다면 다음을 참조 바람. Brian R. Little, "Free Traits, Personal Projects, and Idio-Tapes: Three Tiers for Personality Psychology," *Psychological Inquiry 7*, no. 4 (1996): pp.340-344.
브라이언 리틀 : 13장에 실린 브라이언 리틀의 이야기는 2006년부터 2010년까지 저자와 브라이언 리틀이 전화와 이메일을 통해 수차례 나누었던 인터뷰를 바탕으로 함.

제14장

회복 공간 : Brian Little, "Free Traits and Personal Contexts: Expanding a Social Ecological Model of Well-Being," in *Person Environment Psychology: New Directions and Perspectives*, edited by W. Bruce Walsh et. al. (Mahwah, NJ: Lawrence Erlbaum Associates, 2000).
"8학년 학생들은 '고득을 갈망하는 것'을 불쾌해한 반면…" : Jennifer M. Wang, Kenneth H. Rubin, Brett Laursen, Cathryn Booth-LaForce, Linda Rose-Krasnor, "Preference-for-Solitude and Adjustment Difficulties in Early and Late Adolescence," *Journal of Clinical Child & Adolescent Psychology* 0 (0) (2013): 1.9, 2013. http://www.academia.edu/3630522/Preference-for-Solitude_and_Adjustment_Difficulties_in_Early_and_Late_Adolescence

선생님께

"수업참여에 대해 다시 생각해보기" : 발언을 많이 하는 사람에게 좋은 점수를 주는 것은 선생님들만이 아닙니다. 여러 연구에서 밝혀진 바로는, 우리 모두가 그룹에서 말을 많이 하는 멤버들을 높이 평가해요. 한 연구에서는 일단의 과학자들이 대학생들을 여러 그룹으로 나누어 그룹별로 일련의 수학 문제를 풀게 해봤어요. 학생들이 답을 푸는 동안 이 과학자들은 학생들을 유심히 관찰했어요. 그룹별로 문제의 답을 내놓자 과학자들은 학생들을 개별적으로 면담해 그룹의 다른 멤버들을 평가해보게 했어요. 전반적인 결과에 따르면, 초반부터 나서서 말을 많이 했던 학생들이 같은 그룹 멤버들로부터 가장 높은 점수를 받고 가장 똑똑한 사람으로 평가받았어요. 과학자들이 지켜본 바로는 그 말을 많이 한 학생이 정작 문제를 푸는 데는 큰 역할을 발휘하지 않았던 경우조차 말이에요. Cameron Anderson and Gavin J. Kilduff, "Why Do Dominant Personalities Attain Influence in Face-to-Face Groups? The Competence Signaling Effects of Trait Dominance," *Journal of Personality and Social Psychology 96*, no. 2 (2009): 491-503.

옮긴이 정미나

출판사 편집부에서 오랫동안 근무했으며, 이 경험을 토대로 현재 번역 에이전시 하니브릿지에서 출판기획 및 전문 번역가로 활동하고 있다. 주요 역서로는《아이의 미래를 바꾸는 학교혁명》《스티비 원더 이야기 : 최악의 운명을 최강의 능력으로 바꾼》《인생학교》《안녕, 라바》《모험 아빠 보호 엄마의 육아동맹》《인생의 8할은 10대에 결정된다》《세계의 대탐험》《안데르센을 만나다: 철학자 고양이 토머스 그레이》《내 인생을 빛나게 하는 뷰티풀 마인드》등 다수가 있다.

청소년을 위한

콰이어트 파워

1판 1쇄 발행 2018년 1월 10일
1판 3쇄 발행 2019년 11월 20일

지은이 수전 케인, 그레고리 몬, 에리카 모로즈
옮긴이 정미나

발행인 양원석 **본부장** 김순미 **편집장** 최두은
일러스트 정민영 **해외저작권** 최푸름 **제작** 문태일, 안성현
영업마케팅 최창규, 김용환, 윤우성, 양정길, 이은혜, 신우섭, 유가형,
김유정, 임도진, 정문희, 신예은, 유수정, 박소정, 강효경

펴낸 곳 ㈜알에이치코리아
주소 서울시 금천구 가산디지털2로 53, 20층(가산동, 한라시그마밸리)
편집문의 02-6443-8844 **구입문의** 02-6443-8838
홈페이지 http://rhk.co.kr
등록 2004년 1월 15일 제2-3726호

ISBN 978-89-255-6285-8 (03320)

※ 이 책은 ㈜알에이치코리아가 저작권자와의 계약에 따라 발행한 것이므로
본사의 서면 허락 없이는 어떠한 형태나 수단으로도 이 책의 내용을 이용하지 못합니다.

※ 잘못된 책은 구입하신 서점에서 바꾸어 드립니다.

※ 책값은 뒤표지에 있습니다.